HEYNE <

AF557729

Çetin Gültekin und Mutlu Koçak

Geboren, aufgewachsen und ermordet in Deutschland

Das zu kurze Leben
meines Bruders Gökhan Gültekin
und der Anschlag von Hanau

Unter Mitarbeit von Lena Schindler

WILHELM HEYNE VERLAG
MÜNCHEN

Der Verlag behält sich die Verwertung der urheberrechtlich geschützten Inhalte dieses Werkes für Zwecke des Text- und Data-Minings nach § 44 b UrhG ausdrücklich vor. Jegliche unbefugte Nutzung ist hiermit ausgeschlossen.

Penguin Random House Verlagsgruppe FSC® N001967

3. Auflage

Originalausgabe 01/2024

Copyright © 2024 by Wilhelm Heyne Verlag, München,
in der Penguin Random House Verlagsgruppe GmbH,
Neumarkter Straße 28, 81673 München
Redaktion: Lars Zwickies
Umschlaggestaltung: Nele Schütz Design
unter Verwendung eines Fotos von
© Picture Alliance/dpa/Andreas Arnold
Satz: Buch-Werkstatt GmbH, Bad Aibling
Druck: GGP Media GmbH, Pößneck
Printed in Germany
ISBN: 978-3-453-60666-1

www.heyne.de

Inhalt

Mein Name ist Gökhan Gültekin. Siebenunddreißig Jahre lang hat sich kaum jemand in dieser Gesellschaft für meine Geschichte interessiert. Doch nun ist es an der Zeit, dass alle in diesem Land davon erfahren. Dafür habe ich mit meinem Leben bezahlt. Aber meine Seele wird weiterleben.

Der Tod kommt unausweichlich. Jedoch nie ohne Sinn. Schmerz, Wut und Verzweiflung hindern uns oft daran, ihn zu erkennen. Möge mein Weg auf der Erde, der mich oft über steile Abhänge führte, uneben und steinig war, das Leben aller Hinterbliebenen positiv beeinflussen, möge mein Ende der ganzen Welt ein Mahnmal sein: gegen den Hass, gegen die Gewalt. Lasst uns daraus lernen, wieder Menschen zu sein.

Darum bemühe ich mich ein letztes Mal, mit großer Anstrengung, trotz aller Rückschläge, aber mit einem gefestigten Glauben daran, dass es möglich ist. Gewiss kostet es viel Kraft, aber Veränderung heißt, durchzuhalten und gemeinsam für Gerechtigkeit zu kämpfen – bis zum Schluss, wenn wir zwischen den Sternen nach der Unendlichkeit greifen.

Kapitel 1
Unsere Wurzeln

Mein Name ist Çetin Gültekin. Seit dem 19. Februar 2020 versuche ich, ohne meinen Bruder zu überleben. Wenn die Dunkelheit in mir jedes noch so kleine Licht auslöscht, dann kommen die quälenden Gedanken. Sie sind falsch, aber sie sind da. Wäre meine Familie nicht in Armut aufgewachsen, hätte mein Vater nicht das Geld gebraucht, dann wäre er nie nach Deutschland gekommen. Dann hätte der Mann mit den kalten Augen Gökhan nicht mit zwei Schüssen hingerichtet. Dann wäre er jetzt bei mir.

Mein Verstand sagt mir, dass Gott entscheidet, wann er einen Menschen zu sich ruft. Aber mein Herz will es nicht verstehen. Nachts verfolgt mich diese Frage: Wo hätten wir die Weichen anders stellen müssen, um Gökhans Tod zu verhindern? Im Nachhinein erscheint mir unser ganzes Leben wie eine Hinführung auf seinen viel zu frühen Tod. Glieder einer Kette, die ineinandergreifen und sich am Ende miteinander verbinden. Der Kreis schließt sich, und es gibt keinen neuen Anfang, keinen neuen Tag.

Ich finde keinen Trost, aber ich suche ihn, dort, wo alles begann. Wenn ich meine Augen schließe, steigt mir der Duft von Jasmin und Pfirsichblüten in die Nase, die reine Luft der Berge füllt meine Lungen. Die Sonne geht langsam über den Hügeln auf und taucht die Landschaft in goldenes Licht. Tahir. Genau dort, über dreitausendsechshundert Kilometer weit entfernt von Hanau, im Landkreis Eleşkirt, hat meine Familie ihre Wurzeln. Die Gültekins.

Unsere Geschichte beginnt in dieser kleinen Stadt unweit von Ağrı, der Hauptstadt der gleichnamigen Provinz in Ostanatolien, nahe der armenischen Grenze, der aserbaidschanischen Exklave

Nachitschewan und des Irans, wo jeder Millimeter Erde ein Stück Geschichte in sich trägt. Ein Ort, an dem hauptsächlich kurdischstämmige Menschen leben, aber im Laufe der Zeit verschiedenste Ethnien ihre Heimat fanden, wodurch sich eine besondere Kultur entwickelte. Mit all ihren vielfältigen Einflüssen. Eine beeindruckende Landschaft, viel unberührte Natur – aber auch, speziell im Winter, eine der härtesteten Klimabedingungen des Landes. Extreme Minusgrade, die im Kontrast zu den einladenden Herzen und der Gastfreundschaft der Bewohner stehen. Der Ort liegt vor der Kulisse des Ararat, mit 5165 Metern der höchste Berg des Landes. Laut des Alten Testaments soll nach der Sintflut hier die Arche Noah gestrandet sein. Und auch wenn verschiedene Quellen, unter anderem der Koran, auf einen anderen Ort im Osten der Türkei verweisen, genießt dieser Berg Legendenstatus.

Tahir zählt als Kleinstadt, aber es fühlt sich an wie ein Dorf: Jeder ist um irgendwelche Ecken mit jedem verwandt, alles ist familiär. Eine Großfamilie waren wir im wahrsten Sinne des Wortes. Opa Hasan, der Vater meines Vaters, hatte insgesamt achtzehn Kinder, was damals nichts Ungewöhnliches war. Von seiner ersten Frau hatte er sieben, von der zweiten weitere elf. Mein Vater Behçet war das erste Kind aus zweiter Ehe. Im Mai 1945 kam er auf die Welt, während der Zweite Weltkrieg noch andauerte. Und auch wenn die Türkei nicht aktiv daran beteiligt war, so konnte man die Folgen doch überall spüren. Er war unter schwierigen Umständen aufgewachsen, alle Kinder mussten versorgt werden, aber viel hatte man nicht übrig. Achtzig Prozent der Landesbevölkerung lebten zu dieser Zeit in Dörfern. Die Elektrizität kam dort sehr spät, und wenn es nachts dunkel wurde, benutzte man eben die Gaslampe. Radio, Telefon und Fernsehen gab es noch nicht.

Als kleiner Junge arbeitete mein Vater schon auf dem Feld mit – so wie die anderen Kinder auch. Mit einer Sense wurde gemäht, Getreide, Stroh und Heu zusammengebunden, sodass man es transportieren konnte. Besonders schwierig war der Weg zurück ins Dorf, ein langer Marsch zu Fuß, mehrere Kilometer, mit einem großen Bündel auf dem Rücken. Da er immer nur ein einziges tragen konnte, bezahlte mein Vater jemanden, der einen Ochsenkarren besaß, dafür, das übrige Stroh mitzunehmen. Was ihn fast die Hälfte seines Verdienstes kostete. Angekommen im Dorf, wurden erst die Körner aus den Ähren gedroschen, und danach – im wahrsten Sinne des Wortes – die Spreu vom Weizen getrennt. Traditionen wurden gepflegt, jeder respektierte das Recht des anderen.

Mein Vater kam aus einer frommen sunnitischen Familie, die Religion hatte immer einen hohen Stellenwert. So sollte er mit dreizehn Jahren, nachdem er die Grundschule im Dorf besucht hatte, in ein Internat nach Erzurum kommen, eine weiterführende Schule zur Ausbildung islamischer Geistlicher. Er würde Imam werden, ein Vorbeter und Vorbild für die Gemeinde. Wie sehr freute er sich auf die Schule und darauf, eine andere Welt kennenzulernen.

Der Weg ist das Ziel

Doch so sehr er dieses neue Leben genoss, so schnell machte ihm das Schicksal einen Strich durch die Rechnung. Nach nur einem Jahr musste er die Schule abbrechen und ins Dorf zurückkehren, denn sein Vater war unerwartet verstorben. Jetzt musste er die Vaterrolle für seine zehn jüngeren Geschwister übernehmen. Behçet, selbst erst vierzehn Jahre alt, wurde klar, dass er sich für die Familie würde aufopfern müssen. Er verstand, dass für eigene Ziele und Träume kein Platz mehr war. Früh zu heiraten, wie es für viele damals üblich war, kam für ihn nicht infrage. Unter diesen Umständen so viel Geld anzusparen, dass es für eine eigene Familie gereicht hätte, dann noch im besten Fall für ein paar Ochsen und einen Karren – wie sollte das gehen?

Als er mit einundzwanzig Jahren wehrpflichtig wurde, verließ er zum zweiten Mal in seinem Leben seinen Heimatort. Damals musste man sich noch für vierundzwanzig Monate verpflichten lassen, zwei lange Jahre, in denen die anderen Brüder die Arbeit auf dem Feld übernehmen und für den Rest zu Hause sorgen mussten. Vorerst wurde er an der westlichen Ägäisküste in Kuşadası, dem berühmten

Badeort, eingesetzt und anschließend für den Rest seiner Zeit als Soldat im türkischen Teil Zyperns.

Zurück im Dorf, meisterte er weiter den schwierigen Alltag, träumte davon, seiner Familie ein leichteres Leben ermöglichen zu können. Bis er davon hörte, dass Vertreter der Regierung ins Dorfcafé kommen und Arbeiter für Deutschland anwerben würden. Deutschland? Gleich so weit weg, in ein fremdes Land? Doch wie er erfuhr, wurden dort dringend Arbeitskräfte gebraucht. Im Zweiten Weltkrieg, an dem Deutschland mit Hitler maßgeblich beteiligt war, starben auch Millionen von deutschen Soldaten und Zivilisten, darunter viele junge Männer, die nun beim Wiederaufbau und in der Industrie fehlten. Somit war man auf ausländische Arbeiter angewiesen und schloss – angefangen mit Italien im Jahr 1955 – nach und nach diverse Abkommen mit verschiedenen Ländern. Und auch wenn ursprünglich so nicht gedacht, waren dies die ersten Schritte zu einem Einwanderungsland.

Die Wirtschaft boomte, und es wurden immer mehr Arbeitskräfte gebraucht. Zudem wurde 1961 die Berliner Mauer gebaut, was den Zustrom ostdeutscher Arbeiter unmöglich machte und die anderweitige Nachfrage wiederum erhöhte. Noch im selben Jahr schloss die Bundesrepublik Deutschland mit der Türkei ein Anwerbeabkommen für eine staatlich regulierte Arbeitsmigration ab. Einige Landsleute hatten diesen großen Schritt bereits gewagt, und 1968 war es dann auch für meinen Vater an der Zeit. Er traf die schwierige Entscheidung, ebenfalls diesen Weg zu gehen: Er sollte seinen Teil zum Wirtschaftswunder des fremden Landes beitragen.

Mit dreißig weiteren Männern aus seinem Dorf reiste er in die Hauptstadt Ankara. Natürlich bedrückte ihn der Abschied, er war heimatverbunden und hing sehr an seiner Familie. Aber wieder einmal ging es nicht um ihn und um seine Bedürfnisse, sondern darum, Geld für seine Geschwister zu verdienen. Durch die Presse und aus Erzählungen anderer hatte er mitbekommen, wie sich der Lebensstandard der Gastarbeiter, die nach Deutschland gingen, schlagartig änderte. Wie sie ihre Familien von dort aus unterstützen konnten, indem sie

Geld schickten, Häuser und Nutztiere für die Landwirtschaft kauften, all das, was ihm bisher nicht möglich gewesen war. Die große Arbeitslosigkeit in der Heimat, ein Fachkräftemangel in Deutschland – sie wurden gebraucht, man lud sie sein. Und auch wenn viele damals ungelernt waren oder eben nur einfache Bauern, waren sie perfekt für die anstehenden Aufgaben, da sie hart im Nehmen waren und nahezu pausenlos arbeiten konnten.

In Ankara landete er vor deutschen Ärzten und Krankenschwestern und musste sich nackt ausziehen, abtasten lassen und verschiedene Tests erdulden, für die er sich schämte und die seinen Stolz verletzten. Er hatte bisher nie Kontakt zu anderen Frauen außerhalb der Familie oder des Dorfes gehabt, nicht verwandten Frauen nie die Hand gegeben, so wie er es von Älteren gelernt hatte – für ihn eine Sache des Respekts. Plötzlich wurde er von einer völlig Fremden berührt, was ihm umso unangenehmer war. Das Erlebnis hat er nie vergessen, obwohl er ungern an diese erniedrigenden Momente zurückdachte.

Bei den Gesundheitschecks wurden nur die Besten und Stärksten ausgewählt. Und wer sie nicht bestanden hatte, verlor im Dorf sein Gesicht, weil viele dachten, dass mit ihm irgendetwas nicht in Ordnung sei. Die Abneigung der Väter heiratsfähiger Töchter war so groß, dass diese Männer als potenzielle Ehemänner oft nicht mehr infrage kamen. Mein Vater bestand jedoch die Kontrollen und kam nur zurück ins Dorf, um seine Liebsten noch einmal fest in die Arme zu schließen. Die Ungewissheit und der Umstand, dass man so viel zurückließ, die Heimat, in der man geboren und aufgewachsen war, die Familie, die Liebe all der Menschen, die Berge – das alles muss sehr hart für ihn gewesen sein. Doch der Plan stand. Zwei Jahre würde er dortbleiben, in diesem fernen Land, arbeiten, um das Geld für zwei Ochsen zu sparen, damit er mit dem Karren das gemähte Gras ins Dorf bringen könnte. Niemand solle traurig sein, meinte er, die Zeit würde schnell vergehen, und dann wäre er auch schon wieder zurück. Zwei Jahre. Wie viele Gastarbeiter seinerzeit dachten, hätte sich das Thema dann gegessen. Zwei Jahre, aus denen oft ein ganzes Leben wurde.

Angekommen in Istanbul, um in den Zug nach München zu steigen, war er beeindruckt von der Magie und der Schönheit dieser Stadt. Eine Vielfalt von allem, große Moscheen, Menschenmengen und vor allem das glitzernde, weite Meer. Hier, am Bahnhof Sirkeci im europäischen Teil der Stadt, unterhielt er sich plötzlich mit Landsleuten, die aus den verschiedensten Ecken der Türkei kamen. Es waren ganz neue Begegnungen, Gespräche, die er so nie geführt hatte. In diesen Zug der Träume und Hoffnungen sollten sie aber alle gemeinsam einsteigen. Hier kreuzten sich die Wege, auf Holzbänken, die sie sich drei Nächte lang genau wie ihr Brot teilten, bis der Sonderzug für den Transport der neuen Arbeitskräfte endlich in München, auf Gleis 11, ankam. Bekleidet mit schicken Anzügen, eher wie Diplomaten als schlecht bezahlte Arbeitskräfte, die bald im Straßenbau oder in Bergwerken Schwerstarbeit verrichten würden, sollten sie von hier aus über Deutschland verteilt werden. Niemand wusste, wohin es genau gehen würde. Aber das machte meinem Vater nicht viel aus. Hauptsache Geld sparen, hartnäckig bleiben, dann zurück in die Heimat gehen und in Frieden weiterleben, mehr wollte er nicht. So dachte er zumindest, als er mit jungen dreiundzwanzig Jahren hier in der Bundesrepublik ankam.

Doch das Leben in Deutschland war mühsam. Er wurde nach Wetzlar geschickt, kam in einer Wohngemeinschaft mit Etagentoilette unter, auf engstem Raum mit acht anderen. An der Bundesautobahn 45, Dortmund-Aschaffenburg, sollten die Männer Asphalt verlegen. Ohne ein Wort Deutsch zu sprechen. Egal, was gesagt wurde, es wurde bejaht – auch die unfaire Behandlung durch die Arbeitgeber, weil die Gastarbeiter nur Pflichten, aber keinerlei Rechte kannten, wurde hingenommen. Schutzmaßnahmen für die teils gefährlichen körperlichen Arbeiten waren unzureichend oder gar nicht vorhanden. Sie sollten Jobs verrichten, die kaum einer der Einheimischen übernehmen wollte. Aber man war trotzdem dankbar und forderte nichts, sah das Ganze als ein Geben und Nehmen an und gönnte sich nicht einmal Ruhepausen. Mein Vater und seine Kollegen gingen sogar krank zur

Arbeit. Selbst mit vierzig Grad Fieber anzutreten, war eine Selbstverständlichkeit, sie waren schließlich zum Arbeiten gekommen. Die meisten haben über all die Jahrzehnte keinen einzigen Tag gefehlt, ihre Sorgen und Emotionen nie nach außen getragen, sie interessierten ohnehin niemanden. Einige der Gastarbeiter trugen spätestens im Alter massive gesundheitliche Schäden davon.

Sie gehörten nie wirklich dazu, blieben einfach nur die Gastarbeiter aus Anatolien. Und für viele auch die, die nicht am sozialen Leben teilnehmen oder gar Deutsch lernen wollten. Sie bekamen aber auch gar keine Chance dazu, denn nur die wenigsten von ihnen konnten selbstständig irgendetwas organisieren, um die Sprache zu erlernen. Der Alltag forderte alles von ihnen ab. Zudem fehlten jegliche Kontakte, sie waren auf sich selbst gestellt und sollten irgendwie zurechtkommen. Sie waren eine Randgruppe, wurden abgeschottet, gettoisiert und blieben somit unter sich. Wenn es mal Kontakt zu Deutschen gab, waren es Arbeitsbefehle, zwei Sätze an der Kasse im Supermarkt oder ein Termin beim Amt. Aber zwischenmenschliche Beziehungen kamen selten vor. Jeder verfolgte seine Ziele, war auf die Arbeit fixiert, und nur die wenigsten fielen negativ auf. In den Unternehmen waren sie gern gesehen. Junge, starke Arbeitskräfte, die ordentlich mit anpackten, sich nie über etwas beschwerten und schon gar nichts forderten. Was gibt es Schöneres für gierige Profiteure der Industrie?

Der deutsche Staat wollte sie nicht integrieren und bemühte sich dann später sogar intensiv darum, sie wieder nach Hause zu schicken – besonders die türkischen Gastarbeiter. Und in den Augen der deutschen Behörden ging diese Rechnung offensichtlich gut auf, denn von 14 Millionen Arbeitern aus den verschiedensten Ländern, die bis zum Anwerbestopp 1973 kamen, gingen 11 Millionen Menschen auch wieder zurück in ihre Heimat.[1]

Die Autobahnstrecke wuchs weiter, und die A45 kam nun auch in Hanau an. Es war das erste Mal, dass mein Vater diese Stadt betrat, deren Namen er vorher noch nie gehört hatte. Eine Stadt, die unser Schicksal bestimmen und sich neben der Tatsache, dass die weltbekannten

Brüder Grimm dort geboren wurden, noch auf ganz andere Weise in der Historie verewigen sollte. Mein Baba Behçet Gültekin war der Erste aus seiner Heimatstadt Ağrı, der hier sesshaft wurde, der Verlauf der Autobahn hatte ihn hergeführt. Er kam in einer alten Baracke unter. Fast den ganzen Tag arbeitete er. Wenn es doch mal etwas Freizeit gab, saß er mit anderen Gastarbeitern am Marktplatz, immer frisch rasiert und gut angezogen, wie es sich gehört. Er vermisste seine Heimat und die Familie, sehnte sich nach türkischen Lebensmitteln. Manchmal, wenn er Glück hatte, bekam er vereinzelt etwas vom Export aus der Heimat, aber meist begegneten ihm die Geschmäcker und Gerüche nur im Traum und ließen ihn voller Wehmut aufwachen.

Die Vorfreude war unbeschreiblich, wenn er einmal im Jahr für wenige Wochen zurück ins Dorf fahren konnte. Bei einem Besuch war die Nervosität besonders groß, denn er sollte meine spätere Mutter Hüsna heiraten. Hüsna, ein arabischer Name, heißt übersetzt »die Schönste«, und sie sollte die treue Lebensgefährtin meines Vaters werden. Ebenfalls in Tahir geboren, kannten sie sich bereits seit der Kindheit und waren sogar zusammen aufgewachsen, sie ist die Cousine meines Vaters. Damals war es oft so, dass Hochzeiten von den Älteren innerhalb der Verwandtschaft arrangiert wurden. Und auch wenn es heutzutage undenkbar ist, wurde seinerzeit noch Brautgeld an die Familie der Frau gezahlt, was auch bei meinem Vater der Fall war. Auf die beiden wartete eine ungewisse Zeit, da nicht klar war, ob mein Vater in Deutschland bleiben oder in die Türkei zurückkehren würde.

Auch für meine Mutter war es nicht einfach. Nach der Hochzeit zog sie in das Elternhaus meines Vaters und war dann eine Art Ersatzmutter für die Kinder, pflegte zudem noch ihre Schwiegermutter. Bis zur fünften Klasse hatte sie die Dorfschule besucht und konnte auch lesen und schreiben, aber danach war Schluss. Im Dorf war es üblich, dass die Frauen sich um Haushalt und Kinder kümmerten und trotzdem auf dem Feld mitarbeiteten. Ein schonungsloser Alltag.

Mit gerade einmal fünfzehn Jahren, wie damals bei vielen üblich, hatte sie meinen Vater geheiratet. Bis dahin hatte es ihr an Wärme und Liebe gefehlt, hatte sie sich immer einsam gefühlt. Schon als Neugeborenes verlor sie ihre Mutter. Sie war an einem Herzinfarkt gestorben, sodass Hüsna nicht mal ein Bild von ihr vor Augen hatte. Diesen Schmerz hatte sie nie richtig verarbeiten können und immer in sich getragen. Umso größer war ihre Sehnsucht nach einer eigenen Familie voller Zuneigung und Geborgenheit.

Gäste, die geblieben sind

So lange er auf den Urlaub gewartet und so sehr er die Zeit in der Heimat genossen hatte, so schnell war sie auch wieder vorbei für den Gastarbeiter. Längst hatte er genug verdient, um sich die Ochsen leisten zu können. Aber er wollte weitermachen. Jetzt, da er verheiratet war, wuchs der Ansporn, seiner Familie ein gutes Leben zu schenken. Viel später habe ich ihn einmal gefragt: »Baba, warum haben wir die zwei Ochsen nicht, die du immer kaufen wolltest?«

Seine Antwort lautete: »Ich bin nach Deutschland gekommen, um zwei Ochsen zu kaufen, hätte ich sie gekauft, wäre meine Aufgabe erfüllt und ich müsste weg von hier.«

Das wollte er nicht, noch nicht. Zurück in Hanau, wurde ihm direkt ein neuer Job vermittelt. Als er zu einer Gießerei wechselte, ahnte er wohl selbst am wenigsten, dass er fünfunddreißig Jahre lang dortbleiben sollte, bis zu seiner Rente. Körperlich harte Arbeit war auch hier an der Tagesordnung. Er stellte Kolben für die Autoindustrie her und arbeitete den ganzen Tag mit neunhundert Grad heißem, flüssigem Metall – in einem dicken Lederkittel, den er zum Schutz über seiner Kleidung trug.

Anfang der Siebzigerjahre konnte er von seinem Verdienst ein kleines Grundstück in seinem Heimatdorf kaufen, um dort ein Haus zu bauen. Er finanzierte auch die Hochzeiten seiner Geschwister, unterstützte den Rest der Verwandtschaft. Nicht nur zwei Ochsen, einen ganzen Bauernhof hätte er sich leisten können. Aber ihm fehlte die Familie. Telefonate waren eine Seltenheit, also wurde viel geschrieben, Briefe voller Sehnsucht, Trauer und Heimweh. Manchmal, so erzählt es meine Mutter, nahm man seine Stimme auf Kassetten auf und verschickte die dann per Post. Nicht selten flossen Tränen beim Abhören. Noch schlimmer war es, wenn sie verloren gingen, schließlich wartete man wochenlang darauf.

So konnte es nicht weitergehen. Mein Vater entschied, zu bleiben. Hanau sollte endgültig seine zweite Heimat werden – und die seiner Familie. Meine Mutter und einige wenige Verwandte sollten mit erleichterten Bedingungen des Familiennachzugs nachkommen. Er wollte sich ein neues Leben aufbauen, aber weder der Ausländer in Deutschland noch ein Deutscher in der Türkei sein, »Almancı«, wie sie oft zu Hause genannt wurden, was ihm gar nicht gefiel. Er war einfach der Behçet aus Tahir, so ruhig, zurückhaltend und bodenständig wie eh und je. Nicht ohne Grund war er eine Vertrauensperson und wie ein großer Bruder für jeden, egal, wer etwas brauchte, er war da. Als Freundschaftsdienst begleitete er viele andere Gastarbeiter zu Terminen im Rathaus, klärte sie über bürokratische Angelegenheiten auf oder gab Tipps für den Alltag. Wer mitbekam, dass mein Vater in Hanau war, suchte dort Arbeit und ließ sich mit der Familie nieder.

Doch vom großen Aufschwung war nicht mehr die Rede. Nach dem enormen Wirtschaftsboom folgte aufgrund der Ölkrise eine Rezession. Dies hatte weitreichende Folgen und führte auch im Jahr 1973 zu einem Anwerbestopp der Gastarbeiter. Für alle, die gezögert hatten, gab es nun vorerst keine Chance mehr.

Hanau, Hessen, Heimat

Für unsere Familie begann eine neue Ära. Meine Eltern zogen von der Baracke in eine Wohnung im Hanauer Stadtteil Großauheim. Genau ein Jahr später, im Jahr 1974, wurde ich geboren – ein echter Hanauer Bub und der Erste aus der Familie, der in Deutschland zur Welt kam. Laut meiner Mutter war ich ein energiegeladenes Kind, sehr wach, sehr willensstark. Ich war auch der Erste von uns, der in den Kindergarten ging, so etwas hatte man bis dahin nicht gekannt. Bei uns zu

Hause wurde nur Türkisch und Kurdisch gesprochen, bei Deutsch musste ich genau hinhören, als ich in die Grundschule kam. Und irgendwann im ersten Schuljahr forderte uns die Lehrerin auf, ein paar Worte über uns zu schreiben. In meiner Nervosität begriff ich die Aufgabenstellung nicht. Alle anderen kapierten, was sie machen sollten, und fingen an zu schreiben. Ich schämte mich so sehr zu sagen, dass ich die Aufgabe nicht verstanden hatte, dass ich lieber komplett von dem Jungen abschrieb, der neben mir saß – inklusive seines Namens. Christian. Ich hätte besser gefragt und mich blamiert. Denn die Lehrerin nannte mich noch tagelang »Christian« – nicht gerade eine pädagogische Glanzleistung. Und auch die anderen Kinder zogen mich ewig damit auf.

An meiner Grundschule war noch ein türkisches Mädchen, sonst nur deutsche Kinder. Multikulturelle Klassen, wie man sie heute vielerorts findet, gab es damals nicht, zumindest nicht auf meiner Schule. Heute sehe ich es als Privileg, dass ich hier zur Welt gekommen bin und eine Regelklasse besuchen durfte. Denn es war nicht unüblich, dass man Gastarbeiterkinder einfach in Sonderschulen steckte oder in solche, die abfällig »Türkenklassen« genannt wurden und in denen ausschließlich Kinder gleicher Herkunft unterrichtet wurden. Kaum eins dieser Kinder bekam eine Gymnasialempfehlung. Oft kannten die Eltern den Unterschied zwischen den verschiedenen Schulformen nicht, wussten nicht, wie das Schulsystem hierzulande funktioniert, weil es an Aufklärung fehlte. Hin- und hergerissen zwischen zwei Kulturen, Sprachen und Welten, ohne irgendwelche Förderungen und integrative Maßnahmen, die alle erst Jahrzehnte danach debattiert wurden und viel zu spät kamen, erlebten sie eine in vielerlei Hinsicht schwierige Jugend.

Oft fanden sie keinen Anschluss und fingen an, die ersten Abneigungen gegen sie nicht nur zu spüren, sondern auch zu verstehen. Nicht jeder hatte den gleichen Hintergrund und die gleichen Chancen, Konflikte mit dem Gesetz folgten, manche von ihnen gerieten auf die schiefe Bahn. Einige jedoch, die den richtigen Nachbarn oder die richtige Lehrerin hatten, fanden schneller ihren Weg, wurden unterstützt und konnten dankbar sein. Der Rest war auf sich allein gestellt. Was häufig bedeutete, dass die Eltern in Eigeninitiative alles daransetzten, ihre Kinder zu fördern und zu motivieren, ihren Weg zu verfolgen, egal, wie schwierig es war. Dank dieses Engagements gingen Oberärzte oder Gymnasiallehrer aus den Familien hervor – trotz der ungleichen Startpositionen.

Heute ist mir bewusst, dass ich eine Sonderstellung hatte. Ich begriff zwar unterschwellig, dass ich anders als Peter und Hans war. Aber großartig beschäftigte ich mich als Kind noch nicht damit, da ich mehr mit den deutschen Kindern als mit denen aus migrantischen Familien zu tun hatte. Egal, ob in der Schule, auf dem Spielplatz oder daheim beim Hausaufgabenmachen, ich wuchs ganz selbstverständlich in beiden Kulturen auf. Was für mich kein Problem darstellte, war durchaus eins für meine Mutter. Sie fühlte sich zwar endlich geachtet, nachdem sie eine eigene Familie hatte, kam sich aber fremd und entwurzelt vor. Ihr Herkunftsland fehlte ihr unheimlich, vor allem der gewohnte Austausch mit den Menschen, die ihr vertraut waren. Baba und ich hatten durch Arbeit und Schule Kontakte zu anderen, konnten uns unterhalten. Sie jedoch war die meiste Zeit allein zu Hause. Die Welt vor der Tür blieb ihr lange fremd. Etwas ganz allein zu unternehmen, kam für sie nicht infrage. Die sprachliche Barriere machte es umso schwieriger.

Mein Vater strengte sich an, sie glücklich zu machen, kam nie mit leeren Händen nach Hause und führte sie oft aus. Dafür war sie dankbar, aber dennoch verglich sie sich oft mit einem Vogel, gefangen in einem goldenen Käfig. Als ich sie einmal fragte, was ihr denn so richtig gut gefalle in Hanau, überraschte sie mich mit der Antwort: »Der Winter.« Tatsächlich fand sie besonders diese Jahreszeit sehr angenehm hier. Wenn sich in Deutschland jemand über schlechtes Wetter beschwerte, erzählte sie uns von den harten Wintermonaten in Ağrı: »Wenn es bei uns schneit, schneit es richtig«, sagte sie, denn bis zu minus vierzig Grad Celsius sind dort nichts Ungewöhnliches. Ganze Flüsse und Bäche frieren zu, die Gendarmerie ist im Einsatz, um die riesigen Eiszapfen zu entfernen, die locker jemanden erschlagen können. Schneemassen türmen sich vor der Tür auf, alle Rohre frieren ein. In Hanau hatten wir so etwas noch nie erlebt und konnten es uns auch nicht vorstellen. Aber wir fanden die Geschichten spannend und wollten sie immer wieder hören.

Es vergingen ein paar Winter in Deutschland, in diesem neuen, so ganz anderen Leben. Doch der Wunsch nach einem weiteren Kind wurde größer, und meine Mutter war irgendwann wieder schwanger. Die Familie sollte wachsen und ich eine Schwester bekommen. Was anfangs für Euphorie sorgte, endete jedoch in einer bitteren Tragödie. Meine kleine Schwester kam schwerkrank zur Welt, sie wurde mit einem Herzfehler geboren und überlebte nur wenige Tage. Neun Monate voller Spannung und Aufregung, Warten und Hoffen, für einen Moment, der einen unermesslichen Schmerz hinterließ. Umso tragischer war, dass meine Mutter ihrer Tochter den Namen Cevahir gegeben hatte, den Namen ihrer eigenen Mutter, die sie nie kennenlernen durfte. Hüsna wollte und konnte es nicht akzeptieren, aber sie musste ihr Baby begraben lassen.

Jeder Mensch, der so etwas erlebt hat, weiß, dass diese Narben niemals heilen. Meine Mutter, die sich nur schwer an das neue Leben gewöhnen konnte, verfiel in eine Depression. Sie weinte viel und war kaum zu trösten. Dies ging eine lange Zeit so und würde sich wohl nur mit einem weiteren großen Ereignis zumindest etwas ausgleichen. Erst als sich mein kleiner Bruder ankündigte, habe ich sie wieder lächeln sehen. Nach drei Jahren erwartete meine Mutter erneut ein Kind, und alle atmeten voller Hoffnung auf, denn bald sollte Gökhan das Licht der Welt erblicken – er war dieses große Ereignis.

Kapitel 2
Ein Märchen

Da kommen sie, endlich! Ich höre, wie die Haustür aufgeschlossen wird, gedämpfte Stimmen und vorsichtige Schritte im Flur. Eine halbe Ewigkeit habe ich gewartet, voller Ungeduld und Vorfreude, jetzt springe ich auf und reiße die Tür auf. Ich blicke direkt ins Gesicht meiner Mutter, gerade wurde sie aus dem Krankenhaus entlassen. Die Schwere, die ich seit dem Tod meiner Schwester so oft in ihrem Blick sehen konnte, die ihre Schritte verlangsamte und ihre Schultern niederdrückte, sie ist verschwunden. Alles an ihr scheint zu strahlen. Vorsichtig setzt sie die gepolsterte Babytasche auf dem Dielenboden ab, um ihren Mantel auszuziehen. Ich lasse mich auf die Knie sinken und sehe meinen kleinen Bruder, wie er friedlich schläft. Sein Atem ist so leise, dass ich mich ganz nah zu ihm beugen muss, um ihn zu hören. Meine Mutter schiebt mich sanft zur Seite, aber ich kann mich nicht sattsehen an meinem kleinen Bruder, wie er da liegt, fest in eine warme Decke gehüllt, und ruhig schläft. Ein Leben, das gerade erst begonnen hat.

Dieses Bild werde ich ewig in mir tragen – genau wie jenes, als ich ihn das letzte Mal sah. Siebenunddreißig Jahre später. Auf diesem Bild, das ich jeden Tag vor mir sehe, schläft er für immer. Doch in seinen ersten Stunden zu Hause hätte niemand von uns sich vorstellen können, mit welch unerbittlicher Härte ihn das Schicksal einmal treffen würde. Ihn. Und uns alle. Da war so ein Frieden. Und es zählte nur der Moment, die Magie der ersten Stunden. Meine nächste Erinnerung ist das erste Baden ein paar Tage später. Ich sehe noch die Hände meiner Mutter vor mir, wie sie den kleinen Körper in dieser viereckigen Plastikwanne langsam durch das warme Wasser bewegt, ihn auf eine dicke Decke legt, abtrocknet, das Babyöl auf seiner Haut verteilt. Ich konnte es kaum erwarten, war so aufgeregt, bis sie ihn endlich angezogen hatte und vorsichtig in meine ausgestreckten Arme legte. Ich stützte seinen kleinen Kopf mit meiner Hand, spürte seine weichen Babyhaare. Acht Jahre war ich alt, und in diesem Moment wurde mein Beschützerinstinkt geboren. Keine Sekunde wollte ich ihn allein lassen, ein Leben lang auf ihn aufpassen.

Nach dem Tod meiner Schwester Cevahir war es für unsere Familie wie ein Wunder, als mein Bruder am 31. März 1982 im damaligen Hanauer Stadtkrankenhaus auf die Welt kam. Er nahm sofort einen großen Platz in unserer Familie und in unseren Herzen ein. Cevahir hatte es nicht geschafft, aber Gott hat die Gesichter meiner Eltern durch dieses Kind wieder zum Lächeln gebracht. Sie gaben ihm den stolzen türkischen Namen Gökhan, was übersetzt »Der Himmelsherrscher« bedeutet, »Gök« für den Himmel und »Han« für den Herrscher. Der Familienname Gültekin wird volksetymologisch als »Rosenprinz« gedeutet. Für meine Mutter war es die zweite Geburt per Kaiserschnitt gewesen und laut der Ärzte durfte sie keine weiteren Kinder mehr bekommen, das Risiko wäre zu groß gewesen. Somit sollten wir als Geschwister auch nur zu zweit bleiben. Umso untrennbarer waren wir vom ersten Tag an zusammengeschweißt. Wir bildeten gemeinsam einen Schutzschild gegen den Rest der Welt.

Bei unserer ersten Reise in die Türkei war ich so unendlich stolz, meine Rolle als älterer Bruder ausfüllen zu können. Ganze drei Tage waren wir in unserem dunkelblauen Mercedes 230 E unterwegs, vollgestopft bis unters Dach mit Geschenken für Freunde und Verwandte aus dem Dorf. Auf der Rückbank saß ich mit Gökhan auf dem Schoß, noch kein Jahr war er alt. Ein zufriedenes, ruhiges Baby, entweder schlief er, beschäftigte sich mit Rasseln, Greiflingen und Kuscheltieren oder schaute mit großen Augen staunend in die vorbeiziehende Welt, so genügsam, wie er von Anfang an war.

Wir Kinder gaben ihm den Spitznamen »Gongel«, an dessen Ursprung sich niemand mehr zu erinnern scheint. Er passte einfach gut zu ihm, mit seinen runden Wangen, zum Reinkneifen geradezu prädestiniert. Als es auf die Pubertät zuging, wurde dann »Gogo« daraus. Auch wenn meine Eltern ihn nie so nannten, taten es doch all seine Freunde. Manche kannten ihn nur unter diesem Namen. Seitdem begleitete er ihn, und irgendwann würde ihn jeder in Hanau kennen. Wer nicht wusste, wer Gogo war, so sagten wir immer, der konnte nicht von hier sein.

Meine Familie lebte damals in dem idyllischen Stadtteil Großauheim. Dieser historische Ortskern mit seinen schönen Fachwerkhäusern und kleinen Gassen liegt nur wenige Minuten von der Stadtmitte entfernt. Ruhig und grün ist es hier, wir konnten sorgenfrei heranwachsen und hatten viele Freiheiten. Unser Zuhause war die Alte Langgasse 14, ein Mehrfamilienhaus mit sandfarbener Backsteinfassade und braunen Fensterrahmen. Wir lebten im Erdgeschoss, neben und über uns zogen nach und nach befreundete türkische Familien mit ihren Kindern ein, auch unsere Verwandten, Babas kleiner Bruder und der Bruder meiner Mutter mit ihren Familien. Die Männer hatten alle denselben Arbeitgeber, der praktischerweise Wohnungen an seine Angestellten vermietete. In unserem Gemeinschaftsgarten wurden Tomaten und Erdbeeren angepflanzt, an warmen Tagen flatterte die bunte Wäsche im Wind, und gleich dahinter floss der Main, vorbei an Wiesen mit knorrigen alten Ahornbäumen, die unser Abenteuerspielplatz waren. Meist nahmen wir den Fußweg hinunter zum Fluss, aber manchmal, wenn wir es gar nicht abwarten konnten, sprangen wir über unseren Gartenzaun und waren da – auf unserer riesigen Spielwiese, die nur uns allein zu gehören schien.

Mama arbeitete eine Zeit lang in einer Wäscherei, wusch und bügelte für ein Hotel, war aber hauptsächlich Hausfrau und für uns Kinder da. Vom Fenster unserer Wohnung aus konnte sie uns gut sehen und rief uns, wenn wir zum Essen kommen sollten. Meist vergaßen wir vollkommen die Zeit, spielten draußen Fußball, bis die Dämmerung einsetzte, wobei die Bäume uns als Tore dienten. Oft landeten die Bälle im Fluss, und wir versuchten, sie mit langen Stöcken wieder ans Ufer zu holen. Fast grenzt es an ein Wunder, dass keiner von uns je ins Wasser fiel. Manchmal winkten wir den Schiffen zu, die vorbeifuhren, und freuten uns, wenn von Deck aus jemand zurückwinkte. Die Älteren passten auf die Jüngeren auf. Besonders, wenn wir nah am Ufer spielten oder frei herumlaufende Hunde hinter unserem Ball herjagten, hielt ich Gogos Hand fest in meiner. Ich weiß noch, wie er dann oft zu mir hochgesehen hat, mit seinem süßen Lächeln und dem dichten Lockenkopf. Ich stellte mich tapfer vor ihn, ließ mir nicht anmerken, dass ich selbst Angst vor den kläffenden, wild herumtobenden Hunden hatte, ließ Gökhan nicht aus den Augen.

Es war wirklich ein Kindertraum, in diesem wohlbehüteten Viertel aufzuwachsen. Nichts konnte uns passieren, es fühlte sich an wie ein Dorf. Hier war unsere Welt, hier gab es alles, was wir brauchten – sogar irgendwann einen ersten türkischen Lebensmittelladen. Autos fuhren so selten durch die schmalen Gassen, dass ich mit der Zeit sogar lernte, schon am Motorgeräusch zu erkennen, ob es mein Onkel oder mein Vater war, der gerade von der Arbeit kam. Ja, wir konnten wirklich Kinder sein.

So viele Erlebnisse und Begegnungen, an die Gökhan und ich uns gern zurückerinnerten. Ganz in der Nähe war ein kleiner Laden, der Partyzubehör anbot, Girlanden, Konfetti, Pappteller, Plastikbesteck. Er gehörte Günther, einem Bären von einem Mann, ein Zwei-Meter-Typ, aber mit einem großen Herzen. Jedes Mal, wenn wir bei ihm vorbeikamen, überraschte er uns – mit Seifenblasen, kleinen Spielzeugen oder Luftballons. Jeder im Viertel kannte uns. Und so war es ganz normal, dass man für uns Kinder in dem spanischen Fischrestaurant ein paar Häuser weiter Geld wechselte, wenn wir für Baba Zigaretten am Automaten ziehen wollten. Beim Bäcker kauften wir uns Schaumkuss-Brötchen, und wenn wir kein Taschengeld mehr übrig hatten, ließen wir eben anschreiben, und Mama bezahlte später. Wo gibt es so etwas heute noch? Ich habe unsere Kindheit einfach als schön und unbeschwert empfunden.

Zugehörigkeit

Damals spielten wir mit türkischen genau wie mit deutschen Kindern, da wurde kein Unterschied gemacht. Dass die Welten, in denen wir lebten, verschieden waren, machte ich zu dem Zeitpunkt höchstens an der Inneneinrichtung fest. Bei meinen deutschen Freunden kam es mir seltsam steril und kühl vor, so als wären sie erst frisch eingezogen. Zu Hause war es wärmer und farbenfroher, besonders durch die bunten Stoffe, die meine Mutter gern verwendete.

Auch wenn sich die Kinder beim Fußball und Versteckenspielen vermischten, blieben wir als türkische Familien eher unter uns, und alle haben uns in der kleinen Welt, die wir uns aufgebaut hatten, in Ruhe gelassen. Zu den deutschen Nachbarn hatten wir ein gutes und lockeres Verhältnis. Die Leute, so empfand ich es jedenfalls als Kind, waren offener als heute. Was mich selbst wundert, wenn ich als Erwachsener darüber nachdenke. Man würde eher vermuten, dass die Vorurteile und der Rassismus in der Kriegs- und Nachkriegsgeneration in Deutschland größer gewesen wären. Aber auch meine Eltern, Onkel und Tanten erlebten es ähnlich. Ich kann nur für Großauheim sprechen, aber für uns dominierte dort nicht das Gefühl, dass man uns mit Vorbehalten begegnete. Die Menschen um uns herum haben sich erst mal ein Bild gemacht, uns näher kennengelernt. Es ist komisch, aber obwohl die Verständigung wegen der sprachlichen Barriere früher schwieriger war, gab es größeres Verständnis als heute. Das galt auch für das Interesse aneinander. So zumindest habe ich es erlebt. Manchmal denke ich, dass es für viele sogar angenehmer war, wenn der andere die Sprache nicht beherrschte, weil man sich ihm überlegen fühlen und ihm Dinge erklären konnte. Heute, da wir alle mit der deutschen Sprache groß geworden sind, begegnet man sich auf Augenhöhe. Manch einer fühlt sich vielleicht dadurch bedroht.

Mein Vater hat immer gegrüßt und wurde von allen gegrüßt, das kannte er nicht anders aus seinem Heimatdorf. Nett sein und lächeln. Es war meinen Eltern wichtig, dass die Leute nichts Falsches von uns denken, wir nicht komisch rüberkommen. Darum haben wir uns angepasst. Wenn ich bleibe, dann muss ich nach den geltenden Spielregeln handeln – so hat es Baba uns beigebracht. Da er nichts verkehrt machen wollte, ist er aber auch nie für sich eingestanden. Bloß nie zum Arbeitsamt, bloß nie Sozialhilfe beantragen. Wir waren fleißig und anständig, haben alles gemacht, um keine Probleme zu bekommen. Waren dankbar, in Deutschland leben zu können, haben uns hier sicher und wohlgefühlt.

Auch wenn ich es als Kind nicht einsortieren konnte, hatten meine Eltern verinnerlicht, dass das Willkommensein daran gekoppelt war, bloß keinen Ärger zu machen und sich ruhig zu verhalten. Als kleiner Junge war ich sicher gewesen, dass mich nichts von den gleichaltrigen Deutschen unterschied. Doch je älter ich wurde, je mehr ich von der Außenwelt mitbekam, desto ambivalenter wurde mein Gefühl. Für meine deutschen Freunde hing die Akzeptanz durch andere nicht davon ab, ob sie saubere Fingernägel hatten und höflich »Guten Tag« sagten. Bei mir jedoch schon. Es kam mir vor, als wäre ich so lange geduldet, bis ich einen Fehler machte.

Als die Achtzigerjahre kamen, sah man in Hanau immer mehr Familien anderer Herkunft. Damit änderte sich auch die Haltung uns gegenüber. Vermutlich wuchs in vielen Deutschen die Angst, dass sich ihr Leben dadurch ändern würde, sie Einschränkungen in Kauf nehmen müssten, wenn mehr Menschen aus anderen Ländern hier lebten. Je stärker die türkische Minderheit wuchs, desto größer wurden auch die Ressentiments. Diese latente Ablehnung wurde für mich in den ersten Schuljahren spürbar. Obwohl mein Umfeld nicht offen rassistisch war, wuchs ich in dem Gefühl heran, anders zu sein. Manchmal spürte ich in der Schule die Blicke der anderen, so als wäre ich ein Alien, als würde etwas nicht stimmen mit mir oder ich hätte eine Platzwunde an der Stirn. Oder sie machten Witze, wenn ich ein Wort noch nicht kannte oder es anders aussprach als sie. Auch kam es mir oft so vor, mehr leisten zu müssen, irgendwie in der Bringschuld zu sein, als müsste ich doppelt beweisen, dass ich alles genauso gut kann wie die anderen. Nicht alle Kinder ließen mich spüren, dass ich in ihren Augen anders war, aber einige waren auffällig distanziert. Teilweise wurden sie von ihren Eltern gewarnt, sich mit uns abzugeben. Vielleicht fiel ich in mancher Hinsicht auch aus dem Rahmen, weil ich Sachen machen durfte, die sie nicht durften. Ich konnte zum Beispiel länger draußen spielen, ohne dass es Ärger gab. In unserer Familie folgte man keinem strengen Zeitplan, es gab weniger Regeln, wir haben einfach gelebt.

Es war noch vor Gökhans Geburt, da habe ich zum ersten Mal den Begriff Rassismus gehört und meine Eltern gefragt, was das ist. Baba erklärte mir, ein Rassist sei jemand, der Ausländer nicht mag. Ich nahm die Erklärung an, obwohl sie wenig Sinn ergab – für ein Kind noch viel weniger als für einen Erwachsenen. Wenn jemand andere schlecht behandelte oder beim Fußball foulte, dann war das ein Grund, ihn nicht zu mögen. Aber nur weil er oder seine Eltern in einem anderen Land geboren waren? Das konnte ich nicht verstehen.

Irgendwann fiel mir bei den Eltern eines meiner deutschen Freunde eine alte *Spiegel*-Ausgabe auf. Das Titelblatt war verknickt und ausgeblichen, einige Seiten eingerissen. *Gettos in Deutschland: Eine Million Türken*, stand in schwarzen und weißen Buchstaben auf dem Cover, eine türkische Familie war am geöffneten Fenster eines heruntergekommenen Wohnhauses zu sehen. Heute weiß ich: Die Ausgabe stammte aus dem Jahr 1973[2].

Die Titelgeschichte habe ich erst im Erwachsenenalter gelesen. *Die Türken kommen – rette sich, wer kann*, lautete die sarkastische Überschrift. Vor allem am Beispiel von Berlin-Kreuzberg wurde beschrieben, wie sich in deutschen Großstädten Wohnquartiere entwickelten, die abfällig »Türken-Gettos« genannt wurden. Segregation war das Thema, die unfreiwillige Abkapselung von Minderheiten in Subkultur und Unterprivilegierung. Man fürchtete in Berlin, München oder Frankfurt zu dieser Zeit eine soziale Verelendung wie im New Yorker Elendsviertel Harlem. Hatte der deutsche Staat in den Sechzigern eifrig um Arbeitskräfte geworben, sah er sich jetzt von dem Zustrom überfordert. Seit 1962 war die Zahl ausländischer Arbeitnehmer aufs Fünffache gewachsen, an der Spitze standen Menschen aus der Türkei. Knapp eine Million waren offiziell bereits im Land, 1,2 Millionen weitere Anwerber standen auf den Wartelisten. Der Plan, billige Wohlstandshelfer für eine Weile einzuladen, um sie dann einfach gegen Neue umzutauschen, flog den Politikern um die Ohren. Die Menschen blieben und holten ihre Familien nach. Außerdem rief die Furcht vor der Ausweisung die Flucht in die Illegalität nach sich.

Viele kritisierten schon in diesen Jahren den angeblich mangelnden Willen, sich einzufinden. Diese Leute sahen aber nicht, dass es nie die Idee der Regierung gewesen war, uns hier wirklich ankommen zu lassen. Aufstiegschancen waren so gut wie nicht vorgesehen. Kaum jemand kümmerte sich um Angebote für Sprachunterricht oder bemühte sich darum, die Kinder der Gastarbeiter so ins Schulsystem zu integrieren, dass sie reelle Chancen auf einen Abschluss hatten. Und immer öfter mussten sie unter katastrophalen sozialen Bedingungen wohnen.

»Es gibt sie wieder, jene separaten Siedlungsgebiete für Minderheiten mit anderer Sprache, aus anderen Zivilisations- und Sozialgefügen, die in aller Welt Getto heißen. Wie zwangsläufig kapseln sich ganze Nationalblöcke in der Fremde ab. Schon zu Hause auf der Flucht vor Nöten, fliehen sie auch im Zielland – hier vor den eigenen Anpassungsschwierigkeiten und vor der Intoleranz der Umwelt; sie igeln sich ein«, heißt es in dem *Spiegel*-Artikel, in dem die deutsche Geringschätzung auch statistisch belegt wird. Damals, Anfang der Siebzigerjahre, trat der Rassismus bereits deutlich hervor: Jeder zweite Berliner wünschte, nichts mit Türken zu tun zu haben, jeder Siebte hätte sie gern in einem separaten Wohngebiet gesehen. Und dieser Wunsch erfüllte sich traurigerweise oft. Damals ermittelte der Kreuzberger Ausländerbeirat, dass bei einem Ausländeranteil von dreißig Prozent im Haus die deutschen Familien beginnen, ihre Koffer zu packen.

Mit deren Wegzug freuten sich nicht wenige Vermieter, aus ihren Wohnungen nun richtig Profit zu schlagen, mit einem Kopfpreis pro Bett. Ohne weiter in den Erhalt der Immobilie zu investieren, versteht sich. Die ließen sie einfach verkommen. Auch ein Abriss war manchmal attraktiv, denn so konnte neu gebaut werden, um teure Büroflächen zu vermieten. Die türkischen Bewohner mussten oft auf engstem Raum unter teilweise desaströsen Bedingungen hausen. Zusammengepferchte Familien in renovierungsbedürftigen Unterkünften, abgeschnitten von der Gesellschaft, wurden zum Sinnbild für eine Ausländerpolitik, die nur die wirtschaftlichen Ziele im Blick hatte, aber die sozialen Bedürfnisse vergaß. »Wir riefen Arbeitskräfte, und es kamen Menschen«, brachte Max Frisch es 1965 treffend auf den Punkt.

Wenn ich mir heute vor Augen führe, was zu jener Zeit bereits in vielen deutschen Köpfen gärte, war es in Großauheim fast wie auf einem anderen Stern. So richtig begreifen konnte ich als Junge nicht, warum Magazine in dieser Form über türkische Familien berichteten, aber es setzte sich dennoch ein ungutes Gefühl in mir fest, wenn ich mit solchen Dingen konfrontiert war. Gehörten wir vielleicht gar nicht wirklich dazu? Ich bekam erstmals eine Ahnung davon, dass es Menschen geben könnte, die dich ablehnen: wegen deiner Haarfarbe, wegen deines Namens oder weil du deinen Glauben anders lebst. Plötzlich gab es Begriffe für dieses diffuse Gefühl in mir, mich nicht angenommen zu fühlen. Fremd. Und ich verinnerlichte einen Gedanken: Es ist besser, nicht groß aufzufallen, nicht anzuecken. Was Gökhan und ich bei Baba Behçet beobachteten – wie angepasst er war, wie respektvoll und höflich er mit jedem Menschen umging –, das machten wir ganz bewusst genauso.

Ein großes Vorbild

Unser Vater. Wir vergötterten ihn und liebten ihn über alles. Wenn ein neues Schuljahr begann, waren wir diejenigen mit den schönsten Heften und Stiften und den tollsten Federmäppchen. Weil er früher seine zehn Geschwister hatte versorgen müssen, wollte er selbst nie viele Kinder haben. Sondern lieber denen, die ihm geschenkt wurden, all ihre Wünsche erfüllen und sie verwöhnen. Es klingt vielleicht seltsam, aber als kleiner Junge war ich wie verliebt in meinen Vater. Da war etwas ganz Besonderes, dieses Lächeln, wie er sich bewegte, er war wie ein Star für mich. Und ich wollte so sein wie er. Er unternahm auch vieles mit uns, das andere Eltern nicht mit ihren Kindern machten. Es ging ins Café, wo es Kuchen und warmen Kakao für uns gab, zum Einkaufen in der Stadt oder zum Eisessen. Aber was wir am meisten genossen, waren die Gespräche mit ihm. Wir haben viele Fragen gestellt, und er nahm sich immer die Zeit, sie zu beantworten, hat uns ernst genommen und als Persönlichkeiten wahrgenommen, war nicht nur die Autoritätsperson. Dass Eltern sich so intensiv mit ihren Kindern beschäftigen, ihnen zuhören und mit ihnen spielen, das habe ich in anderen Familien nie in diesem Ausmaß erlebt. Eine so enge Beziehung, besonders zwischen Vater und Kind, war zu der Zeit nicht üblich. Ein Kind hat zu schweigen und nicht seine Meinung zu sagen – so lief es bei vielen anderen ab. Aber wenn man Schiss hat vor seinen Eltern, dann fängt man an, Geheimnisse zu haben und zu lügen.

Uns war bewusst, was für ein großes Glück wir mit unserem Vater hatten. Baba war nicht nur der Versorger, sondern erfüllte auch den emotionalen Part. Auch weil er nie schimpfte, nie laut wurde, uns keine Strafen, Vorhaltungen und Moralpredigten erteilte. Stattdessen versuchte er uns zu vermitteln, dass wir selbst auf die Schnauze fallen müssen, um daraus fürs Leben zu lernen. Seit ich selbst Vater bin, weiß ich, wie recht er damit hatte. Es hilft nichts, einem Kind zu sagen, dass die Pfanne heiß ist. Die Neugierde ist da, und man will es selbst spüren. Aber wenn man sich verbrennt, dann wird man wissen, dass es wehtut und beim nächsten Mal lieber Abstand halten.

Trotzdem war es nicht so, dass wir uns alles erlauben konnten. Im Gegenteil. Behçet war unser Ansporn, es ihm gleichzutun, freundlich zu sein, uns korrekt zu verhalten. Weil er so gut war, haben Gökhan und ich als Kinder sehr viel Wert darauf gelegt, unseren Vater nie zu enttäuschen. Er war unser Berg, so stabil, dass wir sicher waren, er würde uns immer stützen. So sehr habe ich meinen Vater verehrt, dass ich versuchte, eine Kopie von ihm zu werden. Alles, was mich heute ausmacht, habe ich von ihm. Alles, was ich bin, das ist er. Schon als Kind habe ich ihn beobachtet, seine Gestik, seine Mimik, und versucht, ihn zu imitieren. Er drückte sich sehr gewählt aus, und ich fing sogar an, seine Wortwahl auswendig zu lernen wie Vokabeln. Nie hat er etwas Negatives von sich gegeben. Sich aufzuregen oder zu fluchen, entsprach nicht seinem Naturell. Er war ein ruhiger, ausgeglichener Mensch.

Zwar habe ich seine Art übernommen, aber Gökhan trug das Herz unseres Vaters in sich. Früh zeigte sich sein sanftes Wesen, er dachte viel mehr an andere als an sich. Für mich war er einfach ein Engel. Ich war impulsiv und lebhaft, Gogo eher still. Und schon als kleiner Junge viel vernünftiger und fürsorglicher als ich. Wenn Baba sich am Wochenende mal eine Stunde aufs Sofa legte und schlief, deckte Gogo ihn mit einer Wolldecke zu. Kam ich vom Spielen zurück ins Haus, war er es, der mir sagte, ich solle die Schuhe vor der Tür ausziehen und die dreckigen Socken in die Wäsche geben. Ich habe nie mitbekommen, dass er etwas von unseren Eltern forderte. Nur Essen war seine große Leidenschaft. Schon als kleiner Junge war er kräftiger, aber innerlich ganz weich, ein Teddybär.

Ein Junge aus dem Dorf

Die Verbindung zu unseren Wurzeln war meiner Familie sehr wichtig. Jeden Sommer reisten wir für sechs Wochen in die Türkei. Wir hatten uns an die großen Häuser, die engen Straßen und die vielen Autos in der deutschen Stadt gewöhnt und kamen dann in eine Welt, in der scheinbar die Zeit stehen geblieben war. Die Berge, die endlosen Wiesen, die einfachen Hütten aus Holz. Wir durften auf Pferden reiten, ganz ohne Sattel und Zaumzeug, beim Melken dabei sein und beim Scheren der Schafe. Da sich alle kannten, konnten wir überall hineingehen. Egal, an welcher Tür du geklopft hast, du warst willkommen. Alle beschenkten uns mit frischen Früchten und Süßigkeiten. Die Frauen im Dorf freuten sich sehr, uns wiederzusehen, umarmten und küssten uns so oft auf die Wangen, dass wir sie heimlich mit dem Ärmel trocken wischen mussten, wenn sie nicht hinsahen. Es fühlte sich an wie die große Freiheit, wie ein Abenteuer.

Auch unsere Beschneidung, die in traditionell-muslimischen Kreisen als Männlichkeitsritual gilt und das größte Ereignis im Leben eines Jungen ist, feierten wir bei uns im Dorf. Gökhan war damals drei Jahre alt, ich bereits zehn. Wie für so viele Eltern war es auch für Mama und Baba ein wichtiger Moment; darum wird es auch Sünnet Düğünü genannt, was sinngemäß übersetzt Beschneidungsfest bedeutet. Wir beide trugen Festgewänder aus weißem Satin, die an Prinzenroben erinnerten. Dazu mit Edelsteinen geschmückte Anzüge, ergänzt durch einen Umhang, feine Schuhe, ein Zepter und ein besticktes Käppchen. Daran war ein kleiner Schleier befestigt, auf dem das Wort *Masallah* (Gott beschütze dich) stand. Es gab ein Festessen fürs ganze Dorf. Da ich älter war und wusste, was auf mich zukam, erforderte es viel Mut. Doch der Schmerz war bald vergessen, meine Brust platzte fast vor Stolz, es wurden Gold- und Geldgeschenke gemacht, wir bekamen schöne Spielsachen, und alles drehte sich um uns. Die Gäste feierten, küssten uns und versicherten uns ihrer Liebe.

Wir nahmen jedoch auch wahr, dass es in unserem Heimatdorf Kinder gab, denen es materiell nicht so gut ging wie uns. Besonders Gökhan fiel es schwer, damit umzugehen. Als er einmal weinend nach Hause kam, erzählte er, dass er auf der Straße einen Jungen mit völlig kaputten Schuhen gesehen hätte. Seine Familie konnte es sich nicht leisten, ihm neue zu kaufen. »Beruhige dich«, sagten wir zu ihm. »Ja, du möchtest gern helfen, aber du kannst nicht die ganze Welt retten.« Doch es ließ ihm keine Ruhe. Diese Ungerechtigkeit konnte er nicht akzeptieren, also verließ er das Haus – und kam nach einer Weile barfuß zurück. Er hatte dem Jungen tatsächlich seine neuen Schuhe geschenkt, einfach so. Wer hätte ihm böse sein können? So war Gökhan. Auf seine ganz eigene Weise ist er ein Junge aus dem Dorf geblieben, so lieb und gutmütig – auch wenn er nie dort gelebt hat, trug er dieses Wesen in sich.

Es gibt so unendlich viele Geschichten über ihn, die davon zeugen, was für ein Mensch er war. Etwa die von Sibel, der Nachbarstochter aus der Alten Langgasse, die genauso alt wie Gökhan war. Wir standen in engem Kontakt mit ihrer Familie, zockten oft nachmittags in ihrem Wohnzimmer *Pac-Man*, die Mutter machte Gözleme für uns, dünne, würzig gefüllte Fladenbrote aus Yufkateig, die wir so liebten. Für Gökhan war klar: Sibel gehört zu uns, wie eine Schwester, und ich beschütze sie vor der Welt. Die beiden kamen auf dieselbe Grundschule. Ganz selbstverständlich nahm Gökhan am ersten Tag ihre Schultasche und trug sie die ganze Strecke bis zum Schulgebäude. Aber nicht nur an diesem Morgen, sondern an jedem Schultag, bis zum Ende der Grundschulzeit. Es war wie ein unausgesprochenes Gesetz. Sibels Familie wohnte drei Häuser weiter, und ihre Mutter fing irgendwann an, den Ranzen vor die Tür zu stellen. Als Zeichen, dass Sibel fertig war und Gökhan sie abholen konnte. Er nahm ihn dann über die Schulter, rief: »Sibel, komm, wir sind spät dran«, und los ging es in die Schule. Die beiden sind sich immer eng verbunden geblieben. Als Gökhan in Tahir beigesetzt wurde, war es für seine Kindheitsfreundin eine Selbstverständlichkeit, dorthin zu fliegen, um sich an seinem Grab von ihm zu verabschieden, von ihrem Gogo, der sie immer beschützt hatte. »Gogo hat vier Jahre lang meine Tasche getragen, was sind schon viertausend Kilometer für Gökhan?«, waren ihre Worte.

Wir Gültekins sind sehr gläubig. Schon als Kinder gingen wir zum Koranunterricht, um die Suren, die Kapitel des Korans, auswendig zu lernen. Zweimal haben wir *Hatm-i Koran* erlangt, dafür die komplette Heilige Schrift des Islam mit ihren hundertvierzehn Suren durchgelesen. Fünfmal am Tag wurde gebetet. Jeden Sonntag waren wir mit unserem Vater in der Moschee. Dadurch lernten wir neben dem beschaulichen Großauheim auch eine ganz andere Lebenswelt kennen.

Die erste türkische Moschee Hanaus, die DİTİB-Moschee, die mein Vater mitbegründet hat, befindet sich im Erdgeschoss der Leipziger Straße 30, eine Adresse, die in Hanau jeder kennt. Auch wenn die Zustände dort nicht so schlimm waren, wie in dem *Spiegel*-Artikel beschrieben, so war das Haus dennoch ein Beispiel für die Gettoisierung in Deutschland.

Das Hochhaus mit seinen hundertvierundzwanzig Einheiten wurde zwischen 1969 und 1973 auf dem Reißbrett als Teil einer Sozialbausiedlung entworfen. Lange galt es als »Schandfleck«, wurde mehrmals zwangsversteigert, investiert wurde so gut wie gar nichts. Der Großteil der Bewohner hat türkische oder kurdische Wurzeln. »Klein-Istanbul« nennen wir es. Früher waren es annähernd hundert Prozent, jetzt mischen sich auch Menschen aus Osteuropa darunter. Auch heute, nachdem es saniert und die Fassade mit Rot- und Gelbtönen aufgefrischt wurde, ist es nicht mehr als ein gesichtsloser Betonklotz. Aber ich sage immer: Hätte dieser Ort einen Mund, er würde vierundzwanzig Stunden lang nicht aufhören zu reden. Er steckt so voller Leben, so voller Geschichten, schönen und lustigen, heftigen und traurigen. Auch wenn das Haus einen schlechten Ruf haben mag, es dort immer viel Action und häufig Schlägereien gab, so bedeutet es für seine Bewohner ein Stück Heimat. Jeder weiß, wer zu wem gehört und wer was macht. Ein Stück Zuhause, weit weg von der Türkei.

Mein Bruder und ich verbrachten dort einen großen Teil unserer Kindheit. Gogo und ich waren so ziemlich in jeder der Wohnungen, die sich über elf Stockwerke verteilten, schon einmal gewesen, kannten den Großteil der Bewohner, zumindest vom Sehen. Man konnte überall ohne Ankündigung klingeln, einfach so, dann gab es Leckeres zum Naschen, angenehme Gerüche strömten aus den Küchen, wenn es Zeit fürs Essen war. Für andere mag es ein Hochhaus-Getto gewesen sein, für uns Kinder fühlte es sich an wie ein gigantischer Spielplatz. Wir dachten natürlich nicht über Integration oder die gesellschaftspolitische Dimension dieses Ortes nach, sondern nur daran, Spaß zu haben. Die Kinder organisierten Flohmärkte, spielten mit Murmeln oder nachts im Dunkeln Verstecken – was für ein Abenteuer in diesem Labyrinth aus Treppen, Fluren und Türen!

Das Leben als Hanauer-Block-Kind: Laut der Geschichten, die alle, die hier groß geworden sind, erzählen, und die ich selbst erlebt habe, war es manchmal rau, die Menschen hatten viele Probleme.

Aber monoton und trostlos, wie so oft beschrieben, war es nicht. Es gab auch einen großen Zusammenhalt. Die Älteren saßen oft vorm Haus zusammen, tranken Çay aus kleinen Gläsern mit Goldrand und spielten Karten. Wenn Baba dort war, traf er seine Brüder aus allen Ecken der Türkei. Einige der Gastarbeiter, die früher mit ihm eine Unterkunft geteilt hatten, waren in die Leipziger Straße 30 gezogen. Hier waren sie wieder zusammen und erinnerten sich an die alten Geschichten.

Doch nicht nur die Fassade hat sich seitdem verändert. Auch im Inneren ist es nicht mehr derselbe Ort wie früher. Viele der Alten sind gestorben, die Sehnsucht nach einem anderen Leben hat die Jüngeren fortgetrieben. Vor allem aber hat der Anschlag des 19. Februar 2020 hier tiefe Spuren hinterlassen. Bei Bewohnern, die mit den Opfern verwandt waren, mit ihnen zusammen in die Grundschule gegangen waren, sie vom Fußball kannten, aus der Moschee oder aus dem Jugendzentrum. So stark die Verbundenheit war, so groß ist auch die gemeinsame Trauer.

Als Kinder haben wir viel Zeit in Klein-Istanbul verbracht. Aber unsere Eltern ermöglichten uns auch immer wieder, in andere Welten einzutauchen. Als Jugendliche fuhren sie mit uns ins Phantasialand oder in den Europapark. Das Allergrößte war, wenn wir ein Motorboot mieteten und damit auf dem Main umherfuhren. Mein Vater übernahm dann selbstbewusst das Steuer, und wir Jungs schauten ihm bewundernd zu. Auch zum Stadtfest, der Großauheimer Kerb, gingen wir als Familie. Meine Mutter fühlte sich auf solchen Veranstaltungen etwas deplatziert, so richtig passte das alles nicht zu ihr, aber sie war dabei – auch wenn sie nicht im Autoscooter saß oder ins Kettenkarussell einstieg.

Auch Mama hat uns mit allem geliebt, was sie nur geben konnte. Aber sie hatte viele innere Kämpfe mit sich selbst auszufechten, einen Hang zur Schwermut und nicht die Weichheit meines Vaters. Als Kinder hatten wir großen Respekt vor ihr, sie ist eine echte Autoritätsperson, hat oft warnend die Hand gehoben, wenn es ihr reichte. Zogen wir uns beim Fußballspielen Schürfwunden zu, hat sie uns erst ermahnt, besser aufzupassen und unsere Sachen nicht schmutzig zu machen. Das Pflaster und der Trost kamen dann später. Hüsna war auch zu meinem Vater streng. Aber er nahm es gelassen. Er hat dann oft zu uns gesagt: »Los, einfach raus, wir lassen sie mal alleine, bis sie runterkommt.« So lange haben wir dann im Restaurant in Ruhe etwas gegessen, und wenn wir zurückkamen, hatte sich die Stimmung meist schon entspannt.

Das besondere Band

Dann verlor mein Vater seinen Job. Die Gießerei, für die er über drei Jahrzehnte gearbeitet hatte, verlegte ihren Firmensitz nach Tschechien, in Hanau wurde niemand mehr gebraucht. Das war ein großer Einschnitt für Behçet, der immer gedacht hatte, dass er dort bis zum Renteneintritt arbeiten würde. Diese feste Arbeitsstelle gab ihm nicht nur Sicherheit, sondern war auch lange der Grund gewesen, überhaupt in Deutschland zu bleiben. Doch zurück wollte er trotzdem nicht. Es war ihm wichtig, dass seine Söhne hier zur Schule gingen und sich etwas aufbauten. Als mein Vater nun gezwungen war, in Frührente zu gehen, zahlte ihm das Unternehmen eine Abfindung von siebzigtausend D-Mark. Den Großteil davon gab er mir, seinem ältesten Sohn, für die Gründung einer Speditionsfirma. Nun würde ich derjenige sein, der für unsere Familie sorgte.

Ich hatte früh geheiratet, vielleicht zu früh, war gerade erst achtzehn Jahre alt. Aber auch wenn die Ehe nicht lange hielt, werde ich doch immer dankbar für diese Beziehung sein, denn sonst gäbe es meinen Sohn Mert Can nicht, der daraus entstanden ist. Als Gökhan zwölf Jahre alt war, kam Mert auf die Welt, da lebten wir alle noch zusammen in der Wohnung meiner Eltern in Großauheim. Meine Welt drehte sich vor allem um die Arbeit, mit dem Lkw war ich in ganz Deutschland unterwegs. Es lief gut, und ich war froh, dass ich mir mit der Hilfe meines Vaters eine Perspektive hatte schaffen können. Denn nachdem ich meine Gesellenprüfung als Zerspanungsmechaniker erfolgreich abgelegt hatte, konnte ich nicht übernommen werden, auch meine Bewerbungen liefen ins Leere. Obwohl ich natürlich viel lieber in meinem erlernten Beruf gearbeitet hätte, hatte ich so zumindest eine Aufgabe.

Während ich auf den Straßen umherfuhr, die mein Vater und seine Freunde in ihren ersten Jahren in Deutschland gebaut hatten, entwickelte sich zwischen Mert und meinem Bruder eine besondere Beziehung. Mit dem relativ geringen Altersunterschied war Gökhan so etwas wie ein großer Bruder für ihn. Wer immer da war und sich kümmerte, war Gökhan. Jeden Tag legte er Mert in seinen Kinderwagen und ging mit ihm am Mainufer spazieren, an Gökhans Hand machte Mert später die ersten vorsichtigen Schritte. Die wenigsten Teenager wären wohl scharf darauf gewesen, ihre freie Zeit mit einem Kleinkind zu verbringen, aber für Gogo war es die größte Freude. Vom ersten Tag an war da dieses besondere Band, und es wurde stärker, je mehr Zeit sie miteinander verbrachten.

Mit dem Umzug nach Kesselstadt drei Jahre nach Merts Geburt verließen wir unsere behütete Umgebung. Da meine Frau zu uns gezogen war und unser Sohn langsam größer wurde, platzte die kleine Wohnung aus allen Nähten, dauernd stand der Wäscheständer im Weg, niemand hatte mehr einen Rückzugsraum. Also investierten wir den Rest der Abfindung in zwei kleine Eigentumswohnungen. Alles schien perfekt zu sein, sie lagen direkt nebeneinander, sodass wir sie durch einen Durchbruch zusammenlegen konnten. Endlich hatten wir mehr Platz.

Dennoch markierte der Umzug einen Wendepunkt, an dem unsere heile Welt immer mehr Risse bekam. Die Spaltung der Gesellschaft war in unserem neuen Viertel, das im Osten an die Innenstadt angrenzt, plötzlich viel offensichtlicher. Zwischen den Reihen- und Einfamilienhäusern auf der einen und der Hochhaussiedlung auf der anderen Seite scheint eine Grenze zu verlaufen, nicht klar abgesteckt, aber trotzdem sichtbar. Es ist eine Grenze der Ungleichheit. Dort, wo die Hochhäuser in den Himmel ragen, leben Menschen, die jeden Cent zweimal umdrehen müssen. Viele beziehen Sozialhilfe oder versuchen, mit schlecht bezahlter Lohnarbeit zurechtzukommen. Um das Geld für die Miete zusammenzukriegen, gehen sie nachts in Schulen und Krankenhäusern putzen, räumen im Supermarkt Regale ein und kratzen in Spülküchen Essensreste von Tellern. Es sind Menschen, die der Polizei per se verdächtig erscheinen und ohne Anlass in Kontrollen geraten. Die Menschen, die unten gehalten werden, die migrantisch geprägte Arbeiterklasse, haben sich rund um die Hochhäuser einen Rückzugsort geschaffen, träumen von einem besseren Job, damit ihre Kinder einmal anders leben können.

In den Häusern mit den ordentlich gekärcherten Einfahrten und den gepflegten Vorgärten wohnen jene, die mit echten Chancen in die Zukunft starten, für die eine Arbeit im Kiosk oder als Pizzafahrer meist nur ein Ferienjob ist. Es sind vor allem Deutsche.

Nicht nur geografisch betrachtet, lebte meine Familie irgendwo dazwischen, quasi im Grenzgebiet. Kein Reihenhaus, aber auch nicht im zehnten Stock eines Hochhauses. Sondern: in einem einfachen vierstöckigen Haus mit grauer Fassade. Wir waren nicht arm, aber auch nicht reich. Dennoch wurde uns – als wir hier unsere Kisten auspackten und nach und nach ankamen – bewusst, dass wir in einer behüteten Blase gelebt hatten, und die Realität hier eine andere war als die am Mainufer inmitten von Wiesen und dörflichem Flair. Manchmal wünschte ich, die Zeit wäre in der Alten Langgasse einfach stehen geblieben. Nicht nur wegen der schönen Umgebung. Sondern weil der Ortswechsel ein Einschnitt war, von dem an meine Familie nur noch kämpfen musste.

Die Beziehung zwischen Merts Mutter und mir ging in die Brüche, und obwohl ich mir wünschte, dass mein Sohn bei mir bleiben könnte, wurde das Sorgerecht ihr zugesprochen. Nach der Trennung lebte er eine Weile bei ihr in Koblenz, doch er wollte unbedingt zurück, sprach jeden Tag von Papa, Oma und Opa, besonders aber von Gökhan, seinem Onkel. Nach einer Weile spürte seine Mutter selbst, dass es Mert bei uns besser gehen würde, entschied sich für das Glück ihres Sohnes und brachte ihn schweren Herzens zurück. Wir einigten uns, dass Mert bei mir bleiben sollte. Da war er gerade vier Jahre alt.

Und schon so eng mit Gogo zusammengewachsen, dass sie sich einfach nicht trennen konnten. Im Grunde hat Mert sich gar nicht für mich entschieden, sondern für Gökhan, er war der Grund, warum er zurückwollte, denn er hat ihn über alles geliebt.

Um nach der Trennung das Sorgerecht für meinen Sohn zu bekommen, musste ich nachweisen, dass ich auch für ein Kind da sein konnte. So stellte ich die Firma um und fing an, nachts Brot auszuliefern. Neun Jahre lang arbeitete ich nur nachts, immer fünfhundert Kilometer mit dem Sattelzug, war morgens rechtzeitig zurück, um Mert für den anstehenden Tag fertig zu machen. Anziehen, frühstücken, Zähne putzen. Doch mit niemandem war er so oft zusammen wie mit Gökhan. Manchmal dachte ich sogar, Mert sei in den Händen meines Bruders besser aufgehoben als in meinen. Als er älter wurde, hörte er auch auf, »Amca« (Onkel) zu sagen, sondern nannte ihn »Abi«, seinen großen Bruder. Der machte ihm Geschenke, spielte mit ihm und holte ihn nachmittags von Kita oder Schule ab. Und als er mit fünf Jahren anfing, im Verein bei den »Bambinis« Fußball zu spielen, kam Gogo zu jedem Training. Wenn Papa, Oma und Opa keine Zeit hatten, dann war das nicht schlimm, denn Gogo war ja da, stand am Spielfeldrand, feuerte ihn lautstark an und stärkte ihm den Rücken.

Später zog Gökhan oft mit seinen Jungs durch die Gegend und ging selten ans Telefon, wenn meine Mutter ihn zu erreichen versuchte. Daher hat sie immer Mert anrufen lassen, wenn sie wollte, dass Gogo schnell nach Hause kommt, denn bei ihm ging Gogo jedes Mal ran, und er war dann zehn Minuten später da. Die beiden haben diese tiefe Liebe gespürt, diese spezielle Verbindung zueinander. Mit Gogo war es chillig und lustig. Er war aber auch wie ein Lehrer für Mert, hat ihm das Leben gezeigt, manchmal alle Rollen gleichzeitig übernommen: Mutter, Vater, Freund, großer Bruder. Sogar spätere Freundinnen von Mert waren eifersüchtig auf Gogo, weil die beiden die ganze Zeit zusammenhingen – und wenn sie sich doch mal trennten, schrieben sie im Dreißig-Minuten-Takt SMS und später dann WhatsApp-Nachrichten.

Seit Mert vier Jahre alt war, teilten sich die beiden ein Zimmer.

Als ich mit dreißig ein zweites Mal heiratete und mit meiner Frau in die angrenzende Wohnung zog, hätte jeder der beiden sein eigenes Reich haben können, doch obwohl Gökhan da bereits zweiundzwanzig Jahre alt war und Mert erst zehn, kam das für sie nicht infrage. Die beiden wollten trotzdem im selben Zimmer schlafen. Und so blieb es. Dadurch gab es zwar für keinen der beiden Privatsphäre, aber dafür viele Lachflashs. Manchmal haben sie sich so reingesteigert, dass sie kaum noch sprechen konnten. Wenn das Licht längst ausgeschaltet war, erzählten sie sich weiter Witze, redeten stundenlang, spannen Zukunftsideen. Bis zu dem Tag, an dem das Bett neben Mert leer bleiben sollte. Aber bis dahin sollten noch weitere fünfzehn Jahre vergehen. Auch wenn wir es zu diesem Zeitpunkt natürlich nicht wissen konnten, hatte mein kleiner Bruder den größten Teil seines Lebens bereits hinter sich.

Kapitel 3
Der Stich

Als er zur fünften Klasse auf die Gesamtschule wechselte, hatte Gökhan auf Lernen und Hausaufgaben immer weniger Lust. Er langweilte sich, machte – wenn überhaupt – nur das Nötigste. Stundenlang zu sitzen und zuzuhören, das war noch nie sein Ding gewesen. Aber nach und nach verlor er schließlich vollkommen das Interesse. Viel lieber hätte er den ganzen Tag im Café gesessen und sich unterhalten. Seine Art zu reden, so ausschweifend und detailliert zu erzählen, mit ruhiger Stimme, erinnerte mich an unseren Vater. Manchmal riss mir aber der Geduldsfaden, und ich sagte: »Komm endlich zum Punkt, Gogo!« Wie gern würde ich ihm heute noch zuhören, kein einziges Mal würde ich ihn unterbrechen. Er hat immer alle Zusammenhänge verständlich machen wollen. Es war ihm wichtig, Menschen zu ermutigen, die Dinge positiv zu betrachten.

Wenn er nicht gerade in eine Unterhaltung vertieft war, spielte er Billard oder Dart, ging ins Kino oder ins Schwimmbad, schaute sich Spiele von Galatasaray Istanbul und Eintracht Frankfurt an. Alles war wichtiger als Schule, aber das Wichtigste waren ihm seine Jungs – besonders sein enger Freund Mexiko, der eigentlich Erzieher ist, aber als Pizzafahrer arbeitet. Auch wenn die meisten ihn nur unter seinem Spitznamen kennen, ist sein richtiger Name Ekrem. Hätte seine Mutter geahnt, dass er für alle Zeiten so heißen würde, als sie ihm als Kind mal einen Sombrero als Sonnenhut gekauft hatte, sie hätte sich die Sache sicher anders überlegt. Fast sein ganzes Leben hat er in der Leipziger Straße 30 verbracht, seine Eltern leben bis heute dort. Und noch immer ist er Teil eines Freundeskreises, der sich »Kinder vom Hochhaus« nennt.

Da unser Vater häufig die Moschee dort besuchte – zum Gebet, aber auch um Fußball zu schauen –, begegneten sich Mexiko und Gökhan hier zum ersten Mal. Aber richtige Freunde wurden sie erst, als sie sich beim Training der C-Jugend des VfB Großauheim wiedertrafen. Dabei war Gökhan nie ein guter Kicker und viel zu gemütlich, um eine Leidenschaft für Sport zu entwickeln. »Pass bloß mit deinem Spoiler auf«, habe ich ihn deshalb oft aufgezogen, wenn das T-Shirt über seinem Bauch zu spannen begann. Zum Training ging er vor allem, um dabei zu sein und mit den Jungs abzuhängen. Trotzdem war er jedes Mal pünktlich da, über mehrere Jahre, kam mit seiner Sporttasche über der Schulter. Obwohl er fast nie eingewechselt wurde, fehlte er bei keinem Spiel. Mexiko hingegen war der Motor der Mannschaft. Erst viel später hat er mir gestanden, dass er sich bei Spielen absichtlich hat auswechseln lassen, wenn die Mannschaft führte, damit Gökhan zumindest für die letzten Minuten noch dabei sein konnte. Dann, wenn nicht mehr viel schiefgehen konnte. Wirklich Spaß hatte mein Bruder wohl nie dabei, aber die Geste zählte. Es war ein echter Freundschaftsdienst, den Gogo ihm hoch anrechnete, auch wenn das Ganze passierte, ohne dass jemand ein Wort darüber verlor.

Obwohl Gökhan am Ball nichts draufhatte, legte er später Wert darauf, dass sein Neffe Mert der Beste auf dem Platz ist – vielleicht auch, weil er ihm die Erfahrung ersparen wollte, ständig auf der Ersatzbank zu hocken. Nach außen nahm er das Thema allerdings mit Humor, und als Mert zum Fußball angemeldet wurde, tat er vollkommen ahnungslos: »Was ist Fußball? Das sagt mir nichts. Kann man das essen?« Dann lachte er auf seine typische Art, bei der die Zunge leicht an die Vorderzähne stieß. Sein Markenzeichen. Dieses *Tzih Tzih Tzih*, das höre ich noch oft mit meinem inneren Ohr. Gogo und sein Lachen. Er hat das ganze Leben mit Humor genommen, ich kenne niemanden, der nicht mit ihm lachen konnte. Ich erinnere mich noch, wie sein guter Freund Timur zu ihm sagte: »Mach Comedy, Gogo, du bist talentiert, du wirst richtig erfolgreich sein!« Er hatte einfach diese Ausstrahlung. Wenn man ihn aus der Ferne sah, musste man schon grinsen. Weil man wusste, er drückt dir gleich irgendeinen Spruch, und dann liegst du am Boden und lachst dich kaputt.

Auch wenn Gökhan keine sportlichen Erfolge erzielte, so wuchs durch den Fußball die Freundschaft mit Mex. Egal, was der eine erlebte, der andere war dabei. Oder auch vorneweg, denn Mex war derjenige, der die ersten Kontakte zu Mädchen für seinen Freund herstellte. Gökhan war schüchtern, wurde ganz still und hielt den Kopf gesenkt, wenn Mädchen im Raum waren, so als wolle er sich verstecken. Wenn ihm ein Mädchen ein Kompliment machte, lief er rot an. Gogo war kein großer Romantiker, wenn es um Gefühle und Liebe ging, war er zurückhaltend. Aber er hatte auch lange kein Verlangen danach, beschäftigte sich kaum mit dem Thema und hat nicht darunter gelitten, dass bei ihm nicht groß was lief. Das erste Treffen mit einem türkischen Mädchen organisierte Mex und brachte sie sogar zum vereinbarten Treffpunkt im Schlossgarten, zu einer Bank direkt am Wasser. Gökhan war vierzehn Jahre alt. »Trau dir was zu, rede mit ihr«, ermutigte Mex seinen Freund. Tatsächlich wurde eine erste, wenn auch kurze Liebe daraus.

Gökhan war ein ruhiger Jugendlicher, nie respektlos gegenüber Hüsna und Baba. Er machte unseren Eltern als Kind und in den ersten Teenagerjahren nie Probleme. Ich hingegen war in seinem Alter anders drauf und bereitete Mama und Baba viele schlaflose Nächte. Auch wenn ich es heute lieber ungeschehen machen würde, gab es Zeiten, in denen ich ordentlich über die Stränge geschlagen und einen Haufen Mist gebaut habe. Ich war ein schwieriger Teenager. Darum sah ich mich auch nicht in der Position, meinem Bruder Vorhaltungen zu machen, ihm vorzuschreiben, was er zu tun und zu lassen hat und mit wem er sich abgeben soll.

Aber ich wurde das Gefühl nicht los, dass er sich seit seinem Wechsel auf die Gesamtschule nicht nur mit Leuten umgab, die einen guten Einfluss auf ihn hatten wie Mex, sondern auch mit solchen, die seine Gutmütigkeit ausnutzten. Denn jeder, der Gogo kannte, wusste: Mein Bruder konnte nicht Nein sagen und hätte einem Freund niemals einen Gefallen abgeschlagen. Und wenn er es trotzdem einmal tat, ließ er sich am Ende doch überreden. Wer auch immer ein Problem hatte, Gökhan sprang ein, ohne daran zu denken, ob er selbst dadurch in Schwierigkeiten geraten könnte. Wenn er jemandem Geld geliehen hatte, hakte er nicht einmal nach, auch wenn er es dann niemals zurückbekam. Gogo war am Start, alle riefen zuerst ihn an, wenn etwas war. Jeder konnte auf ihn zählen. Natürlich schätzte ich diese Eigenschaft an ihm, aber ich machte mir auch Sorgen, dass er Probleme bekommen könnte, so gutgläubig und selbstlos wie er war.

Noch mehr Gedanken machte ich mir, als er mit fünfzehn ohne Abschluss die Schule verließ, einfach so. Er wollte arbeiten und Geld verdienen. Für unseren Vater war diese Entscheidung noch schwerer hinzunehmen, zumal er selbst sich in Gökhans Alter nichts sehnlicher gewünscht hätte, als weiter zur Schule gehen zu dürfen. Wie oft hatte er uns davon erzählt! Wieso war es ihm nicht gelungen, seinem Sohn zu vermitteln, wie wichtig Bildung war und was für ein großes Privileg? Man konnte ihm seine Enttäuschung anmerken, aber er akzeptierte Gogos Entscheidung.

Inzwischen war es mit meiner Speditionsfirma wieder angelaufen, ich war viel unterwegs, vor allem für Möbelhäuser. Gökhan stieg bei mir ein, half mir bei der Montage, hatte ein intuitives Verständnis dafür und war mir eine echte Hilfe. Es hätte alles gut werden können. Vielleicht wären Gogo und ich zusammen mit der Sache erfolgreich geworden, hätten genug Geld für die Familie verdient, ein ruhiges Leben geführt. Doch es sollte anders kommen, ganz anders.

Falsche Freunde

Gibt es Menschen, denen mehrere Leben geschenkt worden sind? Wenn ja, dann war mein Bruder so ein Mensch. Schon bald würde eine Kette von Ereignissen in Gang gesetzt werden, die seine Zukunft nachhaltig veränderte – lange vor dem 19. Februar 2020. Vor diesem Hintergrund kommt einem der dunkelste Tag aller Tage wie der traurige Höhepunkt eines Weges vor, der von heftigen Prüfungen geprägt war. So erschütternd, dass man nach jeder einzelnen dachte: Was soll ihm jetzt noch passieren?

Gökhan war nie ein Schlägertyp, zwar von seiner Physis her ein Klotz, der zupacken konnte, aber er ging körperlichen Auseinandersetzungen aus dem Weg und versuchte stets, die Dinge mit Worten zu klären. »Es ist gut jetzt, hör auf«, ist ein Satz, den ich oft aus seinem Mund gehört habe. Es war eine Kunst, seinen Geduldsfaden zum Reißen und ihn aus der Fassung zu bringen. Manche sagten über ihn, er sei ein »Jongleur der Sprache«. Und wenn es ihm zu viel wurde, dann konnte er andere mit seinen Worten treffen. Nicht viele waren so wortgewandt und schlagfertig wie er. Ich machte mir oft Sorgen, dass jemand ihm mit der Faust antworten könnte, weil er sich verbal unterlegen fühlte. So war ich jedes Mal froh, wenn ich abends seinen Schlüssel im Schloss der Haustür hörte und er sicher zu Hause war. Er war schließlich mein kleiner Bruder, und ich wollte nicht, dass ihm etwas passiert. Doch was ich mir heute eingestehen muss: Wenn ihm wirklich etwas zustieß, dann war ich nicht da. Immer woanders, nie dort, wo ich hätte sein sollen. An seiner Seite.

Seine dicke Winterjacke hing über der Lehne des Krankenhausstuhls, der graue Oberstoff war überall mit getrocknetem Blut befleckt und an mehreren Stellen zerfetzt. Aus den Rissen der abgesteppten Kammern drang die weiße Polyesterfüllung nach außen. Hätte ich nicht meinen Bruder daneben im Krankenhausbett liegen sehen, ich hätte gedacht: Wer immer diese Jacke getragen hat, ist jetzt tot. Sie sah aus, als hätte ihn jemand aufgeschlitzt. Einer seiner Freunde hatte mich damals angerufen: »Gogo ist niedergestochen worden!« Wir alle standen so unter Schock, dass ich mich nicht einmal erinnere, wie meine Eltern und ich überhaupt in die Klinik gekommen sind. Als wir die Station erreichten, auf der er lag, rechneten wir mit dem Schlimmsten. Sollte sein Leben jetzt schon zu Ende sein? Er war doch erst sechzehn Jahre alt.

Was passiert war, kann ich bis heute kaum begreifen. Es war kein Unbekannter, der sich von ihm provoziert fühlte, niemand, der ihn auf der Straße abziehen oder einfach Stress machen wollte. Einer seiner besten Freunde hatte ihn brutal niedergestochen. Nicht mit einem, sondern mit fünf Stichen, wie im Blutrausch. Er traf ihn am Oberkörper, bis zu anderthalb Zentimeter drang die Klinge durch seine Haut ins Fleisch. Nur die Winterjacke hatte die Wucht dieses Angriffs abpolstern und verhindern können, dass innere Organe verletzt wurden. Die beiden hatten einen banalen Streit gehabt, irgendeine Kleinigkeit, es passierte vor der Wohnungstür seines Freundes. Gogo wollte die Sache mit Worten klären, so wie immer. Als er aufgebracht gestikulierte, zog der andere ein Messer und rammte es ihm in die Brust. Immer wieder. Der Vater des Jungen kam aus der Wohnung gelaufen, als er die Schreie hörte, sah alles mit an, starr vor Entsetzen. Doch es kam so unvermittelt, dass niemand eingreifen konnte. Mein Bruder war viel zu perplex, als dass er sich hätte wehren können. Er sackte zusammen. Alles passierte in Sekunden, und während Gogo in seinem eigenen Blut lag, rannte der Täter einfach weg. Woher kam dieser plötzliche Ausbruch blinder Gewalt?

Zwei Wochen dauerte es, bis die Wunden zumindest so weit verheilt waren, dass er das Krankenhaus verlassen durfte. Aber es sollte viel Zeit vergehen, bis er wieder auf den Beinen war. Vor Gericht ließ sich der Angreifer in Abwesenheit vertreten, er hatte Hanau längst verlassen und ist nie wieder aufgetaucht.

Die Narben an Gogos Oberkörper würden bleiben. Aber was machte das schon? Sie waren doch nur ein Zeichen dafür, wie er dem Schicksal getrotzt hatte. Es hatte nicht viel gefehlt, und das Messer hätte sein Herz getroffen. Es war nur wenige Millimeter daneben eingedrungen. Für mich ein deutliches Zeichen, dass Gott ihn noch nicht zu sich holen wollte. Aber diese vernarbten Stellen erzählten auch davon, dass er oft an Menschen geraten ist, die es nicht gut mit ihm meinten. Sie wussten, Gogo ist ein guter Mensch, nur ein bisschen Druck und er gibt nach, das wurde krass ausgenutzt. Er hatte viele falsche Freunde, die sein ganzes Leben ruinieren sollten.

Diese Messerstecherei war nur der Anfang. Anderthalb Jahre später – die Stellen, an denen die Waffe ihn verletzt hatte, waren noch deutlich sichtbar, hoben sich hellrot von seiner Haut ab – traf ihn bereits der nächste Schlag. Gökhan war mit vier Freunden unterwegs. Einer von ihnen hatte Stress mit einem Typen aus einem anderen Viertel, und sie fuhren hin, um die Sache aus der Welt zu räumen. Typisches Teenagerzeug eigentlich. Aber plötzlich kamen über zwanzig Jungs mit Baseballschlägern aus einem Hinterhalt. Von Gogos Freunden war niemand mehr zu sehen, sie waren einfach abgehauen. Ganz allein stand er nun einem Mob aus gewaltbereiten Halbstarken gegenüber. Was sollte er tun? Die Situation war ausweglos. Er flüchtete sich ins Auto, verschloss die Türen, zog den Kopf ein und wartete auf der Rückbank darauf, dass die Gefahr vorüberziehen würde. Aber das tat sie nicht. Er hörte, wie die Baseballschläger auf die Karosserie einhämmerten, die ihn schützte. Die Stimmen wurden lauter, die Schläge härter, die Stimmung aufgeladener. Sie schaukelten sich gegenseitig hoch, gewillt, ihre aufgestaute Wut rauszulassen. An einem Einzelnen, der sich längst ergeben hatte. Mit einem Feuerlöscher gelang es ihnen, die Heckscheibe zu zertrümmern und meinen Bruder durch das zersplitterte Glas ins Freie zu ziehen. Risse in seiner Haut, Schläge und Tritte gegen seinen Körper. Es war ein Segen, dass er irgendwann das Bewusstsein verlor und von der Tortur nichts mehr mitbekam. Als sie mit ihm fertig waren, lag er bewusstlos am Boden, mehr tot als lebendig.

Sie hatten ihn so übel zugerichtet, dass ich ihn im ersten Moment nicht erkannte, als ich die Tür zu seinem Krankenhauszimmer öffnete. Sein Gesicht war bis zur Unkenntlichkeit geschwollen, seine Augen nicht mehr als zwei schmale Schlitze, überall Verbände und Blutergüsse. Dabei hatte er mit der ganzen Sache nicht mal etwas zu tun gehabt. Mit keinem Einzigen der zwanzig Leute, die ihn fast totgeprügelt hatten, gab es ein persönliches Problem. Er war in die Sache hineingeraten, weil er seinen Freund nicht im Stich lassen wollte, einen Freund, der sich verpisste, wenn es darauf ankam. Mein Bruder wäre an seiner Seite geblieben, ganz egal, wie chancenlos sie gegen diese Übermacht gewesen wären. Er hätte sein Leben für seine Freunde geopfert. Aber nicht alle hatten es verdient, weil sie nicht korrekt und ehrlich waren. Sie waren nur auf ihren Vorteil bedacht und kehrten ihm den Rücken zu, wenn er ihnen nicht mehr nützte.

Wieder einmal war mein Bruder davongekommen. Wieder einmal war es kaum zu begreifen, wie glimpflich die Sache für ihn ausgegangen war. Er hatte einen Zahn verloren, leichtere Knochenbrüche erlitten, aber keine lebensbedrohlichen Verletzungen. So erschüttert wir auch waren, ließen uns solche Ereignisse umso fester daran glauben, dass Gogo etwas Besonderes war. Und dass jemand schützend die Hand über ihn hielt.

Die Kluft

Nach diesen Vorfällen atmeten wir alle erleichtert auf, denn wir dachten: Jetzt kommt nichts mehr, Gökhan hat genug negative Erfahrungen für ein ganzes Leben gemacht, alles kann eigentlich nur noch gut werden. Wie falsch wir damit lagen, konnten wir zu dem Zeitpunkt nicht einmal erahnen. Und trotzdem – was ihm passiert war, hatte uns vorsichtig werden lassen. Es ließ uns mit dem Gefühl zurück, dass man immer mit allem rechnen musste.

Ich hatte Gogo bereits öfter vor Rassisten gewarnt. Für ihn schien das jedoch weit weg zu sein, er machte dann jedes Mal eine wegwerfende Handbewegung. Alltagsrassismus kannte er natürlich, so wie wir alle, blöde Bemerkungen im Bus, die offenen Beleidigungen auf dem Schulhof. »Kümmeltürke«, »Scheiß Kanake«. Aber auch die verdeckten. Menschen, die ihre Tasche fester an sich drücken oder den Reißverschluss an ihrem Rucksack überprüfen, wenn sie in der Schlange neben dir stehen. Auch Gökhan machte es wütend, wenn er bei Behördengängen benachteiligt wurde. Wenn er sah, dass Dinge bei ihm nicht klappten, die für andere – die Müller oder Schneider hießen – ohne Probleme funktionierten. Aber wie so viele hat er sich ein Stück weit damit abgefunden oder resigniert. So traurig es auch ist, Diskriminierung und rassistische Beleidigungen sind so alltäglich geworden, dass wir sie kaum noch als solche wahrnehmen. Und manchmal ertappen wir uns sogar dabei, dass wir mitlachen. Es mag eine verdammt bittere Erkenntnis sein, aber wir haben uns gewissermaßen an die permanente Herabwürdigung gewöhnt. Gogo jedoch war ein Mensch, der sich davon nicht einschränken lassen wollte. Er lebte, wie es ihm passte.

Doch wir konnten die Augen nicht davor verschließen, dass unser Leben nach der Wende noch schwerer wurde. Die Wiedervereinigung war für uns eigentlich ein Trauertag. Denn als die Mauer fiel, kamen auch die Neonazis aus ihren Löchern. Rechte DDR-Skins konnten sich nun offen auf der Straße zeigen, westdeutsche Neonazi-Kader trommelten im Osten für die braune Revolution. Auf einmal gehörten Glatzen mit Bomberjacken und Springerstiefeln zum Straßenbild. Die Gefahr von rechts wurde greifbar.

Das bekamen auch meine Freunde und ich am eigenen Leib zu spüren, als wir im hessischen Großkrotzenburg ein Festzelt betraten, irgendwann Mitte der Neunzigerjahre. Wir bahnten uns im Gedränge den Weg zur Bar, um etwas zu bestellen. Als sich die ersten Skinheads vor uns schoben und anfingen, Drohgebärden zu machen, traten wir den Rückzug an. Doch es wurden mehr. Schließlich jagte uns eine Gruppe von vierzig Neonazis, zwei von uns wurden erwischt und zusammengeschlagen – einfach nur, weil wir nicht so aussahen, wie sie sich Menschen vorstellten, die dort etwas trinken durften. Diese Gruppen waren damals noch nicht so krass vernetzt und organisiert wie heute durch das Internet. Aber dennoch, die Bedrohung hatte auf einmal ein Gesicht.

Auch wenn ich Gökhan natürlich von dem Vorfall erzählte: In seiner plakativsten und primitivsten Form hatte er selbst Rassismus noch nicht am eigenen Leib erfahren. Trotz der Blicke, der verbalen Verletzungen und der Benachteiligungen war er bisher nicht körperlich angegriffen worden. Er nahm ernst, was ich sagte, aber er weigerte sich auch entschlossen, in Angst zu leben. Was sollten wir auch tun? Uns verstecken? Das kam nicht infrage. Auch wenn die Rechten nach dem Mauerfall einen Freifahrtschein bekamen. Hoyerswerda, Rostock-Lichtenhagen, Mölln, Solingen und der NSU – dass sich in den Neunzigerjahren in Deutschland ein neuer brauner Terror entwickelte, nahmen wir mit Bestürzung zur Kenntnis. Aber was wir davon mitbekamen, hatte für uns eben doch die Distanz einer Nachricht aus den Medien, fühlte sich weit weg an, wie eine andere Welt.

Aber je älter ich wurde, desto deutlicher nahm ich wahr, wie besorgt meine Eltern klangen, wenn sie am Abend im Wohnzimmer miteinander sprachen. Besonders, wenn sie davon erfuhren, wie sich die Angst bei anderen migrantischen Familien festsetzte. Viele fürchteten sich vor Übergriffen und Anschlägen. Plötzlich wurden sogar Strickleitern beworben, die sich an Heizkörpern festmachen und aus dem Fenster hängen ließen, damit man im Brandfall fliehen konnte. Natürlich nicht in deutschen Zeitungen, aber in türkischen. 2,50 Meter für 17 Mark, 3 Meter für 23 Mark, 3,50 Meter für 30 Mark – je nachdem, wie hoch du wohntest. Wenige Wochen nach dem rassistischen Brandanschlag von Solingen im Mai 1993, bei dem fünf Menschen starben, gab es in türkischen Printmedien und im Fernsehen auf einmal Werbeanzeigen für Rauchmelder.[3] Die Menschen wurden allein gelassen und mussten sich selbst helfen. Wie kann ein Land zulassen, dass sich eine Minderheit um Fluchtwege Gedanken machen muss, obwohl doch die Polizei für ihre Sicherheit verantwortlich ist? Und unser Staat dafür, solche Verbrechen im Vorfeld zu verhindern? So etwas hatte es bislang nicht gegeben.

Als mein Vater nach Deutschland kam, war die Behandlung auch nicht immer gut gewesen, aber diese Eskalation war neu. Auch damals hatte es Diskriminierung und Ungerechtigkeit gegeben. Schließlich hatte man die Leute als billige Arbeitskräfte hergeholt und wollte sie gern wieder zurückschicken, sobald sie ihren Dienst erfüllt hatten und somit unbrauchbar geworden waren. In diesem Glauben waren auch viele Kinder von türkischen Migranten groß geworden: Wenn genug Geld für ein Haus da ist, dann gehen wir zurück. Aber nicht zuletzt der Militärputsch in der Türkei im Jahr 1980 trug dazu bei, dass viele Familien ihre Pläne änderten. Die Situation in der Türkei erinnerte teilweise an einen Bürgerkrieg. Wer würde in so eine Lage zurückkehren wollen? Erst viel später, im Jahr 2013, kam durch die Freigabe von

Geheimdokumenten seitens der britischen Regierung heraus, dass der frisch gewählte Bundeskanzler Helmut Kohl 1982 ernsthaft Pläne geschmiedet hatte, die Hälfte der Türken loszuwerden. Bei ihrem Besuch in Bonn soll er sie der damaligen britischen Regierungschefin Margaret Thatcher unterbreitet haben. In den Gesprächsprotokollen heißt es, Kanzler Kohl sagte, »[…] es sei unmöglich für Deutschland, die Türken in ihrer gegenwärtigen Zahl zu assimilieren.«[4]

Die Kluft war allmählich größer geworden, das hatten auch meine Eltern längst wahrgenommen. Wie sich das alles nun aber entwickelte, war jedoch unbegreiflich. Plötzlich wurden Häuser angezündet und Menschen getötet. Meine Eltern hatten in der Zeitung von Fällen wie Ramazan Avcı gelesen, der am 21. Dezember 1985 in Hamburg von Neonazis zu Tode geprügelt worden war. Auch davon, dass in deutschen Großstädten nach diesem rassistischen Verbrechen Prügeleien und Messerstechereien zwischen deutschen und türkischen Jugendbanden zur Tagesordnung gehörten, erfuhren sie aus den Medien. In Hanau gab es so etwas aber nicht, zumindest nicht in dieser Größenordnung. Dass solche Dinge hier passieren könnten, das lag außerhalb unserer Vorstellungskraft.

Abwärtsspirale

Auch wenn sich die traurigen Schlagzeilen im Lauf der Jahre häuften, so blendeten wir das Thema in unserem Alltag so gut es ging aus und versuchten, einfach weiterzumachen. Jeder war mit sich selbst beschäftigt, mit seinen eigenen kleinen und großen Sorgen. Ich selbst befand mich mit Mitte zwanzig in einer wilden Phase meines Lebens, auf die ich nicht unbedingt stolz bin. Dauernd zog ich mit den Jungs um die Häuser, ging feiern, verbrachte zu wenig Zeit mit meiner Familie und zu viel auf der Straße. Wenn ich heute in der Leipziger Straße 30 bin, überkommt mich Wehmut. Direkt gegenüber befindet sich ein Ort, den ich mit vielen Erinnerungen verbinde – nicht nur an Gökhan. Auch an ein Gefühl, das unwiederbringlich verloren gegangen ist. Gleich gegenüber war das legendäre Spessart Eck, ein Zufluchtsort, an dem wir uns willkommen und aufgehoben fühlten. Es war eine Mischung aus Café und Kneipe, damals geführt von Kemal, meinem besten Freund seit Kindheitstagen.

Das Haus gibt es noch, aber schon vor dem 19. Februar 2020 ist dort eine Betreuungseinrichtung für Kinder und Jugendliche in prekären Lebenssituationen eingezogen. Was im Grunde gut passt. Denn auch wir waren in unseren Herzen noch Kinder, als wir damals dort zusammensaßen. Wir sind oft ausgelassen und albern gewesen, wir hatten so viele Ideen, so große Träume von der Zukunft, aber ebenso viele Sorgen und Nöte, die wir dort besprachen – an Abenden, die nicht enden wollten. Es war für uns ein Ort der Freundschaft und des Zusammenhalts.

Anfangs haben wir uns oft über den Namen lustig gemacht, der so sehr nach deutscher Spießigkeit und Schweinebraten klingt. Doch der Laden war das Gegenteil davon – zumindest, wenn Kemal dort hinterm Tresen stand. Schon beim Vorbesitzer hatte der Laden diesen Namen getragen, und bei dem davor, wir gewöhnten uns irgendwann daran. Die zwölf Holztische waren immer besetzt, egal, wann man kam. Aus der alten Musikbox kamen Songs des türkischen Sängers İbrahim Tatlıses, Musik, die sonst eher unsere Eltern hörten, aber hier passte sie irgendwie. Wir trafen uns zum Fußballgucken oder für Fußballwetten. Besonders, wenn die Nationalmannschaft der Türkei bei einer EM oder WM dabei war und gute Ergebnisse lieferte, eskalierten hier alle förmlich vor Freude. An die Wand hatte Kemal die Flaggen von türkischen Fußballmannschaften zeichnen lassen, die von Galatasaray, seinem Lieblingsverein, etwas höher positioniert als die anderen. Da auch die Wohnungen über dem Spessart Eck mitbenutzt werden durften, ging es hier ziemlich ab, es wurde getrunken und gekifft. Viele Runden gingen auf Kemal, den Wirt. Und samstags fuhren wir von dort aus direkt in die Disco. Man muss ihn erlebt haben, diesen Ort, die Atmosphäre, seine Seele. Es war wie ein kleines Paralleluniversum, unser Getto, unser zweites Zuhause, eine Riesenfamilie, die jeden Tag zusammenkam. Dieses schäbige Café erreichte irgendwann Legendenstatus. Und weil die Moschee direkt gegenüber lag, sagten wir oft, es war ein Ort der guten Taten und der Sünden – auch wenn die meisten sich für die Sünden entschieden.

So wie ich. Die meisten meiner Probleme habe ich mir wohl selbst bereitet. Dass ich mich oft verhielt wie ein unreifer Teenager, hat mich vieles gekostet, auch materiell. Das ganze Geld, das ich verdiente, brachte ich durch. Schließlich verspielte ich sogar das Auto meines Vaters beim Zocken. Als ich ihm davon erzählte, reagierte er selbst in dieser Situation so, wie ich es von ihm kannte. Es gab keine Schläge, kein Schreien, kein Fluchen. Gerade weil er so ruhig blieb, stieg das Schamgefühl in mir umso stärker hoch, denn ich dachte: So ein Mann hat einen Sohn wie mich nicht verdient! Oft habe ich mich nicht altersentsprechend verhalten, falsche Entscheidungen getroffen. Manchmal plagen mich Schuldgefühle, weil ich denke, ich hätte ein besserer Bruder für Gogo sein müssen. Aber im Grunde war ich, auch wenn ich acht Jahre vor ihm zur Welt kam, lange wie ein großes Kind. Erst durch seinen Tod bin ich erwachsen geworden.

In dieser turbulenten Phase fuhr ich meine Firma gegen die Wand, alles, was ich mir mühsam aufgebaut hatte. Ich hatte mich übernommen, mich überschätzt, am Ende den Überblick verloren. Doch nicht nur ich hatte damit plötzlich keinen Job mehr. Mit meiner Insolvenz stand auch mein Bruder, der mich zuletzt so oft unterstützt hatte, wieder ohne Arbeit da. Und ohne Perspektive. Meine Familie war abhängig von meinem Einkommen, zum ersten Mal hatten wir echte Existenzängste. Zum Amt wollten wir um keinen Preis, wir würden es ohne Unterstützung aus dieser Krise schaffen, so wie unser Vater es uns vorgelebt hatte. Während ich versuchte, die Scherben meiner Selbstständigkeit zusammenzukehren, schrieb Gökhan Bewerbungen – ohne Resonanz. Seine Chancenlosigkeit auf dem Arbeitsmarkt, ohne Abschluss und mit einem türkischen Namen im Briefkopf, wurde ihm nun schmerzhaft bewusst. Besonders schwer auszuhalten war für Gökhan und mich aber, dass Baba putzen ging, um die fehlenden Einkünfte zumindest ein Stück weit aufzufangen. Er war damals bereits seit ein paar Jahren in Frührente und übernahm nun den

Hausmeisterservice für Sportplätze und Sporthallen. Er beklagte sich nie, nicht ein einziges Mal. Aber es war bitter, dass er sich nach allem, was er geleistet hatte, nicht wenigstens jetzt ausruhen durfte. Er hatte es so sehr verdient. Stattdessen musste er Linoleumböden wischen und vollgestopfte Mülleimer leeren, wenn die meisten anderen längst zu Hause vor dem Fernseher saßen. Wir Brüder fühlten uns schuldig an seiner Situation.

War es dieser Moment, in dem es in Gökhan zu arbeiten begann? Er war sensibel, ertrug den Gedanken nicht, unseren Eltern eine Last zu sein. In welchem Konflikt er sich befand, hat vor allem sein Freund Timur bemerkt. Er hatte ihn als Teenager an der Bushaltestelle Kantstraße in Kesselstadt kennengelernt, dem Abhängplatz seiner Jungs, wo sie rauchten, Blödsinn redeten, Chickenburger aßen. Als wir nach Gogos Tod über diese Phase sprachen und über all das, was sie zur Folge hatte, sagte er: »Egal, was war, seine Familie kam an erster Stelle. Entweder alle lachen oder alle weinen, so hat Gökhan das gesehen. Er fühlte sich verantwortlich, es hat ihn fertiggemacht, wie es um seine Familie bestellt war.« Timur, zwei Jahre älter als Gogo, ein korrekter Typ, der sich in der Schule reingekniet und eine Ausbildung begonnen hatte, machte sich oft Gedanken, dass sein Freund auf die schiefe Bahn geraten könnte. All diese Leute, mit denen er rumhing und die ihm nicht guttaten. Doch wenn Timur ihn warnen wollte, machte Gogo dicht, er lebte im Moment und dachte nicht viel nach. Auch wenn sie ihn ausnutzten, betrachtete er sie als echte Freunde.

Gökhan verzweifelte an der Frage, was er tun könnte, damit es wieder aufwärts geht. Schließlich hatte er eine Idee, auch wenn er die Folgen seines Tuns nicht überblickte – und er irgendwann dafür würde bezahlen müssen. Obwohl er nicht mal einen Schluck Alkohol trank und nie zuvor damit in Berührung gekommen war, fing er an, kleine Mengen Marihuana zu verkaufen, einen Zehner für ein Gramm Grünes. Er hatte keine Ahnung von dem Business, doch er ging einfach drauflos, machte sich nicht groß einen Kopf. So konnte er Mama ein bisschen Geld für Lebensmittel geben, mal die Stromrechnung übernehmen oder Mert zu Burger und Pommes einladen. Als unsere Eltern wissen wollten, woher das Geld kam, gab er vor, gemeinsam mit Mexiko für eine Putzkolonne in einer Kaserne zu arbeiten. Er war sicher nicht stolz auf das, was er tat, aber er konnte besser damit umgehen, als seine Familie kämpfen zu sehen.

Wenn dein Vater dir vorlebt, dass man allein zurechtkommen muss, man nie die Hilfe von Ämtern in Anspruch nimmt und sogar im Rentenalter putzen geht, anstatt Wohngeld zu beantragen, dann scheint es nur diesen Weg zu geben. Aus religiöser Sicht war es eine Sünde, Gras zu verticken, aber er sah es nicht als sein Recht, die Hilfe zu beantragen, die andere nötiger hatten als er. Lieber was Illegales machen, statt als Schmarotzer dazustehen, lieber diesen Weg gehen, als vom Staat Almosen zu erbetteln. Sein Charakter und seine Erziehung ließen es nicht zu, vom Amt zu leben. Das hätte er als Niederlage angesehen.

Und ich entschied mich, nicht hinzusehen bei dem, was er so trieb. Ich hatte zu viel mit mir selbst zu tun, kreiste um mich und meine eigenen Probleme. Heute bereue ich das, denn er hätte mich, seinen großen Bruder, gebraucht. Ob er sich überhaupt getraut hätte, mit mir zu reden? In dieser Zeit stand ich extrem unter Druck und war unzufrieden mit mir selbst, schimpfte auch oft mit ihm, wurde laut und aggressiv. Wenn ich daran denke, krampft sich mein Herz zusammen. Er hat nie etwas entgegnet oder sich verteidigt, meine Wut über sich ergehen lassen. Doch ich wünschte, er hätte es, denn dann würde es nicht so unendlich wehtun. So bleibt dieser Schmerz bei mir, wird vielleicht nie vergehen. Auch der quälende Gedanke, dass er nicht das Gefühl hatte, mit seinen Sorgen zu mir kommen zu können.

Dann verliebte er sich das erste Mal so richtig. Die Frau war ein paar Jahre älter als er und hatte bereits ein Kind aus einer gescheiterten Ehe. Sein Kumpel Mex bemerkte schnell, dass sie nur an Kohle interessiert war, doch wenn es um diese Frau ging, setzte bei Gogo alles aus. Er sah nur, was er sehen wollte. Nicht aber, dass ihre Wünsche größer, ihre Forderungen vehementer wurden. Die Beziehung zu ihr war für meinen Bruder eine Investition, die er sich gar nicht leisten konnte – eigentlich. Es ging sogar so weit, dass sie mit dem Taxi die dreißig Kilometer von Hanau nach Frankfurt fuhr, den Fahrer warten ließ, bis sie mit ihrer Shoppingtour fertig war, und dann mitsamt ihren vollen Einkaufstüten im selben Wagen zurückfuhr. Die Rechnungen dafür bekam Gogo. Immer wieder versuchte Mex, ihm die Augen zu öffnen. Aber er reagierte gekränkt darauf, dass sein Kumpel an ihrer Aufrichtigkeit zweifelte: »Hör auf, so etwas zu sagen. Wenn man sich liebt, dann tut man doch alles für den anderen.« Aber es blieb eine einseitige Liebe. Mex konnte es nur schwer mitansehen, wie sie meinen Bruder so offensichtlich ausbluten ließ. Aber er blieb an seiner Seite, bereit, für ihn da zu sein, wenn er schließlich die Wahrheit erkennen würde.

Wenn sie mal wieder ein Streitgespräch wegen Gökhans Beziehung führten, küssten sie sich danach versöhnlich auf die Stirn und umarmten sich. Nie würden sie den anderen hängen lassen, auch wenn er irgendeinen Scheiß baute. »Er war wie ein Bruder für mich, keiner wird je an ihn rankommen«, hat Mex nach seinem Tod zu mir gesagt und die Hand auf seine Brust gelegt. »Er war hier in meinem Herzen, tief drinnen, und ist es immer noch. Ich wusste alles über ihn, wir hatten keine Geheimnisse voreinander.«

Doch als Gogo mit dieser Frau zusammen war, da war ihm der Rest der Welt egal. Aber nur jemand mit einem Spitzengehalt hätte sich diese Liebe auf Dauer leisten können. Oder jemand, der sich immer mehr auf Abwege begab. Während sie sich teure Klamotten kaufte, das neueste Handy und haufenweise Spielzeug für ihr Kind, fing Gökhan an, bei einer Putzfirma in Bad Vilbel zu arbeiten. Natürlich reichte es nicht, denn den Großteil seines Gehalts gab er an die Familie ab. Um den Ansprüchen seiner berechnenden Freundin gerecht zu werden, verkaufte er weiter Gras auf der Straße. Es würde nur für kurze Zeit sein, da war er sicher. Bald würde er es nicht mehr nötig haben. Er schrieb wieder Bewerbungen, klopfte an jede Tür, auch bei McDonald's oder Burger King, aber keine wurde geöffnet, nichts klappte. Und mit jeder Absage wurde die Hoffnungslosigkeit größer.

Kapitel 4
Mehr als nur ein Leben

Meine Mutter kniet auf dem nackten Asphalt, die Hände vors Gesicht geschlagen. So habe ich sie noch nie weinen hören. Ihre klagenden Laute, sie treffen mich unmittelbar. So klingt der Schmerz, wenn eine Mutter um ihr Kind weint. Meine Brust schnürt sich zusammen, die Hände in den Taschen meiner Jacke sind zu Fäusten geballt, die Zähne beißen hart aufeinander. Der Anblick ist unerträglich. Ich möchte zu ihr gehen, aber ich kann nicht. Mit ihren bloßen Händen rafft sie die Scherben auf dem Boden zusammen, sie sind voller Blut. Gökhans Blut. Sie presst das zersplitterte Glas verzweifelt an Hals und Brust, so als wäre es ein Teil von ihm, als wollte sie ihren Sohn ganz nah bei sich spüren. Sein Tod, in diesem Moment ist er für sie Gewissheit. Wie die scharfen Kanten der Scherben ihre Haut aufreißen, sich ihr eigenes Blut mit dem ihres Sohnes mischt, sie merkt es nicht einmal. Splitter verfangen sich in den Maschen ihres langen Strickkleides. Es ist später Nachmittag, ein warmer Tag im Mai, doch es fühlt sich an wie eiskalter Winter. Ich friere, die Kälte kriecht aus meinem Inneren in mir hoch. Die Katastrophe, wie ich sie jetzt vor mir sehe, ist viel schlimmer und größer, als ich sie mir in meinem Kopf ausgemalt hatte.

Dabei war eben noch alles gut, unsere Welt noch heil. Ich war mit Mert beim Fußballtraining gewesen, als der Anruf von Gogos Kumpel Murat kam. Seine belegte Stimme am Telefon: »Gökhan ist irgendetwas zugestoßen, wir haben telefoniert, dann gab es einen lauten Knall, und er war weg, es hörte sich wie ein Unfall an.« Etwas Furchtbares musste geschehen sein. Aber was?

Es war später Nachmittag, und das Einzige, was ich mit Sicherheit wusste, war, dass er normalerweise um diese Zeit auf dem Rückweg von seinem Job bei der Reinigungsfirma in Bad Vilbel war. Er nahm von dort den Linienbus bis zum Bahnhof und fuhr dann mit dem Zug weiter nach Hanau. Gesellig wie er war, meldete er sich jedoch oft vom Bahnhof in Bad Vilbel aus bei einem seiner Freunde und bat darum, abgeholt zu werden, wenn ihm die Wartezeit zu lang wurde oder er einfach Lust zu reden hatte. So muss es auch an diesem Tag gewesen sein. »Mein Zug ist gerade weg, holst du mich ab, Bruder?«, hatte er Murat am Telefon gefragt. Der Akku seines Handys war mal wieder leer gewesen, und er hatte, ganz oldschool, die Telefonzelle benutzt. Mitten im Gespräch plötzlich Schreie im Hintergrund, dann dieses irrsinnig laute Geräusch, wie eine Detonation. Die Leitung war tot. Murat rief mich danach sofort an. Mert und ich sprangen direkt ins Auto, holten in großer Hektik meine überrumpelten Eltern von zu Hause ab und rasten mit überhöhter Geschwindigkeit die fünfundzwanzig Kilometer bis zum Bahnhof in Bad Vilbel. Mert trug sogar noch seine kurze Hose und die Fußballschuhe. Nicht mal zum Umziehen war noch Zeit gewesen.

Im Auto sprach niemand ein Wort. Die Fahrt dauerte eine Ewigkeit, jede Ampel sprang auf Rot, jeder andere Wagen schien endlos lange zu brauchen, um anzufahren. Ich schlug mit den flachen Händen aufs Lenkrad und hupte. Wohin mit all der Anspannung? Was tun mit dieser Angst? Wir wollten so schnell wie möglich zu meinem Bruder, ihn nicht allein lassen, was auch immer er gerade durchmachte. Unterwegs telefonierte Mert mit der Polizei, sagte, dass wir die Angehörigen des Mannes wären, der in einen Unfall am Bahnhof von Bad Vilbel verwickelt worden sein musste. Man bestätigte uns, dass es dort tatsächlich einen Crash mit einem Linienbus gegeben habe, es gäbe keine Toten, aber einen Schwerverletzten. Um wen es sich handelte, darüber durfte man uns keine Auskunft erteilen. Wir wussten einfach, dass es Gogo war, den es einmal mehr in seinem Leben getroffen hatte. War jetzt der Moment gekommen, an dem es nicht mehr gut ausgehen würde, und an dem diese Serie von Schicksalsschlägen ihren tödlichen Endpunkt erreichen sollte?

Mein Puls hämmert, als wir uns der Unfallstelle nähern. Was werden wir hier vorfinden? In welchem Zustand wird mein Bruder sein? Unser Auto ist noch nicht ganz zum Stehen gekommen, als meine Mutter die Wagentür aufstößt, hinausspringt und auf die surreale Szene zuläuft, die sich uns bietet. Nach ein paar Metern stockt sie, lässt sich auf den Boden sinken, als wäre sie von einer Kugel getroffen, und ihr Körper versagt. Die Verzweiflung reißt sie mit. Ich versuche, meine Emotionen unter Kontrolle zu halten und zu begreifen, was hier passiert ist. Einatmen. Ausatmen. Einatmen. Meine Augen wandern über dieses Bild des Schreckens, und in mir wächst der lähmende Gedanke: Kein Mensch, der so einer Gewalt ausgesetzt war, kann das überleben.

Hier sieht es aus wie nach einem Bombenangriff. Mit rot-weißem Flatterband haben die Einsatzkräfte den Bereich um die Bushaltestelle am Nordbahnhof abgesperrt, wo sonst Fahrgäste ein- und aussteigen. Ein weißer Linienbus mit zertrümmerter Frontscheibe steht da, der vordere Teil mit einem Holzunterbau aufgebockt. Daneben etwas, das mal eine Telefonzelle war, so zerknautscht wie eine leere Bierdose, die jemand mit der Hand zerdrückt und achtlos weggeworfen hat. Dort, wo sie gestanden haben muss, klafft ein Krater in der Erde, überall zerborstenes Glas voller Blut. Ein gelber Briefkasten liegt vor der niedergedrückten Hecke, daneben eine zerbeulte Stoßstange. Von meinem Bruder jedoch ist nichts zu sehen. Der blutverschmierte Boden die einzige Spur von ihm.

Vor dem Absperrband sehe ich Murat mit zwei anderen von Gogos Jungs auf uns warten. Wortlos ziehen sie den Rauch ihrer Zigaretten ein, ohne sie wirklich von den Lippen abzusetzen, den Blick starr zu Boden gerichtet. Die Erschütterung zeichnet sich auf ihren Gesichtern ab. »Wo ist mein Bruder?«, schreie ich und packe Murat fest an den Schultern. Stockend erzählt er, was passiert ist.

Eine Szene wie aus einem Katastrophenfilm. Unwirklich. Ein Bus, der eine Telefonzelle komplett unter sich begraben hatte. Die Telefonzelle, von der aus Gökhan kurz zuvor Murat angerufen hatte. Und in der mein Bruder offenbar eingeklemmt wurde. Von Zeugen des Unfalls haben sie erfahren, dass der unbesetzte Linienbus die scharfe Kurve nicht bekommen hat, den Bordstein mit voller Wucht getroffen und alles mitgerissen hat, was sich auf dem Fußgängerweg befand. Leute, die auf den Bus warteten, schrien, als sie ihn auf die Telefonzelle zurasen sahen, in der Gogo gerade mit Murat sprach. Aber alles ging viel zu schnell, er konnte nichts mehr machen.

Ein Team von fünfundzwanzig Feuerwehrkräften brauchte fünfundvierzig Minuten, um ihn zu bergen. Es war ein kompliziertes Manöver, der kleinste Fehler hätte meinen Bruder das Leben kosten können. Mit einem Rüstwagen, der sonst zum Aufgleisen von Zügen benutzt wird, und einem Kranwagen versuchten sie, den Bus von der Kabine zu wuchten. Mit Wagenhebern und Hebewinden gelang es schließlich, ihn anzuheben und mit Rüstholz zu unterbauen, damit er nicht wieder zurückfallen konnte. Die Zeit drängte, denn Gogos Überlebenschancen sanken mit jeder Minute. Anfangs kommunizierte er noch mit der Notärztin, doch er verlor immer wieder das Bewusstsein, seine Kräfte ließen nach. Wie schwer seine Verletzungen waren, konnte niemand zu diesem Zeitpunkt abschätzen.

Der Bus hatte eine Straßenlaterne umgelegt, überall lagen Beton- und Stahlteile, die die Bergung erschwerten. Um zu Gogo vorzudringen, musste der Schutt Stück für Stück abgetragen werden. Und in diesen quälenden Minuten lag er eingequetscht unter einem tonnenschweren Linienbus. Nach dem Zusammenprall hatten ihn alle tot geglaubt. Eine andere Option schien es nicht zu geben. Doch er lebte.

»Ich hab ihn noch dort liegen sehen.« Murat starrt mich mit weit aufgerissenen Augen an. Als die Jungs kamen, waren die Einsatzkräfte gerade dabei, ihn aus dem zerknautschten Telefonhäuschen zu befreien. Es muss ein heftiger Anblick gewesen sein. Gökhan war kaum noch ansprechbar. Um ihn wach zu halten, kniete sich Murat neben ihn und redete ihm gut zu: »Halt durch, Bruder, bleib bei uns.« Doch er reagierte kaum noch. Sein rechter Unterschenkel sah merkwürdig abgeknickt aus, die Hosenbeine unterhalb der Knie waren blutdurchtränkt. Seine Freunde konnten nur noch hilflos mitansehen, wie die Rettungssanitäter ihn auf eine Bahre legten und ihn damit in einen Helikopter schoben.

Keiner spricht es aus, aber niemand glaubt in diesem Moment daran, dass wir ihn lebendig zurückbekommen werden. Und wenn, dann sicher nicht als den Menschen, der er einmal war.

Kämpfernatur

»Frankfurter Universitätsklinik!«, ruft Murat, nachdem er mit den Feuerwehrleuten gesprochen hat. Wir springen in unsere Autos und fahren mit Vollgas zum Krankenhaus. Während Gökhan im Schockraum versorgt wird, machen wir uns innerlich darauf gefasst, die schlimmste Nachricht zu empfangen, die man als Angehöriger eines geliebten Menschen bekommen kann: »Wir haben alles getan, was in unserer Macht steht, aber er hat es nicht geschafft.« In jedem zweiten Filmdrama kommt er vor und bohrt sich jetzt in mein Gehirn. Ich nehme das Unausweichliche in Gedanken vorweg, um es besser ertragen zu können.

Gogos Unfall spricht sich schnell herum, nach und nach kommen Verwandte und Freunde, um ihre Anteilnahme zu zeigen und unsere Familie zu unterstützen. Wir warten eine Ewigkeit auf diesem trostlosen Flur, getrieben stehe ich immer wieder auf, um eine Zigarette rauchen zu gehen, möchte meinen Kopf gegen die Wand schlagen, damit ich nicht mehr nachdenken muss. Meine Eltern halten einander still an den Händen, ganz in sich zusammengesunken vor Kummer. Ansehen kann ich sie nicht, weiche ihrem Blick aus und fixiere die Marmorierung des Bodenbelags. Ich bin genauso hilflos wie sie.

Diese Stunden im Krankenhausgang, zwischen Pflegekräften, die mit schnellen Schritten an uns vorbeieilen, Automatenkaffee und dem scharfen Geruch von Desinfektionsmitteln, wollen nicht vergehen. Ich habe bereits jedes Zeitgefühl verloren, als der Oberarzt kommt und wissen will, ob wir die Familie von Gökhan Gültekin sind. Sein

Haaransatz ist nassgeschwitzt, dunkle Schatten um seine Augen. Die Nachricht, die er uns in sachlichem Ton überbringt, ist nichts anderes als ein Wunder: Mein Bruder hat das Martyrium tatsächlich überlebt. Fünfundvierzig Minuten lang begraben unter einem Bus, das Gewicht eines Vorderrades auf seinen Schienbeinen. Er liegt noch auf der Intensivstation, doch er wird durchkommen.

Was der Mediziner uns danach noch sagt, nehmen wir wie durch einen Wattebausch wahr. Erst einmal zählt für uns nur, dass Gökhan lebt. Pure Dankbarkeit und Erleichterung. Alles andere, so sehr es auch sein weiteres Leben beeinflussen sollte, ist zunächst nebensächlich. Wir haben ihn nicht verloren. Und alles, was jetzt kommt, werden wir gemeinsam tragen und ertragen. Ich höre den Arzt sagen, Gogo habe den Rettungskräften im Hubschrauber signalisiert, dass seine Beine sich taub anfühlten, eine Querschnittslähmung könnten sie nicht ausschließen. Doch selbst so eine niederschmetternde Botschaft nimmt man anders auf, wenn man sich innerlich schon darauf eingestellt hatte, jemanden loszulassen. Alles besser als ein Abschied für immer!

Der Arzt rattert seine Liste runter. Bruch des Beckens und des Kreuzbeins, Wirbelsäulenfraktur. Am schlimmsten hat es seinen rechten Unterschenkel getroffen. Das Schienbein zertrümmert, ein extrem komplizierter, offener Bruch. Sein ganzer Körper ist von Blutergüssen, Schwellungen und Schnittverletzungen übersät. Innere Organe scheinen jedoch nicht verletzt zu sein. Es wird ein langwieriger Heilungsprozess sein, und Gogo wird mit Einschränkungen leben müssen. Aber eben: leben.

Mich überkommt eine grenzenlose Erschöpfung. Jetzt brechen die heftigen Gefühle durch, die ich die ganze Zeit zurückgehalten hatte. In den Stunden der Ungewissheit bin ich rastlos auf und ab gelaufen, nun lasse ich mich schwer auf einen Sitz fallen, stütze mein Gesicht in die Hände und weine, spüre Arme, die mich festhalten, Tränen, die auf meine Jeans tropften. Die Messerattacke, der Angriff mit Baseballschlägern und nun eine Kollision mit einem Linienbus. Wie kann ein Mensch da lebend herauskommen? Der Tod scheint meinen Bruder zu verfolgen, aber er hat es wieder einmal geschafft, ihm zu entkommen. So als sei ihm ein neues Leben geschenkt worden.

Der 12. Mai 2004 war wie ein zweiter Geburtstag für Gökhan. Und als er am nächsten Tag vom Beatmungsgerät genommen wurde und leise mit uns sprechen konnte, spürte er sogar seine Beine wieder – zu diesem Zeitpunkt allerdings in Form unerträglicher Schmerzen. Sein Schienbein war so zerschmettert, dass die Ärzte es mit einem Haltesystem aus Metall stabilisieren mussten, das durch die Haut mit Drähten und Schrauben am Knochen befestigt war. Wie ein Metallkäfig. Es sah aus, als wäre er beim Spazierengehen im Wald in eine Falle geraten. Ein krasses Bild, aber trotzdem waren die Prognosen gut. Wir hatten mit schwersten Behinderungen gerechnet, körperlich, vielleicht auch geistig. Mit einem Leben im Pflegebett oder zumindest im Rollstuhl. Aber alles deutete daraufhin, dass er sich erholen würde. Irgendwann.

Erst Wochen nach dem Unfall erfuhren wir, was genau passiert war. Der Busfahrer, der neun Monate zuvor den Busführerschein gemacht hatte, war aus einer Wendeschleife gekommen, wollte seinen Bus bremsen, hatte aber versehentlich Gas gegeben und so den Crash verursacht. Er war frontal in die Telefonzelle und die Packstation der Post gerast. Ich habe einen Zeitungsartikel über den Unfall aufbewahrt, in dem der Verkehrsdezernent von Bad Vilbel zitiert wird: »Solche skurrilen Dinge passieren nur einmal, nennen wir es Schicksal!« Anders lässt es sich wohl wirklich nicht erklären. Der entstandene Sachschaden war enorm, zweihundertfünfzigtausend Euro. Doch das war nichts im Vergleich zu dem Preis, den Gogo bezahlen musste.

»Den Typen musst du verklagen«, rieten wir ihm. Wir waren wütend. Jemand sollte dafür geradestehen, dass mein Bruder leiden musste. Für das klaustrophobische Gefühl, unter einem Bus festzustecken, für die Todesangst, die er empfunden hatte, für die Schmerzen und die vielen Operationen, die er über sich ergehen lassen musste. Ich weiß nicht, ob er je darüber nachgedacht hat, es zu tun. Wahrscheinlich nicht. Er war einfach nur glücklich, dass er überlebt hatte, dachte nicht an später. Und nachdem der Busfahrer ihn gemeinsam mit seiner Frau im Krankenhaus besucht hatte, war das Thema endgültig vom Tisch. Es gab Blumen, Geschenke und tränenreiche Entschuldigungen. Auch diese Menschen waren schwer getroffen, auch sie würden damit zurechtkommen müssen. Mein Bruder empfand ihr Kommen als große Geste. Jeder macht Fehler. Und war dieser traumatisierte Mann nicht schon genug gestraft? Was, wenn er jetzt auch noch seinen Job verlor? Gogo sann nicht auf Rache, brauchte keine Genugtuung, da es für ihn in dieser Sache keinen Schuldigen gab, sondern nur Opfer.

Auch wenn jeder andere vor Gericht gezogen wäre, Gökhan war nicht der Mensch, der in so einem Moment das Beste für sich herausschlagen wollte. Dabei wäre das Schmerzensgeld ein gutes Startkapital für Gogo gewesen, um sich etwas aufzubauen. Denn viel war von seinem alten Leben nicht übrig geblieben.

Überleben

Er selbst haderte nie mit seiner Entscheidung, auch später nicht. Aber blickt man heute darauf zurück, wie sich sein weiteres Leben entwickelte, dann wird klar, dass sie weichenstellend war. Denn er konnte lange danach nicht arbeiten, das Geld fehlte unserer Familie – eine Situation, die das Handeln meines Bruders nachhaltig beeinflussen und ihn in eine Richtung lenken sollte, die ihn in Schwierigkeiten bringen würde. Aber so war Gogo eben. Er dachte so sehr an andere, dass am Ende immer er selbst derjenige war, der kämpfen musste, um zurechtzukommen.

Obwohl er keine Querschnittslähmung davongetragen hatte, war er hart getroffen. Es war lange nicht daran zu denken, aufzustehen und ein paar Schritte zu gehen. Er konnte sich nur im Rollstuhl fortbewegen. Die Schmerzen waren brutal. Aber Gökhan sah die Dinge mal wieder positiv. Für ihn war es keine vage Hoffnung, sondern ein klares Ziel: Irgendwann würde er wieder laufen können. Auch wenn das in weiter Ferne lag, motivierte ihn diese Perspektive, nicht aufzugeben. Fünf Wochen verbrachte er im Krankenhaus, mit Metallplatten, Schrauben und Nägeln versuchte man in weiteren Operationen, sein Bein wieder hinzubekommen. Im Anschluss ging es monatelang zur Reha. Physiotherapie. Wassertherapie. Widerstandstraining. Fast täglich fuhren wir die fünfundfünfzig Kilometer zu ihm, von Hanau bis nach Bad Soden-Salmünster. Vor allem Mert bestand darauf, er wollte ihn nicht allein lassen und vermisste ihn in jeder Sekunde. Gökhan setzte alles daran, wieder auf die Beine zu kommen, buchstäblich, aber es ging in quälend langsamen Schritten vorwärts. Irgendwann konnte er sich auf Krücken fortbewegen. Doch es gab auch Rückschritte, die für ihn niederschmetternd waren, Tage, an denen seine Beine ihm nicht gehorchten, alle Kraft aus seinem Körper wich. Mit seinen Späßen und seinem Lachen versuchte er, darüber hinwegzutäuschen, dass er langsam den Mut verlor.

Als er nach Monaten endlich zurück nach Hause durfte, war sein Bewegungsradius stark eingeschränkt. Es war hart für Gökhan, dieses Rumsitzen, dieses Nichtstun. Nicht einmal Autofahren war drin. Er, der stets für andere da gewesen war, musste nun bei jeder Kleinigkeit um Hilfe bitten. Es schien, als hätte er mit Mert die Rollen getauscht. Hatte mein Bruder sich sonst voller Hingabe um seinen Neffen gekümmert, als er klein war, sorgte mein Sohn nun für seinen Onkel. Was Gogo sich auch wünschte, Mert besorgte es für ihn. Oft saßen sie zusammen vor der Playstation. Sie machten weiter ihre Witze wie früher, aber es gab auch Momente, in denen Gökhan still und nachdenklich war. Meistens kämpfte er, aber manchmal fehlte ihm der Antrieb. Jeder Schritt tat weh, jede kleine Aktion war ein Kraftakt.

Die Langeweile zehrte an ihm, wenn er allein zu Hause war. Dann aß er ohne Maß und nahm immer mehr zu. Die Ärzte warnten ihn, die Belastung auf die Beine wäre zu groß. Wenn er noch schwerer würde, könnten die instabilen Knochen das Gewicht nicht mehr tragen. Im schlimmsten Fall würde sein Albtraum doch noch wahr werden und er dauerhaft im Rollstuhl landen. Er wusste, dass er Sport machen musste, um Muskeln in den Beinen aufzubauen, zwei- bis dreimal in der Woche fuhren wir ihn zum Schwimmen. Doch das war nicht sein Ding. Es war ihm anzumerken, wie deprimiert er häufig war, dass er seine Lage als hoffnungslos wahrnahm, ihn eine Dunkelheit umgab, die wir von ihm nicht kannten. Gökhan verstand, dass seine Verletzungen nicht komplett verheilen würden und sein Leben nun ein anderes sein würde. Die Krücken mit den hellgelben Griffen wurden seine neuen Wegbegleiter. Es gibt kaum ein Bild aus dieser Zeit, auf dem er sie nicht dabeihat. Selbst wenn er mal einen kurzen Weg ohne sie zurücklegte, waren die Schmerzen danach kaum auszuhalten. Auch in den folgenden Jahren würde er keine Stunde laufen oder körperlich arbeiten können, ohne dass seine Beine wehtaten. Die vielen Narben an seinen Unterschenkeln erinnerten ihn täglich daran, was er erlebt hatte. Und bis zu seinem gewaltsamen Tod sollte es immer wieder Episoden geben, in denen seine Beine ihm zu schaffen machten. Selbst in den Tagen vor dem 19. Februar 2020 war er an Krücken gegangen.

Wie sehr auch seine Seele durch die traumatischen Minuten unter dem Linienbus verletzt worden war und welche Folgen dieser Unfall für seinen Alltag hatte, wurde erst im Laufe der Zeit klar. In ihm setzte sich das Gefühl fest, vor den Trümmern seines Lebens zu stehen. Mit gerade mal zweiundzwanzig Jahren schien das, was noch nicht mal richtig angefangen hatte, schon zu Ende zu sein. Während die ersten seiner Freunde heirateten oder sich selbstständig machten, saß er zu Hause und wusste nichts mit sich anzufangen. Die Tage schienen endlos, und je mehr seine Gedanken um seine Situation kreisten, desto auswegloser kam sie ihm vor. Doch er wollte sich nicht damit abfinden, in so jungen Jahren schon alle Träume loszulassen.

Was die Zukunft bringt

Mama und Baba tat es weh, ihren Sohn, der sonst vor Lebensfreude gesprüht hatte, so niedergeschlagen zu erleben. Ein Jahr war seit dem Unfall vergangen. Seine damalige Freundin war kein einziges Mal im

Krankenhaus aufgetaucht und bestätigte damit, was alle, die nicht emotional involviert waren, geahnt hatten. Sobald Gökhan nicht mehr von Nutzen für sie war, verlor sie das Interesse. Unsere Eltern versuchten, ihm die Augen zu öffnen, damit er sie endlich aus seinem Leben strich. Doch er konnte nur schwer loslassen. Um sie zu vergessen, brauchte er jemanden, der es gut mit ihm meinte und seine Gefühle erwiderte! Schließlich machten sie ihm einen Vorschlag, über den sie bereits mehrfach gesprochen hatten. Doch sie waren unsicher, wie er darauf reagieren würde. Könnte er sich vorstellen, seine Cousine aus unserem Heimatort zu heiraten? So würde er Verantwortung übernehmen, sich von schlechten Dingen fernhalten und wieder in die Normalität zurückfinden. War es nicht seine größte Sehnsucht, eine Familie zu gründen?

Die Idee unserer Eltern kam unvermittelt. Gökhan wusste nicht recht, was er darauf antworten sollte. Die beiden hatten sich zwar schon auf Familienfeiern gesehen und einen guten Draht zueinander gehabt, aber wirklich gut kannten sie sich nicht. Dennoch vertraute er darauf, dass unsere Eltern nur das Beste für ihn wollten. So brüchig, wie er in seinem Inneren war, hatte es auch etwas Entlastendes, dass ihm jemand eine Perspektive aufzeigte. Er selbst sah in diesem Moment keine mehr. Bisher hatte er kein großes Glück in Liebesdingen gehabt, das Gefühl von erfüllter, gegenseitiger Zuneigung kannte er nicht. War es vielleicht sogar gut, wenn man sich nicht spontan Hals über Kopf verliebte, sondern die andere Person erst einmal kennenlernte, wenn Sympathien langsam wuchsen? Wäre der Vorschlag zu einem anderen Zeitpunkt gekommen, er hätte unsere Eltern für verrückt erklärt. Er wollte natürlich selbst aussuchen, mit wem er sein Leben verbringen würde. Aber vielleicht war dies die Chance, das Leben zu führen, von dem er träumte!

Die ersten Gespräche mit ihr am Telefon waren noch unbeholfen. Aber nach und nach wurde es lockerer, es gab Gemeinsamkeiten, Ansichten, die sie teilten, Dinge, über die sie beide lachen konnten. Bald war der tägliche Kontakt etwas, worauf er sich jeden Morgen freute. Was für ein beflügelndes Gefühl, dass jemand auf seine Nachrichten wartete. Sie schrieb ihm jeden Tag. Es war oft nur ein kurzer Gruß, aber es ließ ihn innerlich lächeln, weil er wusste, dass es jemanden gab, dem er wichtig war. Nie hätte er für möglich gehalten, dass so etwas funktionieren könnte, aber es schien sich aus der Distanz tatsächlich etwas zwischen ihnen zu entwickeln, auch wenn es sich noch nicht benennen ließ.

Man konnte nicht von Verliebtsein, geschweige denn von Liebe sprechen, als sie sich in Tahir zum ersten Mal seit Langem wieder gegenüberstanden. Aber die gegenseitige Sympathie war da, auch das Vertrauen, dass es eine Basis gab, auf der sich aufbauen ließ. Worauf noch warten? Gökhan stimmte einer Hochzeit zu. Schon im darauffolgenden Sommer sollte die Verlobungszeremonie in Tahir stattfinden, mit Geschenken, Musik und großem Festessen. Wie unwirklich! Eben noch hatte er geglaubt, niemals eine Familie zu haben, jetzt war auf einmal eine Frau an seiner Seite. Es muss das reinste Gefühlschaos gewesen sein. Auch ich war erstaunt, welches Tempo sie vorlegten. Aber als ich die beiden bei ihrer Feier zusammen sah, hatte er einen Ausdruck in den Augen, den ich seit dem Busunfall verloren geglaubt hatte.

Gökhan schöpfte neue Energie. Er wollte endlich wieder aufstehen, dabei sein, nicht nur dem Leben zuschauen. Als Freunde mit der Idee kamen, ihn zum Muay Thai mitzunehmen, schien ihm die Idee erst einmal genauso absurd wie der Vorschlag, eine fremde Frau zu heiraten. Wie sollte jemand, der kaum laufen konnte, eine traditionelle thailändische Kampfkunst praktizieren? Noch dazu eine, die zu den härtesten Sportarten der Welt zählt? Ursprünglich wurde die Technik vor Jahrhunderten von siamesischen Kriegern entwickelt. Das moderne Muay Thai im Ring, wie man es heutzutage kennt, ist deshalb so hart, weil nicht nur Fäuste benutzt werden, sondern auch Füße, Schienbeine, Knie und Ellenbogen. Man darf den Gegner im Clinch festhalten und mit Knietritten aus der Nähe traktieren oder zu Fall bringen. Völlig ausgeschlossen, dass Gogo in seinem Zustand hier irgendetwas reißen konnte. Er würde nach einer Sekunde zu Fall gebracht werden und gleich wieder in der Klinik landen, da waren wir uns sicher.

Zu meiner Überraschung besorgte er sich Handschuhe, Knieschoner und Tiefschutz und ging tatsächlich hin. Er mag ein sanftes Wesen gehabt haben, aber wenn es darum ging, nicht aufzugeben, steckte in ihm auch ein Kämpfer. So krass wie die anderen konnte Gökhan natürlich nicht einsteigen, er trainierte zunächst an Sandsäcken und Schlagpratzen. Doch nach und nach fand er einen Weg, sogar gegen andere anzutreten. Auch wenn er seine Beine dabei kaum einsetzen konnte, nutze er aus einem festen Stand heraus seine Schlagkraft, trainierte so Koordination, Reaktion, Kraftausdauer und Beweglichkeit. Langsam entwickelte er wieder Vertrauen in seine Fähigkeiten und ein sicheres Gefühl für seinen Körper. Auch seinem Selbstbewusstsein tat es gut; er hatte zwar ein Handicap, aber er empfand sich nicht mehr als schwach und hilflos. Beim Thaiboxen muss man alles geben. Das hat ihm neue Kraft gegeben, seine Ziele zu verfolgen.

Und es gab noch etwas, das ihn antrieb: Er durfte zusammen mit echten Kampfsportlegenden trainieren. Die Brüder Murat und Yakup Cömert, die in den Neunzigern extrem erfolgreich waren, hatten in Hanau ihre Homebase und gehörten zu unserer Crew. Die beiden sind weit über die Grenzen Deutschlands hinaus bekannt. Murat trat sogar einmal gegen die Kampfsportgröße Samart Payakaroon aus Thailand an, was kaum einem Sportler aus dem europäischen Raum je gelungen ist. Murat war mit siebzehn Jahren der bisher jüngste Weltmeister im Thaiboxen, Yakup hat es bis zum Europameister gebracht. Ihr Neffe Serkay Cömert ist ebenfalls Profiboxer geworden. Er kommt aus demselben Freundeskreis wie viele der Opfer des rassistischen Anschlags von Hanau. Wenn er bei seinen Kämpfen einläuft oder sich nach seinen Siegen feiern lässt, trägt er häufig das *Say-Their-Names*-T-Shirt mit den Gesichtern der Toten, um an sie zu erinnern. Eine große Geste, die Gökhan viel bedeutet hätte und mich jedes Mal berührt.

Beim Kampfsport kamen verschiedene Kulturen, Ethnien, Religionen, Menschen aus allen sozialen Kontexten zusammen, die mit

Respekt und sportlichem Geist miteinander trainierten und gegeneinander antraten. Gökhan genoss es, Teil der Gruppe zu sein, und man merkte, wie er in jeder Hinsicht gefestigter wurde. Innerlich und äußerlich. Im Training vergaß er seine Schmerzen. Auch wenn er mit seinen kaputten Beinen oft an seine Grenzen stieß, ließ er sich nicht kleinkriegen. Im Ring kämpfte er zwar auch gegen seinen Gegner, vor allem aber gegen sich selbst.

Kapitel 5
Die Straße

Nicht an jedem Tag gewann er den inneren Kampf. Gegensätzliche Gefühle arbeiteten in ihm. Mal überwog die Freude auf einen Neuanfang, dann holte ihn die Realität wieder ein. Und die Ernüchterung. Wie viel Zeit hatte er bereits in Krankenhäusern verbracht? Was hätte er alles erreichen können für sich und die Familie, die er sich aufbauen wollte? Hätte er bloß mehr Glück gehabt, wäre er nicht so oft zur falschen Zeit am falschen Ort gewesen! Warum traf es immer ihn? Er kam sich ausgebremst vor. Durch seinen Körper, der ihm klare Grenzen aufzeigte. Durch die Arbeitswelt, die keinen Platz für ihn zu haben schien. Gleichzeitig war da der feste Wille in ihm, mehr aus sich zu machen. Er wollte seiner zukünftigen Frau etwas bieten können! Und er träumte davon, Hüsna und Behçet eines Tages so unterstützen zu können, dass sie sorgenfrei leben konnten. Er selbst brauchte keinen großen Besitz, er wünschte sich nur, dass wir alle zufrieden waren. So sehr wollte er der Sohn sein, auf den sich seine Eltern verlassen konnten, die Stütze, auf die alle bauten.

In dieser Zeit saß er oft mit Timur zusammen und schmiedete Pläne. Die beiden wollten einen Laden für Hochzeitsfotografie eröffnen, dann sukzessive größer werden. Wer weiß, vielleicht konnten sie es sogar eines Tages so weit bringen, eine komplette Hochzeitsbetreuung anzubieten: von den Einladungskarten bis hin zu Brautmode, Band, Catering und Feuerwerk. Die Geschäftsidee war gut. Denn türkische Hochzeiten sind meist eine echte Nummer. Es wird viel und groß gefeiert. Vor schöner Kulisse werden Shootings gemacht und Videotrailer gedreht, die das Brautpaar an diesen besonderen Tag erinnern sollen. Ein lukratives Geschäft, das sie als Gesamtpaket anbieten würden, inklusive Organisation der Feier, Abholung der Braut, Fotos sowie dem traditionellen Henna-Abend für die Frauen. Wenn sie darüber redeten, dann leuchteten ihre Augen. Sie warfen sich gegenseitig die Bälle zu, jeder hatte immer wieder noch eine bessere Idee, noch einen findigeren Gedanken. Sie malten sich aus, wie gut es laufen könnte, wer alles mit einsteigen würde. Doch jedes Mal endete ihre Euphorie mit der Erkenntnis: Ohne Startkapital kommen wir nicht weiter. Mit Gelegenheitsjobs als Lagerarbeiter oder Kurierfahrer würden sie das Geld für eine Firmengründung nicht zusammenbekommen. Den Gedanken, sich bei Freunden etwas zu leihen, verwarfen sie schnell wieder. Mein Bruder hat sich immer geschämt, andere nach Geld zu fragen. Er schaffte es ja nicht einmal, jemanden um zehn Euro anzupumpen – wie sollte er sich dann überwinden, nach einer Summe zu fragen, die für den Grundstock einer kleinen Firma reichte? Das war ausgeschlossen.

Auf der einen Seite sah er nun mich, seinen Bruder, der sein legales Business gegen die Wand gefahren hatte und mühsam versuchte, sich auf den Trümmern seiner Existenz etwas Neues aufzubauen. Auf der anderen die Jungs von der Straße, mit denen er herumhing. Die meisten von ihnen hatten genauso wenig einen Schulabschluss oder eine Ausbildung wie Gökhan und auch keinen Job, der einen ausschweifenden Lebensstil erklären würde. Dennoch fuhren sie dicke Karren, und es war immer Geld fürs Feiern da. Sie schienen ein entspanntes Leben zu führen – ohne dafür anderen Getränkekisten in den vierten Stock schleppen zu müssen oder auf dem Bau zu schuften. Allen war klar, dass diese Typen ihre Kohle mit Dealen machten. Mein Bruder orientierte sich immer mehr an Jungs, die für sich kaum eine andere Perspektive sahen als die schiefe Bahn. Seine neuen Freunde verkauften nicht auf Taschengeldniveau, wie Gökhan es ein paarmal vor dem Busunglück getan hatte, um etwas zur Haushaltskasse beizusteuern und seiner anspruchsvollen Ex-Freundin ein angenehmes Leben zu finanzieren. Sondern in Mengen. Es war nicht mehr von Gramm die Rede, sondern von kiloweise Haschisch oder Marihuana, das sie über die niederländische Grenze schmuggelten.

Sie machten ihm gegenüber kein Hehl daraus, dass sie im großen Stil vertickten. Sie wussten: Gogo konnten sie vertrauen, er würde seine Freunde nicht hinhängen.

So wie sie darüber sprachen, schien es leicht verdientes Geld zu sein. Wer bereit war, ein gewisses Risiko einzugehen, der bekam im Gegenzug ein sorgenfreies Leben. Kein Überlebenskampf mehr, einfach nur glücklich sein. Mehr wollte er gar nicht. Endlich könnte er seine finanziellen Probleme klarkriegen. Der Reiz war groß. So angegriffen, wie nicht nur sein Körper, sondern auch seine Seele nach dem traumatischen Unfall war, so empfänglich war er in dieser Phase für die Verlockung des schnellen Geldes. Wenn es ihm gelingen würde, sich durch ein paar Deals ein finanzielles Polster anzulegen, dann könnte es vielleicht wirklich etwas werden mit dem Traum vom Hochzeitsbusiness. Er sah die Leuchtreklame schon vor sich. Sein erster eigener Laden. Schon der Gedanke daran erfüllte ihn mit Stolz. Endlich würde er unseren Eltern, die so viel für uns getan hatten, etwas zurückgeben können. Und er bräuchte sich seiner Verlobten gegenüber nicht mehr klein fühlen, sondern wie jemand, der für seine Familie sorgen konnte.

Auch wenn er dafür seine Prinzipien über Bord werfen musste, gab es an diesem Punkt nur noch eine Option für ihn: zwei, drei krumme Dinger, mehr nicht, dann würde er alles wieder hinter sich lassen und sich mit dem Geld, das er dadurch verdient hatte, ein geregeltes Leben aufbauen. Bevor seine Verlobte nach Deutschland kommen und er heiraten würde, hätte er dem Milieu längst den Rücken zugekehrt! Er gab der Versuchung nach und stieg mit ein. Es fing klein an. Ein paar Plastiktütchen Gras unter die Leute bringen. Doch dabei blieb es nicht. Wie sich herausstellte, war mein Bruder, ganz unabhängig von der Materie, ein geborener Geschäftsmann. Er war überzeugend, charismatisch und konnte gut verhandeln. Als Neuling in der Branche war er frei von Angst, aber sicher auch leichtfertig und gedankenlos. Selbst am Freiheitsplatz, an dem die Polizei regelmäßig kontrollierte, sprach er die Leute locker an und kam schnell mit ihnen ins Geschäft. Bald war er in Cannabis-Mission in ganz Deutschland unterwegs.

Mit harten Drogen wollte er nichts zu tun haben. Doch für ihn machte es keinen großen Unterschied, ob jemand mal einen Joint rauchte oder abends sein Glas Wein trank. In Deutschland ist Alkohol eine gesellschaftlich etablierte Droge, niemand regt sich darüber auf. War Cannabis wirklich schlimmer? In anderen Ländern sind Haschisch und Marihuana inzwischen legal und somit entkriminalisiert. Für Gökhan war es gerade noch vertretbar, damit Geschäfte zu machen. Bei MDMA, Ecstasy, Crystal Meth oder anderen harten Drogen wäre er sofort ausgestiegen. Auch dann, wenn es um Kinder und Jugendliche ging. Wenn man den sanftmütigen Gogo doch mal ausrasten sah, dann geschah das, wenn jemand versuchte, ihnen Stoff anzudrehen. Dann konnte er laut und wütend werden. Diese Grenze würde er nie überschreiten. Und trotzdem steckte er bald tiefer im Schlamm, als er es sich je ausgemalt hatte.

Während Gökhan mehr und mehr in die Sache reingeriet, ahnte ich von dem Ganzen nichts. Endlich genoss er sein Leben, dachte ich in meiner Naivität, erkundete mit seinen Freunden andere Städte, ging feiern und konnte unbeschwert sein – nach allem, was hinter ihm lag. Ich freute mich für ihn. Ich hätte meine Hand dafür ins Feuer gelegt, dass er nie bei Drogengeschichten mitmachen würde. Aber mir war auch nicht bewusst, wie es wirklich in ihm aussah. Dass er in einer Situation gefangen war, in der er es wagte, Grenzen zu überschreiten. Natürlich hatte ich mitbekommen, dass er unseren Eltern jeden Monat Geld gab, damit sie über die Runden kamen. Doch während er vorgab, mit Mexiko nachts in einer Putzkolonne Kasernenzimmer zu säubern, ging er eben ganz anderen Dingen nach. Als ich davon erfuhr, zog es mir den Boden unter den Füßen weg.

Augenblicke der Scham

Wo steckte Gogo bloß?

Ich lief nervös vor der Sicherheitskontrolle am Frankfurter Flughafen auf und ab, sah im Minutentakt auf meine Armbanduhr. Noch dreißig Minuten bis zum Boarding, gleich würden wir uns zum Gate aufmachen müssen. Aber er hatte doch fest versprochen zu kommen. Auf Gökhan war Verlass. Mit meiner damaligen Frau wollte ich an diesem Tag nach Adana fliegen, ein Familienbesuch in der fünftgrößten Stadt in der Türkei. Vorher hatte ich Gökhan gefragt, ob er uns zum Flughafen fahren könne. Er sei mit Freunden unterwegs, und es sei wichtig, entschuldigte er sich. Sie würden auf ihn zählen, und er könne sie auf keinen Fall hängen lassen. Ich wusste ja, wie Gökhan war und dass er seine Zusage auch einhalten wollte. Also machte ich ihm keine Vorwürfe, auch wenn es in unserer Familie üblich war, dass wir die anderen zu ihrem Abreiseort begleiteten, wenn sie in die Welt hinauszogen – egal, ob es nach Istanbul oder nur nach Wiesbaden ging. Wir standen dann immer zusammen am Gleis, bis der Zug abfuhr. Oder kamen eben mit zur Gepäckaufgabe und winkten an der Security, bis wir einander nicht mehr sehen konnten. Es war ein geschätztes Ritual, den geliebten Menschen in einem guten Gefühl ziehen zu lassen und ihm noch ein paar gute Wünsche mitzugeben.

»Ich komme nach und verabschiede mich von euch, keine Sorge, ich werde rechtzeitig da sein.« Das hatte Gökhan mir fest zugesagt. Dass er jetzt nicht auftauchte, passte nicht zu meinem kleinen Bruder. Er hatte nicht angerufen, keine SMS geschickt. Wenn ich es auf seinem Handy versuchte, antwortete die Mailbox. Mich beschlich ein ungutes Gefühl. Nach allem, was ihm zugestoßen war, rechnete ich schnell mit dem Schlimmsten. Doch jetzt drängte die Zeit. Wir umarmten Mama, Baba und Mert, die uns stattdessen hergefahren hatten, und machten uns auf den Weg, um unseren Flug zu erwischen. Als wir in Adana ankamen, hatte ich noch immer keine Rückmeldung von Gökhan. Keine Entschuldigung, keine Erklärung, einfach gar kein Lebenszeichen. Sein Handy war nach wie vor ausgeschaltet. Da stimmte etwas ganz und gar nicht.

Mama meldete sich mit tränenerstickter Stimme am Telefon. »Sie haben Gökhan festgenommen«, sagte sie und fing zu schluchzen an. Meine Hände zitterten, als ich das Gespräch beendete, in meinem Bauch krampfte sich etwas zusammen. Das konnte nicht wahr sein.

Doch es stimmte. Gökhan saß im Knast, genau genommen in einer Zelle im Polizeipräsidium Hanau.

War er wieder in eine Schlägerei geraten und hatte sich dieses Mal gewehrt? Das war mein erster Gedanke. Als ich erfuhr, dass ihm ein Verstoß gegen das Betäubungsmittelgesetz vorgeworfen wurde, war ich fassungslos. Damit hätte ich im Leben nicht gerechnet. Jemand musste ihn in etwas hineingezogen haben! Gogo war viel zu ehrlich, um so ein Ding zu drehen. Verzweifelt hielten wir an dieser Version fest, wir weigerten uns zu glauben, dass er etwas damit zu tun haben könnte. Auch weil wir uns dann hätten eingestehen müssen, dass wir die Augen davor verschlossen hatten.

Zurück in Deutschland, setzte ich alles daran, ihn zu sehen. Doch es gab keine Chance, nur sein Anwalt durfte ihn besuchen, er war inzwischen in Untersuchungshaft untergebracht. Erst zwei Monate später sah ich ihn wieder. Vor Gericht. Auch Mama und Baba waren mit zur Verhandlung gekommen. Ich hatte noch versucht, sie davon zu überzeugen, lieber zu Hause zu bleiben, denn ich wusste nicht, was uns erwartete. Aber sie hatten sich nicht davon abbringen lassen. Sie wollten als Zeugen dabei sein, wenn die Welt erfuhr, dass ihr Sohn zu Unrecht beschuldigt wurde. Sie bestanden darauf. Erst im Gerichtssaal begannen sie zu verstehen, dass es auch anders ausgehen könnte. Nun saßen sie eng nebeneinander auf einer der Zuschauerbänke und hielten die Köpfe gesenkt – als wären sie die Angeklagten. Genau so haben sie es wohl auch empfunden. Sie fühlten sich schuldig, dass ihr Sohn in diese Situation geraten war.

Als Gökhan in seinem grauen Anzug zur Anklagebank geführt wurde, vermied er es, uns anzusehen. Er wusste, welche Schande er über unsere Familie brachte, wie unermesslich groß die Enttäuschung für Behçet und Hüsna war. Für jede Familie ist es schlimm, ihr Kind vor Gericht zu sehen, aber für meine Eltern war es die wohl größte Demütigung ihres Lebens. Die ganzen Anstrengungen, alles richtig zu machen, sich korrekt und ehrlich zu verhalten – all das sollte umsonst gewesen sein?

Unser Vater war ein angesehener Mann, jemand, an dem sich

andere orientierten. Er engagierte sich für die Türkisch-Islamische Union der Anstalt für Religion e. V. (DİTİB), heute die größte sunnitisch-islamische Organisation in Deutschland, war Vorstandsvorsitzender der Moschee in Hanau und bis zu seinem Tod aktiver Berater des Vereins der Solidarität und Gemeinschaft Ağrı (AYDD). Seinerzeit hatte er den Bildungs- und Kulturverein der Menschen, die aus seiner Heimat Ağrı stammen, mitbegründet. Außerdem fungierte er auch als Streitschlichter, wenn es Probleme gab. Er war ein respektiertes Mitglied der türkischen Gemeinschaft, einer, den andere aufsuchten, wenn sie einen Rat brauchten, ein Vorbild und eine Leitfigur. Als streng religiöser Mann verurteilte er jegliche Straftat. Nie zuvor war jemand aus unserer Familie mit dem Gesetz in Konflikt geraten.

Jetzt saß ausgerechnet sein Sohn auf der Anklagebank. Dass Gökhan eine Gefängnisstrafe drohte, war nicht nur eine menschliche Katastrophe, sondern würde auch das Ansehen unserer Familie schwer beschädigen. Es passte nicht zu unserem Selbstverständnis, zu dem Bild, das wir uns von unserer Familie erschaffen hatten. Was würden die Leute über uns denken? »Habt ihr gehört, der Sohn von Behçet sitzt hinter Gittern!« Sie fürchteten das Gerede, die vorwurfsvollen Blicke der anderen. Aber größer noch war die Angst, was jetzt mit Gökhan passieren würde. So, wie unsere Eltern sich gesellschaftlich positioniert hatten, waren sie noch nie zuvor in so einer Situation gewesen und natürlich völlig überfordert. Und sie hatten noch ein anderes Problem: Was sollte mein Vater jetzt seinem Bruder, also Gökhans zukünftigem Schwiegervater, und Gogos Verlobter sagen?

Als die Anklageschrift verlesen wurde, glaubten wir nicht, was wir hörten. Wir wollten es nicht glauben. Es konnte nicht unser Gökhan sein, von dem da die Rede war. Hätte ich geahnt, wie schlimm es sein würde, ich hätte alles dafür getan, es meinen Eltern zu ersparen. Doch jetzt saßen sie hier mit ausdruckslosen Gesichtern, erfuhren, dass zehn Kilo Marihuana bei einer Fahrzeugdurchsuchung im Kofferraum des Wagens gefunden worden waren, mit dem Gökhan und seine Jungs fuhren.

Während der Verlesung der Anklagepunkte sahen wir nur seinen

Rücken. Mein Bruder schien auf seinem Stuhl mit jedem Satz kleiner zu werden und in sich zusammenzusinken. Seine gesamte Haltung verriet, wie sehr er sich schämte. Im Laufe der Verhandlung sollte dieses Gefühl auch in uns nur noch größer werden. Denn alle anderen, die in irgendeiner Form an der Sache beteiligt gewesen waren – insgesamt weitere acht junge Männer – beschuldigten vor allem einen: meinen Bruder. Sie verließen sich darauf, dass er niemanden verraten würde, den er für seinen Freund hielt, auch nicht, um seine Haut zu retten. Und er schwieg. Als hätten sie abgesprochen, dass einer den Kopf hinhalten müsste, wenn es mal zu dieser Situation käme. Es war offensichtlich, wie sehr er mit sich rang und versuchte, nicht die Fassung zu verlieren. Aber er blieb einfach stumm.

Als das Urteil verkündet wurde, weinten wir alle. Mama, Baba, Gökhan, ich. Zweieinhalb Jahre sollte er im Gefängnis verbringen. Dreißig kostbare Monate, in denen für ihn nun die Zeit stehen bleiben würde. Welche Frau würde ihn mit einer Knastbiografie noch heiraten wollen? Wer würde einem ehemaligen Häftling eine Arbeit geben? Wir waren sicher, er würde nie wieder die Kurve bekommen. Sein Leben, so schien es uns in diesem Moment, endete hier.

Wie oft ich mir Vorwürfe machte! Warum hatte ich nicht mitbekommen, was vor sich ging? Auch deswegen kämpfe ich heute so sehr um Gerechtigkeit für meinen Bruder. Weil ich als der Ältere versagt habe. Ich habe meine Aufgabe schlicht nicht erfüllt. Viel zu sehr habe ich mich um mich selbst gedreht. Heute weiß ich aber auch, dass es zwischen allen, die Bescheid wussten, eine Art Kodex gab, ein ungeschriebenes Gesetz: Bevor alles aufflog, deckten sie sich gegenseitig, verschafften sich Alibis, damit niemand aus der Familie etwas mitbekam. Das nimmt mich nicht aus der Verantwortung, erklärt aber, warum ich blind war.

Gogo hat damals nicht nachgedacht, einfach gemacht. Aber er muss auch einen gewissen Ehrgeiz entwickelt und irgendwann das Geld gerochen haben. Später erfuhr ich von Freunden, die eingeweiht waren, dass er noch mehr ausgenutzt wurde, als er plötzlich Kohle hatte. Alles, was reinkam, hauten die Menschen, die sich seine Freunde nannten, beim Feiern wieder raus. Er hatte seine Crew, die ihn beschützte und hinter ihm stand. Dafür gaben sie sein Geld mit vollen Händen aus. Abgesehen von dem, was er unserer Familie gab, blieb für ihn selbst nicht viel übrig.

Dass er mit dem Feuer spielte und sein Handeln Konsequenzen haben könnte, wurde ihm erst nach und nach bewusst. Die anfängliche Unbedarftheit wich der Angst, eines Tages dafür in den Knast zu wandern. Ein Fuß drinnen, ein Fuß draußen. Das saß ihm im Nacken. Für enge Freunde wie Mex, der häufig als Alibi diente, war spürbar, wie seine Unzufriedenheit wuchs. Es war kein Leben, das er je hatte führen wollen. Dafür war er nicht abgebrüht genug. Manchmal rief er ihn mitten in der Nacht an, klang gehetzt: »Ich kann nicht schlafen, ich hab totales Kopfkino.« Dann lief er sechs Kilometer durch den Regen zu seinem Freund, und sie redeten bis zum Morgengrauen – oft darüber, wie er es schaffen könnte, ein normales Leben zu führen.

Die verschlossene Tür

Das Urteil stand fest. Rund neunhundert Tage sollte er in Gefangenschaft verbringen. Die Nachricht, dass Gökhan im Gefängnis saß, kam bald auch in Tahir an. Die Eltern unserer Cousine – nun die offizielle Verlobte Gökhans – hatten Wind davon bekommen, und im Dorf wurde geredet. Die Dauer seiner Haftzeit ließ alle vermuten, dass er etwas Größeres angestellt haben musste. Man spekulierte und ersann wilde Theorien. Ihre Eltern begannen daran zu zweifeln, ob ein Straftäter wirklich der richtige Mann für ihre Tochter sein könne. Zwar kannten sie Gökhan von Kindesbeinen an, aber aus der Distanz sahen sie nicht mehr den lieben Kerl, der alle mit seinem Lachen ansteckte, sondern nur noch einen Kriminellen.

Bei dem Gedanken, in einer kargen Zelle eingeschlossen zu sein, nicht größer als neun Quadratmeter, mit einem vergitterten Fenster, durch das er gerade so den Himmel sehen konnte, überkamen ihn ganz sicher Beklemmungen. Eine schwere Metalltür beraubte ihn von nun an jeder Selbstbestimmung. Zwölf Stunden am Tag war sie geschlossen. Wecken. Aufstehen. In der Wäscherei oder Küche arbeiten oder sich um die Essensbestellungen kümmern. Dann lief er Zelle für Zelle ab und hakte die Wünsche der Insassen ab. Nachmittags eine Freistunde. Der Gefängnisalltag diktierte ihm sein Leben.

Wie Gökhan mir später erzählte, waren es die kleinen Dinge, die seine Situation einigermaßen erträglich machten. Sie waren winzige Lichtblicke, die seelische Nahrung, die ihn nicht aufgeben ließ. Während Merts Onkel in der Zelle saß, schrieb er ihm fast jeden Tag einen Brief, der tägliche Gang zum Briefkasten war bald Teil unserer Routine. Die beiden schickten sich Zeichnungen hin und her, schrieben über ihre Erlebnisse, Begegnungen und Gedanken und fügten immer ein P.S. an, was meist ein Witz war – ihr gemeinsames Ritual, das sie eingeführt hatten, als sie anfingen, sich ein Zimmer zu teilen. Auch wenn sie sich jetzt nur noch selten sehen konnten, blieb die Verbindung zwischen ihnen so eng, wie sie immer gewesen war. Manchmal wird die emotionale Nähe durch eine räumliche Distanz, durch das Vermissen und Klarwerden über die Wichtigkeit des anderen, sogar nur noch stärker. Und ich glaube, so war es auch bei den beiden. Mert machte ihm nie Vorwürfe für das, was er sich und uns allen angetan hatte. Er wollte ihn in dieser Lage nicht hängen lassen.

Auch ein paar alte Freunde aus Jugendtagen hielten zu ihm. Aber die meisten, mit denen er vor seiner Inhaftierung seine Zeit verbracht hatte, tauchten ab. Sie ließen ihn im Stich. Auf Post aus der Türkei wartete er vergeblich, und als sie endlich kam, war kein freundliches Wort darin zu finden. Einen Mann zu heiraten, der einsitzt, kam für seine Verlobte nicht infrage. Sie wollte nicht auf ihn warten, forderte ihn auf, die Sache zu beenden, sodass er als Schuldiger dastand – auch in diesem Punkt. Permanent kamen jetzt diese Briefe, in denen sie ihn unter Druck setzte, der Ton wurde schärfer, sie beleidigte und beschimpfte ihn. Wo war der Mensch geblieben, der ihm doch gerade noch so nah gewesen war? Im Gefängnis eingesperrt und unfähig, sie für ein klärendes Gespräch zu treffen, belastete ihn das Gefühl, ohnmächtig zu sein und nichts tun zu können. Die Hoffnung auf eine Familie zerbröselte zwischen seinen Händen wie trockene Erde. Noch wollte er sie nicht ganz loslassen – auch meinen Eltern zuliebe. Doch ihre Worte trafen ihn mit voller Wucht. Er verstand ihre Enttäuschung. Aber jemanden dermaßen runterzuputzen? Sie konnte nicht die Person sein, für die er sie gehalten hatte.

Wir kamen, so oft es ging, um ihn zu sehen, aber mehr als zwei Besuche im Monat waren für die Häftlinge nicht vorgesehen. Und dann auch nur mit Besuchsschein und vorheriger telefonischer Anmeldung, was meist ewig dauerte. In Zeiten, in denen ich noch Telefonzellen benutzte, war das die reinste Qual, teilweise musste ich es dreißig- bis vierzigmal probieren, bis ich endlich durchkam. Ich trug einen ganzen Sack voll Kleingeld mit mir herum, aber oft war es trotzdem zu wenig. Hatten wir dann das schier Unmögliche geschafft und einen Termin bekommen, ging es in den Besuchertrakt. Alles wie bei der Security am Flughafen, nur dass der Ton noch barscher war. Ausweis, Taschen leeren und den Inhalt in Schließfächern verstauen, dann Körperkontrolle. Nur Taschentücher wurden in weiser Vorausschau toleriert, denn vor allem Mama weinte meistens sofort, wenn sie ihren Sohn wiedersah.

Bedrückende Gefängnisflure, die nicht zu enden schienen, der spartanische Besuchsraum mit Tischgruppen, bewacht von Vollzugsbeamten, die breitbeinig dastanden, die Hände auf Gürtelhöhe zusammengenommen. Erst allmählich fanden wir heraus, welche von ihnen die Kettenhunde waren. Bei jedem körperlichen Kontakt, der über eine schnelle Umarmung zur Begrüßung oder zum Abschied hinausging, fletschten sie sofort die Zähne und ahndeten ihn mit der Androhung, den Besuch vorzeitig abzubrechen. Aber es gab auch solche, für die Menschlichkeit ein Begriff war und die über kleine Regelverstöße hinwegsahen. Wenn Hüsna für ihren Sohn Köfte hineinschmuggelte – eingepackt in ein Taschentuch, verschwanden sie auf wundersame Weise unter ihrem weiten Kleid, links und rechts im BH –, war es sicher nur einem bewussten Übersehen zu verdanken, dass es keiner mitbekam. Denn Mama verströmte dann einen zarten

Duft nach ihren selbst gemachten Hackfleischbällchen, wenn sie in den Besuchsraum trat. Auch wenn es nicht immer klappte und es nur wenige waren, die sie ihm gleich bei der Begrüßung zusteckte, so schloss er jedes Mal genussvoll die Augen, wenn er sie sich so unauffällig wie möglich in den Mund schob. Sie schmeckten wunderbar vertraut nach Zuhause.

Mama, die leidenschaftlich gern kochte, hätte ihm so gern jedes Mal seine Lieblingsgerichte mitgebracht und ihren Sohn nach allen Regeln der Kunst verwöhnt. Doch es gab strenge Vorschriften. Tabak, Briefmarken, Hygieneartikel, Snacks und was er sonst noch brauchte, konnten wir ihm nur in Form von Drei-Kilo-Paketen schicken. Damit keine illegalen Substanzen ins Gefängnis geschmuggelt werden, durften nur Getränke und Snacks aus den Automaten vor dem Besucherraum mitgebracht werden. Eine Tüte Chips und eine Flasche Cola, darüber freute er sich wie ein kleines Kind. Da er ohnehin nichts davon in seine Zelle mitnehmen durfte, öffnete er beides sofort und ließ keinen Krümel und keinen noch so kleinen Schluck von seinem Festmahl übrig.

Wenn das Thema auf seine Verlobte kam, verschlechterte sich die Stimmung. Aus der Hochzeit würde nichts mehr werden – trotz aller Versuche, aus dem Knast heraus um sie zu kämpfen und sie umzustimmen. Auch wenn die Trennung noch nicht offiziell bekannt gegeben worden war, hatte Gogo emotional mit ihr abgeschlossen, zu heftig waren die Vorwürfe und Anfeindungen gewesen. Alles, was im Begriff war, zwischen ihnen zu wachsen, hatte sie damit zunichte gemacht. Warum noch viele Worte darüber verlieren? Wenn ich merkte, wie sehr er sich wand, wechselte ich das Thema. Schließlich waren wir doch gekommen, um ihn aufzubauen, nicht, damit er sich noch schlechter fühlte.

Die vorgegebenen sechzig Minuten gingen so schnell vorbei wie ein Augenzwinkern. Er gab sich Mühe, einen guten Eindruck bei uns zu hinterlassen, und machte Witze. Wir sollten denken, dass es ihm gut ging, aber wir merkten ihm seine Trauer und die Strapazen an. Es beruhigte uns, dass er keinen Stress mit anderen Häftlingen oder den Wärtern hatte, er machte keine Probleme, sie machten ihm keine Probleme. Aber jedem war klar, dass man sich nicht mit ihm anlegen sollte. Denn auch wenn er niemanden provozierte, wusste er sich durch das Thaiboxen zu verteidigen, wenn es darauf ankam. Er kam zurecht, passte sich der Situation an, der er ausgeliefert war. Wenn wir wieder aufbrachen, hatten wir jedes Mal das Gefühl, dass er sich in dieser Stunde mit uns innerlich aufgerichtet hatte und zumindest ein bisschen unbeschwerter war.

Häufig erfuhren wir vor unseren Besuchsterminen, dass wir ihn wieder in einer anderen Anstalt aufsuchen sollten. Er wurde dauernd verlegt: von Weiterstadt nach Butzbach, dann nach Hadamar, Limburg und Frankfurt. Dieser permanente Wechsel war Teil der Strategie. Die Häftlinge sollten bloß nicht zu lange bleiben, ja nicht anfangen, Pläne zu schmieden, keine Verbindungen zueinander aufbauen. Viele sagen: Die Straße ist wie eine Schule für Kriminelle, der Knast die Universität. Hier lernt man erst die hohe Kunst des Geschäfts, macht quasi seinen Master in Streetlife. Oder promoviert sogar. Je nachdem. Bestenfalls findet man Unterstützer, die das eigene Vorankommen im Milieu fördern. Was eigentlich dem Zweck dienen soll, möglichst wenige Wiederholungstäter hervorzubringen, hat den gegenteiligen Effekt. Man vernetzt sich und steigt nach der Entlassung noch größer und mit mehr Know-how ein.

Das versuchte man durch die dauernden Umquartierungen zu verhindern. Meist ohne Erfolg.

Ein kleines Stück Freiheit

Zum Ende seiner Haftzeit kam Gökhan in den offenen Vollzug der JVA Frankfurt. Durch diese Lockerung soll den Straftätern schrittweise die Rückkehr in die Gesellschaft ermöglicht und ihre Resozialisierung gefördert werden, damit sie draußen Kontakte pflegen, einen beruflichen Wiedereinstieg finden und sich ein Leben ohne Straftaten aufbauen können. Für Gökhan bedeutete das: Tagsüber durfte er das

Gefängnis verlassen, und er machte sich morgens mit Bus und Bahn direkt auf den Weg nach Hanau, um bei der Familie zu sein.

An diesem Tag im Jahr 2010, der für ihn ein unvergesslicher werden würde, saß er auf der harten Metallbank der Haltestelle und wartete auf den Bus zum Frankfurter Hauptbahnhof. Er war hinter Gittern aufgewacht und würde auch abends dort einschlafen. Doch trotz dieser düsteren Aussicht war Gogo positiv gestimmt. Er genoss jeden Moment, den er in Freiheit verbringen konnte, freute sich darauf, in Hanau mit seinem Neffen eine Pizza essen zu gehen, auf Gespräche mit vertrauten Menschen. Das war – verglichen mit dem Leben, das er in den letzten beiden Jahren geführt hatte – unendlich viel. Was für ein Luxus, hier draußen sitzen zu dürfen und frische Luft zu atmen, selbst wenn es nieselte. Es mag nur eine kleine Freiheit gewesen sein, aber es war eine. Er war siebenundzwanzig Jahre alt und hatte seit langer Zeit endlich wieder das Gefühl, dass er noch einmal von vorn beginnen könnte. Als spürte er plötzlich wieder neue Lebensenergie.

Die Frau, die sich der Haltestelle näherte, gefiel ihm. Vielleicht ein paar Jahre älter als er, eine zierliche Gestalt, lange schwarze Haare, die ihr glatt über die Schultern fielen, ein feines, ebenmäßiges Gesicht. Wie schön wäre es, mit ihr ins Gespräch zu kommen! Wann hatte er sich über solche Dinge zuletzt Gedanken gemacht? Er erinnerte sich kaum. Aber hatte er nicht genug Zeit verschwendet? Er wollte keine Gelegenheiten mehr verpassen, alles mitnehmen, was das Leben an Erfahrungen für ihn bereithielt.

Im Bus beobachtete er sie ein paar Minuten lang und erhob sich dann entschlossen von seinem Sitz. Er hielt sich an den Haltegriffen fest, während er sich den Weg durch den schwankenden Bus zu ihrer Sitzreihe bahnte, nahm allen Mut zusammen und sprach sie an: »Ich muss dich einfach fragen, bevor du aussteigst und wir uns nie wiedersehen – darf ich dich mal anrufen?« Wahrscheinlich war er selbst überrascht. Von seiner früheren Schüchternheit keine Spur.

»Nein! Wieso?«, antwortete sie genauso direkt.

Dass ihm eine Frau auf Anhieb so gut gefiel, das war neu für ihn. Doch die Abfuhr war erteilt. Zwar suchte er beim Aussteigen am

Frankfurter Bahnhof noch ein paarmal ihren Blick, aber dann verschwand sie im Gedränge der Bahnhofshalle. Er dachte den ganzen Tag an sie. Auch sie musste doch gespürt haben, dass da irgendetwas in der Luft lag, als sie sich angesehen hatten. Hoffentlich würden sich noch einmal ihre Wege kreuzen!

Tatsächlich sollten bis zu ihrer nächsten Begegnung nur wenige Tage vergehen. Sie sahen sich in den kommenden Wochen immer wieder im Bus, und Gogo versuchte noch einige Male, mit ihr in Kontakt zu treten. Sie reagierte zwar nicht unfreundlich, aber ließ sich auch nicht auf ein Gespräch ein.

»Das ist nett, dass du schon auf mich wartest«, versuchte Gökhan es trotzdem noch einmal, als er sie erneut an der Haltestelle stehen sah. Seit ihrer ersten Begegnung waren inzwischen ein paar Wochen vergangen. »Zum Dank würde ich dich gern auf eine Pizza einladen.« Jetzt musste sie doch lachen. Seine Hartnäckigkeit schmeichelte ihr. Mit einem gespielten Augenverdrehen schrieb sie schließlich ihre Telefonnummer auf eine leere Zigarettenpackung – außerdem ihren Namen: Manuela.

Auch wenn ich ihn selbst nie als derart offensiven Eroberer erlebt habe, kann ich mir diese Szene bildhaft vorstellen. Gökhan hatte so ein gewinnendes Wesen, gab jedem ein vertrautes Gefühl. Man musste ihn einfach mögen. Manuela fühlte sich schnell wohl bei ihm. Für sie waren die Treffen zunächst freundschaftlich, aber Gogo ließ nicht locker, legte sich richtig ins Zeug, um sie für sich zu gewinnen. Da er im offenen Vollzug war, durfte er ein Handy nutzen, das er in ein Schließfach sperren musste, sobald er in die JVA zurückkam. Wenn er es aus dem Spind holte, konnte er es kaum abwarten, bis das Signal ertönte, dass neue Nachrichten eingegangen waren. War er draußen unterwegs, schrieb er ihr im Stundentakt und brachte ihr zu jedem Treffen Geschenke mit. In ihm kam eine romantische Ader durch, von der keiner wusste, dass sie überhaupt existierte.

Schon beim ersten Date legte er die Karten auf den Tisch und rückte damit raus, dass er eine Gefängnisstrafe absaß. Welche Sorgen hatte er sich darüber gemacht, wie sie reagieren würde! Es lag immerhin im Bereich des Möglichen, dass sie aufstehen und gehen würde. Doch sie nahm es ganz entspannt auf. In ihren Gesprächen wurde schnell klar, dass auch sie alle Facetten des Lebens – auch jene, über die man nicht gleich beim ersten Kennenlernen spricht – bereits kennengelernt hatte. Ela, wie alle sie nannten, war acht Jahre älter als Gökhan und hatte bereits drei Kinder aus zwei gescheiterten Beziehungen, die sie allein großzog. Einer ihrer Ex-Partner war fremdgegangen und ihr gegenüber gewalttätig gewesen. Auch wenn sie seit einigen Jahren getrennt waren, terrorisierte er sie mit Anrufen, in denen er sie unter Druck setzte und Geld von ihr forderte – auch im Beisein meines Bruders. Als Gökhan das mitbekam, sagte er nur: »Gib mir seine Telefonnummer, ich kläre das!« Das tat er auch. So gelassen und wortgewandt wie er war, forderte er ihren Ex-Freund auf, Manuela in Ruhe zu lassen. Das allein reichte, um den Mann in seine Schranken zu weisen. Er meldete sich danach nie wieder. Und Manuela spürte, dass sie in Gogo jemanden gefunden hatte, der zu seinem Wort stand. Ohne dass sie es ausgesprochen oder definiert hätten, war bald klar, dass sie zusammengehörten.

Obwohl Manuela zuerst so zurückhaltend gewesen war, öffnete sie sich allmählich. Nach den negativen Erfahrungen ihrer vergangenen Beziehungen war Gogo für sie ein Geschenk. Vor allem, weil er ihre Kinder annahm, als wären es seine eigenen. Er hatte einen besonderen Zugang zu Kindern, spielte mit ihnen, wie es Erwachsene sonst selten tun. Wenn er an Manuelas Tür klingelte, stürmten sie sofort los, stolperten fast übereinander, weil jeder ihn als Erstes begrüßen wollte. Natürlich wussten sie, dass er eine Überraschung für sie dabeihatte. Sie schlossen ihn von Anfang an in ihr Herz – und er sie in seins.

Zwischen den Stühlen

Ein paar Monate später wurde er auf Bewährung entlassen. Man hätte glauben können, dass Gökhan nun seine neue Liebe feiern und glücklich sein würde. Doch die unbeschwerten Stunden wurden oft überschattet, denn ganz offen zu seiner Freundin stehen konnte er nicht. Anfangs hatten sie sich nur an den Wochenenden in ihrer Wohnung in Wiesbaden getroffen, doch auch als er sie dann nach Hanau einlud, nahm er sie nie zu unseren Eltern mit. Für Manuela war das schwierig zu verstehen. Allmählich begann sie, an seiner Liebe zu zweifeln, wie sie mir später über diese Zeit der Unklarheit erzählte. Tausend Gedanken gingen ihr durch den Kopf. Lag es daran, dass sie bereits geschieden war und älter als Gökhan? Hatten seine Eltern womöglich ein Problem damit, dass er sich für eine Deutsche entschieden hatte? Wäre es mit einer türkischen Frau anders? Nichts davon war der Grund dafür, warum er jedes Mal versuchte, sich aus den Gesprächen herauszuwinden, und Ausreden erfand, warum ein Besuch bei Mama und Baba gerade nicht passte. In welchem Gewissenskonflikt sich Gogo befand, konnte sie nicht wissen.

Auch wenn die Gefühle für unsere Cousine nicht mehr da waren, so stand die Verlobung noch. Als er der Verbindung zugestimmt hatte, war er ganz und gar frei in seinem Herzen gewesen – doch jetzt gab es Manuela. Nun fürchtete er, dass Mama und Baba ihn ablehnen könnten, wenn er sein Einverständnis zurücknahm. Auch wenn die Familie seiner Verlobten weiter darauf drängte, dass Gökhan den Schlussstrich zog, so hielten sie sich an der Hoffnung fest, dass es noch irgendwie gut ausgehen könnte. Nach der Schande, die er durch seinen Gefängnisaufenthalt über unsere Familie gebracht hatte, konnte Gogo die beiden nicht erneut enttäuschen. Auf der anderen Seite hatte er in Ela endlich die Frau seines Lebens getroffen und Angst, sie zu verlieren, wenn er ihr die Wahrheit erzählen würde. Sein großer Wunsch, es allen recht zu machen, brachte ihn in Bedrängnis.

Je häufiger die beiden darüber diskutierten, warum er Manuela seiner Familie verheimlichte, und je größer ihre Skepsis und die Distanz zwischen ihnen wurde, desto stärker reifte in Gökhan der Entschluss, ihr ein klares Signal zu senden. Zu viel stand auf dem Spiel. Viel mehr als an einer standesamtlichen Trauung lag ihm etwas daran, seine Liebe vor Gott zu bezeugen. Laut islamischem Recht ist die religiöse Zeremonie jedoch nur möglich, wenn man eine Eheurkunde vorlegen kann, damit im Falle einer Scheidung die Rechte der Ehefrau gewahrt werden. Ein Imam würde kein Paar trauen, das vorher nicht offiziell geheiratet hat. Das kam also nicht in Frage. Aber eine symbolische Trauung, nur für die beiden – dazu hatte sich ein Freund bereit erklärt.

»Hast du ein Kopftuch dabei?«, fragte Gogo Manuela ganz unvermittelt, als er sie kurz darauf in Wiesbaden besuchte. Sie verstand nicht, worauf er hinauswollte, deutete nur mit verwundertem Blick auf den leichten Schal, den sie um den Hals trug. Sie war komplett überrumpelt, geschockt und überglücklich zugleich, als klar wurde: Es wird eine kleine Zeremonie geben, die ihre Liebe vor Gott besiegelte. Wie bei einer echten Trauung wurde aus dem Koran gelesen, Gebete wurden gesprochen, um die Beziehung zu segnen und um Allahs Schutz und Führung zu erbitten. Es war in diesem Moment nicht wichtig, dass es keine Ringe gab, keine Urkunden. Es ging nur um die beiden und blieb ihr Geheimnis, von dem keiner erfuhr.

Obwohl ich von seiner Beziehung zu Manuela wusste, hat er die Zeremonie auch vor mir verheimlicht. Was hätte ich sagen sollen? Liebe ist nie rational. Aber er katapultierte sich damit in eine Situation, in der er die Menschen, die ihm am meisten bedeuteten, verletzen würde. Entweder meine Eltern oder Manuela, die Frau, in die er sich verliebt hatte. Dachte er wirklich, die Dinge würden sich von selbst klären? Auch wenn es das Gegenteil einer wirklichen Entscheidung war, sondern nur ein Hinhalten und Aufschieben, war dadurch die Harmonie in seiner Beziehung vorerst wiederhergestellt. Sie führten zwar keine rechtskräftige Ehe, gehörten jedoch fest zusammen.

Das gab ihr Sicherheit. Aber aus unseren Gesprächen weiß ich, dass es nicht lange dauerte, und die Zweifel begannen wieder in ihr zu keimen. Wenn sie jetzt sogar seine Frau war, was hielt ihn noch davon ab, sich seinen Eltern gegenüber zu öffnen? Er versprach, bald mit ihnen zu reden. Manuela hatte wohl intuitiv im Gefühl, was vor sich ging. »Bist du einer anderen versprochen?« Die Frage kam ganz direkt. Und trotzdem: Gogo konnte sich nicht überwinden, ehrlich zu sein. Genauso wenig wie er es schaffte, unseren Eltern zu offenbaren, dass sein Herz Ela gehörte. Er wollte niemanden mit einem klaren Nein vor den Kopf stoßen, und das brachte ihn in eine Lage, aus der es keinen Ausweg mehr gab. Doch wie es mit Unwahrheiten ist, kommen sie irgendwann ans Licht, und so sollte es auch in diesem Fall sein.

Hüsna und Behçet konnten nicht akzeptieren, dass das Kind in den Brunnen gefallen war. Also unternahmen sie einen letzten Versuch, zu retten, was nicht mehr zu retten war. Gemeinsam mit Gökhan flogen sie in die Türkei, um mit der Familie unserer Cousine über alles zu sprechen, die Wogen zu glätten, sodass die Verlobung beibehalten und die Hochzeitsplanung beginnen könnte. Gogo hatte seine Haftzeit schließlich abgesessen, man sollte die Vergangenheit ruhen lassen und sich darauf konzentrieren, was vor ihnen lag. Doch ihre Familie war skeptisch. Von Vorbereitungen für eine große Feier wollten sie erst einmal nichts wissen, stimmten aber am Ende zu, die Verlobung vorerst bestehen zu lassen. Gogo sollte die Zeit nutzen, um zu beweisen, dass er ihrer Tochter würdig war. Die Fronten waren verhärtet, seine Verlobte schaffte es kaum, Gökhan ins Gesicht zu sehen und sprach nur das Nötigste mit ihm. Konnte es wirklich sein, dass sie ihm noch eine Chance geben wollte?

Kapitel 6
Der Sog

Alles fühlte sich für Gogo schwer und mühsam an. Eine Unbeschwertheit wollte sich einfach nicht einstellen. Immer, wenn er sich gerade wieder zurück ins Leben gekämpft hatte, hielt das Schicksal einen weiteren Dämpfer für ihn bereit. Oder er musste mit den Konsequenzen seiner eigenen Fehlentscheidungen zurechtkommen. Wie oft würde er noch wieder aufstehen können? Er sehnte sich nach einem Neuanfang, nach Leichtigkeit und danach, sich woanders etwas aufzubauen. »Hier kann man nicht schön leben, es macht keinen Spaß mehr«, hatten seine Freunde ihn wiederholt sagen hören. Nach allem, was er hier durchgemacht hatte, hätte er Deutschland am liebsten den Rücken gekehrt. In ihm wurde der Wunsch stärker, alles hinter sich zu lassen und in die Türkei zu gehen.

Er liebte dieses Land, die Wärme und vor allem das Meer. Wenn er dorthin reiste, dann verbrachte er am liebsten seine Zeit in Antalya im Süden des Landes, dem Tor zur Mittelmeerküste. Weil das Wasser an der Türkischen Riviera so intensiv und in den schönsten Blautönen leuchtet, spricht man auch von der Türkisküste. Gökhan war glücklich, wenn er dort sein durfte. Nach jedem Negativereignis kamen die Sehnsucht nach der Türkei und der beflügelnde Gedanke daran, eines Tages dort zu leben, wieder auf. Ein paar Freunde von ihm waren nach Antalya gezogen, hatten sich dort hochgearbeitet und waren erfolgreich im Immobiliengeschäft. Sie konnten jeden Tag den salzigen Duft des Meeres atmen und die Wärme auf der Haut spüren. Dieses Leben hätte auch er gern geführt.

In diesen Tagen rief Gogo häufig unseren Freund Kemal an. Vor vier Jahren hatte Kemal unser geliebtes Spessart Eck aufgegeben und war in die Türkei gegangen, zog einen großen Laden in Istanbul hoch, eine Mischung aus Restaurant und Shisha-Bar, sogar mit einem eigenen Pool. Kemal war umtriebig, er hatte permanent neue Geschäftsideen, schon seit seiner Kindheit. Bereits zur Schulzeit hatte er als findiger Zeitungsverkäufer sein Taschengeld aufgebessert. Damals, ohne Internet, gab es nur die Möglichkeit, türkischsprachige Tageszeitungen zu lesen, wenn man sich über die Heimat informieren wollte. Diese lagen vor allem in Kneipen aus. Kemal fuhr nun mit seinem Fahrrad durch die Stadt, kaufte in Kneipen und Cafés für kleines Geld die Zeitungen ein, dann ging es weiter zu Orten, an denen viele türkische Landsleute arbeiteten. Wenn sie von der Spätschicht kamen, wartete er schon auf sie, um die neuesten Ausgaben von *Hürriyet*, *Milliyet* oder *Sabah* gewinnbringend an sie zu verkaufen. »Gazete! Gazete!« (Zeitung! Zeitung!), rief er laut, um Kundschaft anzulocken. Er war ein guter Verkäufer und ein sympathischer Kerl, steckte voller Einfälle. Während er ein Projekt realisierte, hatte er meist schon die nächsten drei in Planung. Später eröffnete er in Hanau einen Burgerladen, in Kolumbien übernahm er sogar mal eine Tankstelle.

Seine Energie, Dinge zu bewegen, wirkte ansteckend auf meinen Bruder. »Hol mich bitte nach, lass uns zusammen etwas machen«, schrieb Gogo ihm per SMS. Er wollte unbedingt mit Kemal ein Business aufziehen. Doch der hatte nicht vor, dauerhaft in der Türkei zu bleiben, war mit einem Fuß schon zurück in Hanau und vertröstete Gökhan auf später. »Wenn ich zurückkomme, dann machen wir in Kesselstadt einen Kiosk auf, der 24/7 geöffnet hat.« Heute wünschte ich, sie hätten diesen Plan nie verwirklicht und Gökhan hätte seine Koffer gepackt und wäre seinen Träumen gefolgt …

Doch die Realität sah anders aus. Er war nun auf Bewährung draußen, aber nach Freiheit fühlte es sich trotzdem nicht an. Er wollte so gern ein ehrliches Leben führen, schrieb wieder haufenweise Bewerbungen, kassierte erneut Absagen oder einfach nur Schweigen. Es gab lediglich Jobs als Hilfsarbeiter. Und was er dabei in einem ganzen Monat verdienen würde, könnte er auf der Straße an einem Tag machen. Wie oft hatte er sich vorgestellt, irgendwann einmal für seinen

Neffen Mert ein Haus oder eine Wohnung kaufen zu können und ihn damit zu überraschen, doch weiter weg als jetzt hätte dieses Ziel wohl kaum sein können. Nichts hatte sich an seiner Situation verändert, er war wieder an demselben Punkt wie vor seiner Haft.

Um etwas zu erreichen, brauchte er Geld. Doch umso mehr Zeit ohne eine Job-Option ins Land ging, desto eher war er bereit, sich erneut auf Abwege zu begeben. Er verbrachte damals viel Zeit mit Timur, seinem Jugendfreund. Der hatte ursprünglich ganz andere Pläne gehabt, wollte im Anschluss an seine Lehre seinen Meister machen und beruflich durchstarten. Doch als Gökhan im Knast saß, hatte die Straße auch ihn eingesogen. So taten sie sich zusammen, weil sie einander vertrauten. Bereits aus Jugendtagen, als sie noch gemeinsam Zigaretten beim Nahkauf zockten, wussten sie, dass sie aufeinander zählen konnten. Was sollte mit so einem Partner an der Seite schon schieflaufen? Genau wie viele andere dachte auch Gogo, nach dem ersten Mal sei man schlauer und würde sich nicht noch einmal erwischen lassen. Aber so läuft es eben nicht, solche Sachen nehmen nie ein gutes Ende. Das Loch, das man sich selbst schaufelt, wird mit jedem Mal tiefer. Die Misere größer. Doch das wollte er nicht sehen.

Gogo hatte aus der Zeit vor seinem ersten Gefängnisaufenthalt noch Verbindungen zu seinen Lieferanten in den Niederlanden. Die beiden organisierten nun Fahrer, die den Stoff für sie nach Deutschland transportieren sollten. Da sie nur im Hintergrund die Fäden zogen, hielten sie es für eine risikoarme Sache. Trotzdem nagte das schlechte Gewissen extrem an Gogo. So oft er auf der Straße unterwegs war, so häufig sah man ihn auch beim Beten. Als würde er nach jedem Deal Buße tun.

»Komm mit in die Moschee, das wird dir guttun«, sagte er einmal zu Timur, als sie gerade ein Geschäft abgewickelt hatten.

»Auf keinen Fall, Bruder, wir können jetzt nicht beten, wir haben gerade richtigen Scheiß gebaut«, lautete Timurs Antwort. »Das fühlt sich für mich nicht richtig an.«

Doch Gökhan bestand darauf – weil er die Dinge komplett anders betrachtete: »Genau deshalb sollten wir Gutes tun. Jeder Mensch trägt einen bösen und einen guten Engel in sich, wir müssen aufpassen, dass der gute die Oberhand behält. Darum lass uns einfach beten!«

Noch lange amüsierten sich die beiden über die Absurdität dieser Situation. Aber wenn Gogo allein war, dann suchten ihn die dunklen Gedanken heim. Er war überzeugt, eines Tages für das, was er tat, zur Rechenschaft gezogen zu werden.

Dass es schon wenige Wochen später passieren sollte, damit rechnete er allerdings nicht. Doch einer ihrer Kuriere bereitete ihnen Kopfschmerzen. Er nahm Drogen, fuhr wie wild mit Autos, die auf die Jungs zugelassen waren, durch die Stadt, konnte den Mund nicht halten und machte dauernd eine Welle. Als ein großer Deal anstand, bei dem dieser Kurier fahren sollte, war Timur skeptisch. Aber Gogo wollte es trotzdem durchziehen und ihn danach durch jemanden ersetzen, der vertrauenswürdiger war. »Wenn du es mit dem Typen machst, bin ich raus«, hatte Timur noch zu Gökhan gesagt. Doch es war zu spät, er hing mit drin. Als genau dieser Mann dann tatsächlich erwischt wurde, packte er als Gegenleistung für eine Strafminderung gegen alle anderen aus. Leute, deren Namen er genannt hatte, wurden nun observiert, es fanden Razzien statt, Wohnungen wurden von der Polizei gestürmt. Es gab eine richtige Kettenreaktion, und einer nach dem anderen wurde festgenommen.

Ich erinnere mich noch, wie zwei Beamte zu uns nach Hause kamen, um Gökhan aufzufordern, er solle noch am selben Tag zur Polizeistation am Hanauer Freiheitsplatz kommen, um sich auszuweisen. Es sei nichts Dramatisches, nur eine Routineangelegenheit, er habe nichts zu befürchten. Gogo war in diesem Moment nicht zu Hause. Später am Tag fuhren wir ihn hin und warteten vor der Tür auf ihn. Doch er wurde sofort festgenommen und in Polizeigewahrsam genommen. Am nächsten Tag verlegte man ihn in die JVA.

Die Dinge wiederholten sich wie in einem Teufelskreis. Ein Großteil der Beteiligten verließ sich auf Gökhans Schweigen und zeigte mit dem Finger auf ihn, als es darum ging, einen Hauptschuldigen zu benennen. Wieder wehrte er sich nicht. Er stimmte jedoch zu, sich auf einen Deal einzulassen, damit er nicht erneut so lange einsitzen müsste. Doch erfüllt hat er ihn am Ende nicht. Die Beamten legten ihm Bilder von möglichen Komplizen vor, aber er gab vor, niemanden zu erkennen. Er hat keinen einzigen Namen ausgepackt. Seine Bewährung wurde nun aufgehoben, er galt als Wiederholungstäter. Nur ein halbes Jahr nach seiner Entlassung wanderte er wieder ins Gefängnis. In diesem Moment war das für uns alle eine unermessliche Katastrophe. Doch aus der Distanz betrachtet, hätte ihm nichts Besseres passieren können. Denn es markierte das Ende seiner kriminellen Karriere.

Brüder

Zwei Jahre sollte Gökhan absitzen, kam erst mal in die JVA Butzbach. Sein Freund und Komplize Timur saß im selben Trakt, bald teilten sie sich eine Zelle. Timur hat oft gesagt, dass Gökhan wie ein Therapeut für ihn war, er ihm Dinge anvertraute, die er noch nie jemandem erzählt hatte. Er genoss es, ihn um sich zu haben und stundenlang mit ihm zu reden, Witze zu erzählen und zu lachen, aber auch über ernste Themen zu sprechen. Vor allem in der Knastzeit, als sie beide dasselbe Schicksal teilten, wurde ihre Freundschaft tiefer. Eine einschneidende Erfahrung. Abgesehen vom Tod, so haben es mir beide gesagt, könnte nichts schlimmer sein als der Freiheitsentzug.

Sie waren auf sich selbst zurückgeworfen. Doch die Einsamkeit war leichter zu ertragen, weil sie einander hatten. Timur musste fünf Jahre absitzen. In dieser Zeit verlor er auch seinen Vater. Da er in der Türkei beigesetzt wurde, konnte sein Sohn nicht an seiner Beerdigung teilnehmen, denn man ließ ihn nicht ausreisen. Sich nicht richtig verabschieden zu können, war für ihn sehr hart. Ein Sozialarbeiter, der sich um die Häftlinge kümmerte, setzte sich dafür ein, dass Timur zumindest die Haftanstalt verlassen konnte, um den Leichnam seines Vaters einmal sehen zu können – um zu begreifen, dass er wirklich gegangen war. Es war ein Abschiednehmen in Hand- und Fußfesseln, mehr als fünf Minuten gestand man ihm nicht zu. Auch bei der Totenwaschung, die im engsten Kreis durchgeführt wird und eine Pflicht gegenüber der verstorbenen muslimischen Person darstellt, konnte er nicht dabei sein. Dass er seinen Vater auf diesem Weg nicht begleiten durfte, hat er sich nie verziehen. Währenddessen saß er in seiner Zelle und versuchte, das Gefühl der Ohnmacht irgendwie zu ertragen. Dass Gökhan in diesen Stunden bei ihm war, mit ihm betete, Timur ihm von den schönen Momenten mit seinem Vater erzählen und beide gemeinsam weinen konnten, das hat er ihm nie vergessen. Und auch wenn sie sich nach der Entlassung mal aus den Augen verloren, so fanden sie doch stets wieder zueinander und waren im Herzen verbunden.

Wenn man die harten Zeiten miteinander teilt, in denen sich andere abwenden, dann entstehen Freundschaften, die auch über den Tod hinaus andauern. Timur gehörte später zu jenen, die am meisten um Gogo weinten. Bis heute hängt ein Bild meines Bruders am Kühlschrank in seiner Frankfurter Wohnung. Es vergeht kein Tag, an dem er nicht an ihn denkt. Noch heute kommen ihm die Tränen, wenn er über ihn spricht – häufig dann, wenn er seinen kleinen Sohn ansieht. Denn als Timur nach der Haft Vater wurde und das Neugeborene stolz seinem Freund zeigte, da war Gökhan derjenige, der den Säugling mit in die Moschee nahm, damit er sein Leben im guten Glauben beginnt und glücklich aufwächst.

Wenn muslimische Kinder geboren werden, wird ihnen der Gebetsruf flüsternd ins Ohr gesungen, durch einen Imam oder ein Familienmitglied. Auch der Name des Neugeborenen wird leise in sein Ohr gesprochen. Ein wunderschönes Ritual. Und für Gogo und Timur ein emotionaler Moment, den sie teilten. Gökhan trug dafür Sorge, dass der Kleine mit diesem Schutz sein Leben führen würde – ein Schutz, den auch Gogo einst bekommen hatte und der ihm, daran glaube ich fest, dreimal das Leben rettete, bevor Gott ihn schließlich zu sich holte.

Während der Jahre im Knast gewöhnte mein Bruder sich ein Stück weit daran, keine freien Entscheidungen treffen zu können, daran, dass sein Tagesablauf fremdbestimmt war, dass er Kreuze auf einer

Einkaufsliste machen musste, wenn er Zahnpasta oder Briefmarken brauchte. Auch daran, dass man seinen Haftraum regelmäßig nach Waffen, improvisierten Tauchsiedern oder Anzeichen für einen geplanten Fluchtversuch durchkämmte. Er kannte die Spielregeln, wusste, wie er durch den Tag kam, ohne mit anderen Ärger zu bekommen. Das beklemmende Gefühl, eingesperrt zu sein, war sein ständiger Begleiter geworden, er nahm es wahr, aber es löste längst keine Panik mehr in ihm aus.

Als er in eine andere Haftanstalt verlegt wurde und somit von Timur getrennt war, hat Gökhan jedoch gelitten, vielleicht sogar noch mehr als beim ersten Mal. Sein Gehirn ließ sich nicht ausschalten, die gleichen quälenden Gedanken rotierten in Endlosschleife in seinem Kopf. Warum war er so leicht verführbar? War er vielleicht wirklich nur der Übeltäter, als den man ihn vor Gericht gesehen hatte? Wie könnte er mit sich wieder so weit ins Reine kommen, dass er den Blick nicht abwenden musste, wenn Mama und Baba ihn ansahen? Vielleicht war es umso schwerer für ihn, weil sie ihm so liebevoll begegneten und ihm keine Vorhaltungen machten. Das Gefühl kannte ich selbst so gut aus meiner Kindheit. Man hatte etwas ausgefressen und wurde dennoch nicht bestraft. Ich bin davon überzeugt, dass diese Art unserer Eltern das Gefühl von Reue in ihm nur noch größer werden ließ. Wenn nicht um seiner selbst willen, so wollte er doch diesen wunderbaren Menschen zuliebe aufstehen und sein Leben auf die Reihe kriegen.

Ein abgebrühter Gangster war er nie gewesen. Du brauchst eine Kälte, Ignoranz und Härte, um auf der Straße zu überleben. Sein sanftes Wesen passte nicht dazu, und genauso wenig zum Knastalltag, der schonungslos war und eiskalt. Er konnte sich nie wirklich mit dieser Welt identifizieren, in die er hineingestolpert war.

Dennoch musste er in dem monotonen Alltag klarkommen. Manuela brachte Licht. Sie schrieb ihm und besuchte ihn, bestand weiter darauf, die nächsten Schritte mit Gökhan gehen zu wollen. Obwohl ihm jetzt im Gefängnis die Hände gebunden waren, wollte er umso mehr ihrem großen Wunsch nachkommen, endlich Behçet und

Hüsna kennenzulernen. Um sich erst einmal vorsichtig vorzutasten, hatte er einen ziemlich abwegigen Plan geschmiedet: Sie sollte sich als Freundin meiner damaligen Frau ausgeben und so ganz zwanglos mit ihnen gemeinsam einen Tee trinken, ohne dass es großartiger Erklärungen bedurfte. Dass unsere Eltern sie liebevoll aufnehmen und ins Herz schließen würden, wusste er. Aber er kannte die beiden doch auch gut genug, um zu wissen, dass eine geschlossene Verlobung für sie nichts war, bei dem man sich wieder umentscheiden konnte – wie bei einem Paar Schuhe in der falschen Größe, das man einfach zurückbrachte.

So kam sie tatsächlich zu uns zu Besuch, und zwar nicht als die Frau meines Bruders, sondern als Freundin meiner Frau. Manuela nahm es sogar auf sich, ihre Beziehung zu verleugnen, nur um einmal den Menschen gegenüberzusitzen, die Gökhan das Leben geschenkt hatten – auch wenn sie die beiden dafür täuschen musste. Ela war von da an sogar einige Male zu Gast bei unseren Eltern. Durch den warmen und herzlichen Empfang fühlte sie sich gleich angenommen und fast schon wie ein Teil der Familie. Obwohl sie verschweigen musste, dass sie es im Grunde längst war.

Sie saßen wieder einmal beisammen, als Mama Manuela bat, einen Teller mit Lokum zu holen, eine Süßigkeit aus Sirup, Zucker und gelierter Stärke, die alle in unserer Familie so gernhaben. Manuela blieb eine ganze Weile weg, um dann ohne den Teller zurückzukommen. Dafür mit fahlem Gesicht und einer gerahmten Fotografie in den Händen, die sie in der Küche von der Wand genommen hatte. Es war das offizielle Verlobungsfoto von Gökhan und unserer Cousine, das bei einer Reise in die Türkei aufgenommen worden war. Was für eine bittere Erkenntnis. Gerade als sie zu hoffen begann, eines Tages von unseren Eltern akzeptiert zu werden, musste sie der Realität ins Auge sehen: Der Mann, den sie liebte, gehörte einer anderen.

Zwischen Scherben

Die Wut übermannte Manuela und ließ ihren Brustkorb eng werden. Sie platzte einfach mit der Wahrheit heraus: »Das kann nicht sein, ich bin Gökhans Frau!«

Stille kann so laut sein, dass man meint, sie hören zu können. Und genauso war es in den Sekunden, die auf diesen Satz folgten, der nichts anderes war als eine Hiobsbotschaft. Das, was für alle Menschen in unserem Wohnzimmer eben noch die Wirklichkeit war, zerbrach in diesem Augenblick in tausend Scherben. Keiner sagte etwas, alle starrten einander fassungslos an. Manuela, Mama und Baba und meine damalige Frau. Wie auf Kommando redeten dann auf einmal alle gleichzeitig, laut und wild gestikulierend. Alle waren aufgebracht. Ungläubigkeit. Ärger. Unverständnis. All diese Emotionen krachten aufeinander. Was für ein Drama! Eben noch hatten diese Menschen harmonisch bei Tee und Süßem zusammengesessen und eine Verbundenheit gespürt, nun waren sie plötzlich in zwei hitzige Lager gespalten. Wegen eines Menschen, den sie alle liebten und der diese heftigen Gefühle in ihnen hervorrief. Eigentlich galt ihre Enttäuschung und ihr Zorn meinem Bruder, doch der bekam in diesem Moment nicht das Geringste davon mit, welcher Orkan gerade durch sein Elternhaus fegte.

Es dauerte, bis sich die Wogen glätteten und die Stimmung im Hause Gültekin einigermaßen wiederhergestellt war. Ela hatte sich nicht zurücknehmen können und ihrer maßlosen Enttäuschung Raum gegeben. Vielleicht hätten unsere Eltern es besser aufgenommen, wäre ihnen die Nachricht schonender beigebracht worden, eingebettet in die ganze Geschichte, die alles erklärte. Vor allem aber hätte es mein Bruder selbst sein müssen, der sie ihnen erzählte. Doch große Gefühle und besonnene, sachliche Klärungen passen meist nicht gut zueinander. Und so blieb an diesem Tag nur noch, erst einmal auseinanderzugehen und den Schock zu verarbeiten, der auf beiden Seiten eingeschlagen hatte wie ein Blitz aus heiterem Himmel. Eben schien noch die Sonne, plötzlich verdunkelte eine Gewitterwolke den Himmel und entlud sich unter grollendem Donner.

Manuelas Vertrauen zu Gökhan war in diesem kurzen Augenblick zerstört worden. Es sollte lange dauern, bis sie sich wieder aufeinander einlassen konnten. Nach dieser Konfrontation entfernten sie sich voneinander. In der folgenden Zeit hielten sie zwar immer auf irgendeine Weise Kontakt, aber von einer echten Beziehung konnte keine Rede mehr sein. Niemand bekam so richtig mit, wie gerade der Status bei den beiden war. Am wenigsten sie selbst. Mal gingen sie getrennte Wege, dann näherten sie sich wieder an. Es gab Phasen, in denen sie versuchten, Freunde zu sein. Doch die Treffen waren jedes Mal schmerzhaft, führten sie ihnen doch vor Augen, dass es keine wirkliche Zukunftsperspektive für ihre Liebe gab. Auch wenn er ihr von seiner Zerrissenheit erzählt hatte, sie nachvollziehen konnte, wie groß seine Angst vor dem Verlust seiner Familie war, so fiel es ihr dennoch unendlich schwer, ihm seine Lüge zu verzeihen. Selbst wenn sie es täte, könnten sie doch trotzdem nicht zusammen sein. Er hatte ihr nicht versprechen können, die Verlobung zu lösen – auch wenn alles dafür sprach, dass es nie eine Hochzeit geben würde.

Doch die Entscheidung wurde ihm abgenommen. Bald schon sollte sich die schlimmste Befürchtung meiner Eltern bewahrheiten: Gökhans Verlobte trennte sich ein halbes Jahr vor seiner Entlassung per Brief von ihm. Spätestens als er zum zweiten Mal ins Gefängnis musste, hatte sich ihre Familie in ihrem Misstrauen gegenüber Gökhan bestätigt gesehen. Er musste einfach ein Schwerverbrecher sein und war ihrer Tochter nicht würdig! Auch Mama und Baba konnten nun nichts mehr machen, es gab nichts mehr zu retten. Die Cousine heiratete ein paar Monate später einen anderen. Und das ganze Geld und Gold, das sie bereits vor der Hochzeit bekommen hatte und nun hätte zurückgeben müssen, behielt sie für sich. Es waren fast die kompletten Ersparnisse meiner Eltern.

Zwar war Gogo nun frei für seine Beziehung mit Manuela, aber dass das Ansehen unserer Eltern durch seine Dealerei leiden musste, machte ihm extrem schwer zu schaffen. Das hatte er nie gewollt. Wenn er endlich rauskam, würde er für die beiden da sein, versuchen, alles wiedergutzumachen. Doch er saß fest und konnte rein gar nichts bewirken.

Wie ein Anker

Wieder einmal gefangen hinter einer dicken Stahltür und seinen Gedanken ausgeliefert, blieb ihm nicht viel übrig, als an das Gute zu glauben, sonst würde er komplett kaputt gehen. Da er niemandem mit Vorbehalten begegnete, offen für neue Begegnungen war, traf er auch an diesem Ort auf Gleichgesinnte, zu denen er eine Verbindung aufbauen konnte. Als der neue Bettnachbar eincheckte und anfing, die durchgelegene Matratze mit einem Laken zu überziehen, wünschte Gogo sich einfach nur Timur zurück. Doch der Mann aus Algerien erwies sich als wunderbarer Zellengenosse. Er war allein nach Deutschland gekommen und bekam während seiner gesamten Haftzeit nicht ein einziges Mal Besuch. Gökhan schätzte ihn sehr und gab viele unserer Geschenke direkt an ihn weiter, egal, ob es Bargeld oder ein warmer Pullover für den Hofgang war – alles offiziell genehmigt natürlich, daran führte kein Weg vorbei. Als Dank rezitierte sein neuer Mitbewohner aus dem Koran, denn er konnte ihn fließend und wunderbar pointiert lesen.

Gökhan hatte schon immer mehr für sich aus dem Glauben ziehen können als ich, sogar als Kind fand er Trost in der religiösen Erziehung und betete regelmäßig. Durch seinen Mitbewohner wandte er sich noch stärker der Religion zu, betete viel und studierte die Heilige Schrift des Islam. Der Glaube half ihm nicht nur, die Haftzeit leichter zu überstehen, weil er sich intensiv mit sich und der Vergangenheit beschäftigte, sondern auch, sein Leben mit all seinen Herausforderungen als Prüfung zu begreifen. Das änderte auch den Blick auf all die negativen Ereignisse, die er oft als Ungerechtigkeit empfunden hatte. Nun konnte er bei aller Bitterkeit auch etwas Positives darin erkennen. Von der Geburt bis zum Tod wurde er getestet – so begann er es zu betrachten. Hatte er sich je an einem Punkt selbst verloren? Zu erkennen, dass er sich trotz seiner Verbrechen sein Herz nie hatte verderben lassen, hat ihm Kraft und Zuversicht gegeben. Zu wissen, wie unerschütterlich er trotz aller Entgleisungen in seinem innersten Kern war.

Die Auseinandersetzung mit diesen großen Themen bekam eine ganz andere Intensität. Auch durch Menschen wie seinen Jugendfreund Faruk, mit dem er schon in Großauheim am Main-Ufer heimlich die ersten Zigaretten geraucht hatte. Als Gökhan mit seinen illegalen Geschäften begann, hatte Faruk sich zurückgezogen. Doch je mehr Gökhan in der Zelle auf sich selbst zurückgeworfen war, desto größer wurde die Sehnsucht nach einem Anker. Er wusste, dass es auch bei Faruk vor allem die düsteren und einsamen Phasen gewesen waren, in denen er sich mehr mit der Religion befasste. So suchte er die Nähe zu seinem alten Freund, der ihn im Gefängnis besuchte. Die beiden tauschten sich auch in Briefen über ihre Gedanken aus. Je mehr sie über die vergangenen Jahre sprachen und schrieben, desto stärker wurde in Gogo das Bedürfnis, seine Seele von Negativem zu befreien. Bei allem Mist, den er gebaut hatte, halfen ihm seine Gebete, wieder Halt und Orientierung zu finden. Faruk inspirierte ihn dazu, Suren auswendig zu lernen, zu lesen und sein Schicksal anzunehmen – was auch immer es für ihn bereithielt.

Sich jedoch selbst zu vergeben, war schwierig für ihn. Die Jahre in Gefangenschaft blieben eine Episode, die er und auch unsere gesamte Familie gern ungeschehen gemacht hätte. Es wurde in den kommenden Jahren selten darüber gesprochen, war wie ein schwarzer Fleck, den wir gern ausradiert hätten. Wenn das Gespräch doch mal auf seine Zeit auf der Straße und in der Zelle kam, senkte Gogo den Blick. Der Stachel der Scham saß tief, und dort, wo er sich ins Fleisch gebohrt hatte, würde immer eine Wunde bleiben, die sich schnell wieder entzündete.

Dann endlich ein Lichtblick! Durch die Anstrengungen seines Anwalts durfte er nach zwei Jahren Haft in den Maßregelvollzug wechseln. Anderthalb Jahre sollte er nun in einer Klinik für Forensische Psychiatrie verbringen. Dort werden Straftäter behandelt, die aufgrund psychischer Probleme oder einer Suchterkrankung Verbrechen begangen haben und vom Gericht als vermindert schuldfähig eingestuft werden. Durch Verhaltenstherapie oder psychodynamische Therapie sollen sie auf eine Rückkehr in die Gesellschaft vorbereitet und so das Risiko von zukünftigen Straftaten verringert werden. Gökhan hat selbst nie Drogen konsumiert. Man erkannte bei ihm die klare Einsicht, ein straffreies Leben führen zu wollen – und das Potenzial, es auch zu schaffen, wenn er sich mit sich selbst und dem, was seine bewegte Lebensgeschichte mit ihm gemacht hatte, auseinandersetzte. Wenn er Erfahrungen aufarbeitete und Abstand vom Milieu bekäme, dann hätte er gute Chancen, nicht noch mal auf die schiefe Bahn zu geraten.

Viel erzählte er nicht über das, was er dort täglich erlebte, aber es war ihm anzumerken, dass es ihm besser ging als im Gefängnis. Er durfte sich auch hier nicht frei bewegen, aber die Haftbedingungen waren lockerer, die Atmosphäre freundlicher. Wahrscheinlich kam es ihm bloß so vor, aber sogar die Räume schienen dort ein wenig heller zu sein. Er durfte gelegentlich mit einem seiner Betreuer zum Einkaufen gehen, später auch stundenweise allein das Gebäude verlassen. Wer mitzog und keinen Stress machte, dem gestand man Schritt für Schritt mehr Freiheiten zu. Vor allem aber verbrachte er viel Zeit in Gruppen- und Einzelsitzungen, in denen es darum ging, die vergangenen Erlebnisse zu bearbeiten und Denkmuster und Verhaltensweisen zu erkennen, die dazu beigetragen haben, straffällig zu werden.

Nach der Zeit in der Klinik kam er für einige Monate in eine betreute Wohngruppe in Frankfurt, auch das gehörte zu den gerichtlichen Auflagen, die er erfüllen musste. Das enge Zusammenleben mit anderen sollte ihm dabei helfen, allmählich in die Gesellschaft zurückzufinden. Damit hatte er sowieso nie ein Problem gehabt. Er fügte sich gut ein und kam zurecht, aber ein Leben in Freiheit war es immer noch nicht. Es gab strikte Regeln, an die er sich halten musste. Aber vor allem war es kein echtes Zuhause.

Waren die verschiedenen Säulen, auf denen sein Leben aufgebaut war, auch instabil und wackelig geworden, so wurde Gökhan in seinem Inneren gefestigter. Auch seine Liebe trotzte all den Stürmen, die heftig daran rüttelten. Es war paradox: Obwohl sie im Grunde jeden Tag auf die Probe gestellt wurde, blühte sie auf und wurde kräftiger. Denn wer in der gesamten Zeit zu Gogo hielt – ganz egal, weshalb er beschuldigt wurde, ob er sich gerade im Knast oder einer Therapiemaßnahme befand –, war Ela. Nach dem Verlobungsdilemma wäre zwischen ihnen beinahe alles zu Bruch gegangen, aber sie entschied sich dennoch für ihn und bewertete ihn nicht anhand der Dinge, für die er seine Strafe verbüßte. Sondern einfach als Mensch. Sie zeigte viel Verständnis und verstand ihn wie vielleicht sonst niemand.

Und sie war bereit, für ihn zu kämpfen. Kurz bevor er auf freien Fuß kommen sollte, gab es einen erneuten heftigen Tiefschlag: Die Ausländerbehörde hatte seine Abschiebung beschlossen. Da er keine deutsche Staatsbürgerschaft besaß, wurde aufgrund seiner Freiheitsstrafe und der Tatsache, dass er wiederholt straffällig geworden war, so entschieden. Doch Manuela wollte das nicht hinnehmen und zusehen, wie der Mann, auf den sie nun so lange gewartet hatte, aus ihrem Leben verschwand. Sie war diejenige, die für ihn zur Staatsanwaltschaft ging, die mit dem Anwalt kommunizierte, Briefe an die Behörden schickte. Sie nahm es mit dem bürokratischen Monstrum auf, das sich einschüchternd vor jedem aufbaut, der versucht, so einen Beschluss anzufechten. Die ganze Geschichte verschlang eine horrende Summe an Anwaltskosten, die unsere Eltern von dem letzten Geld zusammenkratzten, das ihnen nach der geplatzten Hochzeit geblieben war.

So hartnäckig wie Gökhan in der Kennenlernphase um ihre Zuneigung gerungen hatte, so hartnäckig zeigte Ela sich nun. Zwar gelang es nicht, die Entscheidung komplett aufzuheben, aber immerhin konnte sie nach einer gefühlten Ewigkeit und endlosem Briefverkehr eine Duldung durchsetzen. Was bedeutete: Er war nicht mehr zur Ausreise gezwungen – vorerst. Gökhan konnte zwar in Deutschland bleiben, erhielt aber keine Aufenthaltserlaubnis. Er bekam so etwas wie einen temporären Schutzstatus, hätte aber jederzeit abgeschoben werden können, sobald die Gründe für die Duldung weggefallen wären. Was, so wie ich es von Freunden mitbekommen habe, nicht selten mit einem gewissen Maß an Willkür entschieden wird. Gogo war erleichtert und dankbar, als er die erlösende Nachricht erhielt, lebte aber nun mit der Ungewissheit, eines Tages das Land verlassen zu müssen, in dem er geboren und aufgewachsen war.

Auch wenn er sich oft nach der Türkei sehnte und sich ein Leben dort erträumte, war diese Situation doch nun eine gänzlich andere. Es war nicht mehr seine freiwillige Entscheidung. Außerdem würde es bedeuten, von seiner Familie getrennt leben zu müssen. Und von der Frau, für die es sich zu bleiben lohnte.

Kapitel 7
Ein neuer Anfang

Als Gökhan seine wenigen Habseligkeiten in die abgewetzte weiße Trainingstasche gestopft, sich von den Mitbewohnern und Betreuern in der Wohngruppe verabschiedet und sich ein allerletztes Mal offiziell abgemeldet hatte, fühlte er eine große Freude. So viele Möglichkeiten, die sich vor ihm auftaten, so viele Dinge, die er tun, so viele Menschen, mit denen er nun Zeit verbringen wollte. Aber diese Energie, die ihn durchströmte, wurde durch etwas gedämpft. Wenn er in sich hineinhorchte, dann war da noch ein anderes Gefühl, das die Euphorie überschattete. An jedem Tag des Vollzugs hatte er sich nichts so sehr gewünscht wie die Freiheit. Jetzt lag sie vor ihm wie ein großes weißes Blatt, auf dem ein Bild entstehen sollte. Doch es fehlte die Idee für den Anfang. Das war einschüchternd und beängstigend. Die regelmäßigen Termine für die Therapie, der Tagesablauf mit seiner festen Taktung und den vorgegebenen Mahlzeiten war ihm oft wie ein starres Korsett vorgekommen, das überall drückte und dessen er sich gern entledigt hätte, doch es gab gleichzeitig Halt und Struktur. Jetzt war da zunächst nur ein großes Nichts, das sich vor ihm auftat, Tage, die er selbst mit Sinn füllen musste, ein Leben, das darauf wartete, neu gestaltet zu werden.

Bei allen offenen Fragen war das Versprechen, das er sich selbst gegeben hatte, in diesen Tagen das Einzige, was durch nichts ins Wanken gebracht werden konnte: Nie wieder wollte er eine Gefängniszelle betreten. Nie wieder das Gefühl ertragen müssen, eingesperrt und nicht Herr seiner Entscheidungen zu sein. Nie wieder unserer Familie zumuten, ihn in der JVA zu besuchen.

Bei seinem Entlassungsgespräch hatte ihm der Sozialarbeiter

eindringlich dazu geraten, sich ein neues Umfeld zu suchen, um nicht wieder mit dem kriminellen Milieu in Kontakt zu kommen und endlich dem Sog der Straße zu entgehen. Also zog er erst mal zu Manuela nach Wiesbaden, wo sie mit ihren Kindern in einer kleinen Wohnung lebte.

Die beiden hatten noch nie zusammengewohnt, sich in den letzten Jahren nur wenige Stunden im Monat sehen dürfen. Sie liebten sich, wussten aber im Grunde wenig voneinander. Und mussten sich erst einmal neu kennenlernen. Einen ganz normalen Alltag zu verbringen, war eine unbekannte Situation. Nun so intensiv miteinander zu leben, war für beide eine Herausforderung. Nach der sozialen Isolation war es für meinen Bruder schwierig, sich von null auf hundert auf jemand anderen einzulassen. Er hatte sich daran gewöhnt, oft allein zu sein und viele Themen mit sich selbst auszumachen. Häufig zog er sich zurück, weil er Zeit für sich brauchte, was Manuela als Ablehnung missverstand.

Gleichzeitig versuchte Gökhan, beruflich wieder einen Fuß auf den Boden zu bekommen. Er sah sich nach Stellen um, aber auf dem regulären Arbeitsmarkt konnte er mit seinen Vorstrafen nun endgültig nicht mehr bestehen. Er war oft frustriert, und sie stritten über Kleinigkeiten. Beide spürten, dass ihnen die intensive Nähe zu diesem Zeitpunkt nicht guttat und hatten Angst, mehr zu zerstören als aufzubauen, wenn sie permanent miteinander konfrontiert waren. Als sie beschlossen, erst einmal getrennte Wohnorte zu haben, war es keine Entscheidung gegeneinander, sondern füreinander. Ihr Beziehungsstatus war undefiniert und sollte es auch für die nächsten beiden Jahre bleiben. Sobald sie sich nicht mehr jeden Tag sahen, vermissten sie einander, doch sie mussten sich erst einmal entfernen, um vielleicht eines Tages miteinander leben zu können – als Familie, nach der sich Gökhan mehr sehnte als nach allem anderen auf der Welt. Doch die Zeit, so schien es, war dafür noch nicht reif.

Als Gökhan mich fragte, ob ich ihn aufnehmen würde, war das für mich eine große Freude. Natürlich würde ich das! Während seiner Haftzeit war ich wegen der Arbeit nach Köln gegangen. Mert, der inzwischen selbst erwachsen war und seine eigenen Wege ging, war bei Mama und Baba geblieben. Fast unwirklich schön war es, meinen Bruder nach all dieser Zeit um mich zu haben, all die kleinen Dinge des Alltags miteinander teilen zu können. Die alte Vertrautheit war sofort wieder da, er musste mir nichts erklären, wir verstanden uns einfach.

Ich war darauf eingestellt gewesen, dass er nach der heftigen Zeit im Vollzug erst einmal Kraft schöpfen musste und die schönen Dinge des Lebens genießen wollte. Aber so war es nicht. Gökhan brannte darauf, zu arbeiten, er wollte anpacken und etwas tun. Der lang unterdrückte Wunsch, sein Leben wieder selbst in die Hand zu nehmen, fand in einem Tatendrang Ausdruck, der kaum zu stoppen war. Während seiner Haft hatte ich mich wieder aus der Insolvenz hochgearbeitet und erneut angefangen, Möbel und Küchen für Einrichtungshäuser zu transportieren. Die Auftragslage war gut, mehrere Lkw waren für meine Firma unterwegs, seine Unterstützung war sehr willkommen. Natürlich konnte er mit seinem kaputten Bein keine Schrankteile oder Kühlschränke in den dritten Stock wuchten, aber er war geschickt und kümmerte sich um die Montage. Hatten wir die Kartons mit den Einzelteilen hochgetragen, wartete Gogo oben auf uns und machte sich daran, alles auszupacken und zusammenzubauen. Wenn die Schmerzen ihn quälten, setzte er sich auf den Boden und bearbeitete erst mal die kleinen Teile, fixierte Griffe und Scharniere für Schubladen. Danach ging es mit dem Korpus weiter. Er fand immer einen Weg, den Job zu erledigen. Auch wenn er die Zähne zusammenbeißen musste, hat er alles bis zum Ende durchgezogen.

Gern hätte ich weiter mit meinem Bruder zusammengearbeitet, denn es war nicht nur produktiv und lustig, sondern schweißte uns noch fester zusammen. Aber ich wusste, dass es für ihn kein Job für die Ewigkeit war. Seine Gedanken kreisten weiter darum, etwas Eigenes auf die Beine zu stellen. »Ich muss etwas Selbständiges machen!«, hörte ich ihn oft sagen. Sich selbst mit einer eigenen Idee zu verwirklichen, das hatte er immer gewollt. Immer wieder hatte er mit Timur und Kemal Ideen gesponnen, die jedoch ins Leere gelaufen waren.

Aber zum ersten Mal in seinem Leben war er nun wirklich bereit, die Sache auch anzupacken. Jetzt war seine Motivation eine ganz andere, er würde alle Energien aufbringen, die in ihm schlummerten, und nicht lockerlassen. Die Option, illegale Dinger zu drehen, weil es scheinbar einfacher war, gab es nicht mehr. Zu viel Zeit hatte er damit verbracht, seine Straftaten zu bereuen, sich bewusst zu machen, wie sehr er andere dadurch verletzte und sich selbst schadete, lange genug hatte er Buße getan. Die Einsicht, sich nie wieder etwas zuschulden kommen zu lassen, war zur unerschütterlichen Gewissheit geworden.

Es mag Menschen gegeben haben, welche die Gefahr sahen, dass er wieder auf die schiefe Bahn geriet, doch er selbst gehörte sicher nicht dazu. Besonders zum Ende seiner Haftzeit hatte auch ich mir viele Gedanken darüber gemacht, ob er wieder abrutschen könnte. Doch nach jedem Gespräch, das wir führten, waren die Sorgen kleiner geworden und schließlich verschwunden. Seine kindliche Natur hatte er beibehalten, aber er war erwachsen geworden. Nicht mehr der Junge, der über die Naschtüte, die man ihm reichte, alles andere vergaß. Hat man von einer Süßigkeit einmal so viel gegessen, dass einem schlecht wurde, dann rührt man sie nie wieder an. So war es auch bei Gökhan. Der Drang, in die Tüte zu greifen, war durch das elendige Gefühl, das er in jeder Faser abgespeichert hatte, ausgelöscht. Wenn es einen Menschen gab, der immun gegen die Verlockungen der Straße geworden war, dann war es mein Bruder.

Damals in Köln verbrachten wir ruhige Tage, waren zufrieden. Wir arbeiteten, aßen zusammen, schauten abends gemeinsam Filme. Keine aufregende Zeit, hätte man meinen können, aber genau das genossen wir: diese Normalität und das beruhigende Gefühl, dass alles in Ordnung ist, durchzuatmen und einfach sein zu können. Gökhan betonte oft, wie froh er darüber war, dass die permanente Angst aus seinem Leben gewichen war. Keine Momente der Panik wie vor seiner Haft, kein Verfolgungswahn, kein schlechtes Gewissen, das sich in den frühen Morgenstunden meldete und ihn wachhielt, bis das Licht des Tages durch den Spalt zwischen den Gardinen fiel. Niemand würde an die Tür klopfen und ihn auffordern mitzukommen, weil er aufgeflogen war. Diesen inneren Frieden empfand er als großes Geschenk.

Bittere Wahrheit

Doch er währte nicht lange. Auf unsere Familie wartete eine neue Prüfung, die niemand von uns hatte kommen sehen. Wie aus dem Nichts erreichte uns die Nachricht, dass bei Behçet Krebs diagnostiziert worden war. In den Wochen zuvor hatte er sich wie erschlagen gefühlt, er hustete trocken, im Kopf ein pochender Schmerz. Doch er versuchte vor uns zu verbergen, wie schlecht es ihm tatsächlich ging, klagte nicht. Wenn er abbaute, dann wurde er ganz still und zog sich ins Schlafzimmer zurück, damit wir nicht sahen, wie er litt. Mama drängte ihn, zum Arzt zu gehen. Es war, als hätte sie gespürt, dass es etwas Ernstes war, denn so hatte sie ihren Mann noch niemals erlebt. Ich erinnere ich mich nicht daran, ihn jemals krank im Bett gesehen zu haben – wohl deshalb, weil es diese Situation nicht gegeben hat. Er hatte diese Gastarbeitermentalität inhaliert, Pausen und Kranksein gab es nicht.

Ausgerechnet ihn hatte es nun getroffen, den unerschütterlichen Fels in unserer Familie, der selbst dann noch aufrecht stehen blieb, wenn die Welt um ihn herum unterging. Ins Wanken zu geraten, das durfte er sich nicht erlauben, denn dann hätte er nicht mehr für uns da sein können. Sich selbst nahm er nie wichtig, kümmerte sich nur um uns. Kaum ein Tag verging, an dem er nicht mit irgendetwas Leckerem nach Hause kam, das wir liebten, Baklava, Lokum, Pişmaniye und andere türkische Süßigkeiten. Manchmal in so großen Mengen, dass es nicht in unseren Vorratsschrank passte und wir es an die Nachbarn verschenkten. Weil sich seine Welt nur um uns drehte, hat er nicht auf seinen Körper gehört und die Anzeichen lange ignoriert. Es war ein Schock für alle, als feststand, dass Mama mit ihrer Vorahnung recht behalten sollte. Die Diagnose, die kurze Zeit später im Krankenhaus gestellt wurde, übertraf unsere schlimmsten Befürchtungen: Krebs im fortgeschrittenen Stadium. Metastasen hatten bereits Lunge und Gehirn befallen.

Noch am selben Tag beschloss Gökhan, zurück nach Hanau zu gehen. Es war im Frühjahr 2017, anderthalb Jahre nachdem man ihn auf freien Fuß gesetzt hatte. Jetzt war der Moment gekommen, in dem er für unsere Eltern der Sohn sein konnte, der er so lange nicht gewesen war. Er traf die Entscheidung, ohne darüber nachzudenken. Dass er sein Leben umstellen und nun für unseren Vater da sein würde, war für ihn gar keine Frage. Von da an begleitete er ihn zu allen Arztterminen, die für die genaue Diagnostik nötig waren, fortan fuhr er ihn dreimal in der Woche zur Chemo- und Strahlentherapie ins Frankfurter Universitätsklinikum. Die Behandlung war hart. Sie tötet alles Schlechte, aber auch alles Gute. Baba war immer schmächtig gewesen, aber jetzt konnten wir dabei zusehen, wie er weniger wurde. Mama gab sich Mühe und kochte ihm all die Dinge, die er gern mochte, aber er hatte oft keinen Appetit, und es war ihm anzusehen, wie er kämpfte, um überhaupt einen Bissen runterzubekommen. Auch seine Haare fielen komplett aus, ebenso Augenbrauen, Wimpern und der dichte Schnauzer, sein Markenzeichen, das den Großteil seines Lebens zu ihm gehört hatte. Ganz verändert sah er aus mit seinem nackten Gesicht und der blauen Strickmütze, die er jetzt meistens trug. Kindlich. Und gleichzeitig wie ein Greis. Da sein Immunsystem durch die Medikamente geschwächt war, versuchten wir, ihn so gut es ging abzuschirmen. Aber er bekam dennoch Infekte und brauchte lange, um danach wieder auf die Beine zu kommen. Es gab helle und dunkle Tage. Direkt nach der Chemo konnte Baba manchmal nichts tun, außer zu liegen und zu warten, bis die Wellen der Übelkeit abebbten. Dann stand er irgendwann wieder auf und fuhr sogar selbst mit dem Auto in die Moschee. Entgegen den düsteren Prognosen der Ärzte, die anfangs davon ausgegangen waren, dass er das nächste Jahr nicht überleben würde, sprach er gut auf die Therapie an.

In meiner Wahrnehmung gab es jedoch ein viel wirkungsstärkeres Mittel, um das Wachstum und die Vermehrung der Krebszellen zu hemmen, die seinen Körper zu zerstören drohten, als die neonfarbene Flüssigkeit, die ihm im Krankenhaus intravenös verabreicht wurde. Was ihn in dieser Zeit am Leben hielt und nicht aufgeben ließ, war Gökhan. Er war seine Kraft, seine Moral, sein Lebenselixier. Ob Baba zu Hause im Bett lag, in der Ambulanz der Onkologie am Tropf hing oder im Wartezimmer auf die Verkündung seiner aktuellen Untersuchungsergebnisse warten musste, Gökhan war an seiner Seite, baute ihn auf mit seinem Optimismus, bestärkte ihn, nicht den Mut zu verlieren. Die Krankenschwestern und Pfleger kannten bald alle das Vater-Sohn-Gespann Gültekin und freuten sich jedes Mal, die zwei zu sehen. Gökhan gelang es in der Gegenwart unseres Vaters, seine eigenen Emotionen zurückzuhalten. Ich wusste, wie sehr er ihn liebte und dass die Angst, ihn gehen lassen zu müssen, ihn fast zerfraß. Doch er überspielte den Gedanken, dass Baba sterben könnte, mit seiner guten Laune – auch, um die Situation für sich selbst erträglicher zu machen.

Ich weiß nicht, wie er es geschafft hat, aber durch Gogo kehrte trotz der verzweifelten Situation bald wieder eine Art von Normalität bei uns ein, für die alle dankbar waren. Er nahm dem Thema, das uns niederdrückte und ohnmächtig zurückließ, die Schwere. Soweit es möglich war, haben wir so gelebt, als wäre die Krankheit nicht so bedrohlich wie sie tatsächlich war, sind nicht vor ihr zurückgewichen, sondern haben ihr ins Gesicht gelacht.

Wenn ich an die Zeit zurückdenke, kommen mir viele Momente in den Sinn, in denen wir gemeinsam Spaß hatten. Auch Baba machte häufig Witze über seine Glatze, was es allen leichter machte, unbefangen mit ihm umzugehen. Man musste das Thema nicht umschiffen, sondern konnte offen darüber sprechen, wie über alle anderen Dinge auch. In den folgenden Monaten gab es Ups und Downs, mal positive Entwicklungen, dann Rückschläge. Doch allmählich bildete sich der Krebs zurück. Stück für Stück ging es aufwärts.

Auch wenn die Sorge um Baba Hüsna belastete, war es für sie ein großer Lichtblick, ihren jüngsten Sohn nach der langen Trennung wieder um sich zu haben. Das Bett in Merts Zimmer war all die Jahre frei geblieben. Mama hatte es, obwohl es unbenutzt blieb, immer wieder frisch mit geblümter Bettwäsche bezogen und die Kissen aufgeschüttelt. So sehr hatte sie die Heimkehr ihres jüngsten Sohnes herbeigesehnt, dass sie in jedem Moment darauf vorbereitet gewesen war.

Für Mert war die Freude mindestens genauso groß. Endlich konnten sie wieder zusammen sein, ihre Zeit war nicht mehr limitiert, keiner hörte ihre Gespräche mit wie im Besuchsraum der JVA. Sie durften gemeinsam essen, gemeinsam lachen, sich umarmen, wann immer ihnen danach war. Sobald Gökhan seine ersten Schritte in Freiheit getan hatte, war es, als wären sie nie getrennt gewesen. Und in ihren Herzen waren sie das ohnehin nie. Umso mehr wollten sie jeden verpassten Moment nachholen – und wenn man nach einem von ihnen suchte, dann fand man ihn mit hoher Wahrscheinlichkeit bei dem anderen.

Wenn abends das Licht ausging und Gogo und Mert sich bereits eine gute Nacht gewünscht hatten, fingen die Gedanken in Gökhans Kopf zu kreisen an. Sie drehten sich in endlosen Schleifen, und meist fragte er dann ins Dunkel: »Mert, schläfst du schon? Mir ist gerade noch etwas eingefallen.« Dann war an Schlaf nicht mehr zu denken. Mit der Krankheit unseres Vaters war der Wunsch stärker denn je geworden, die Familie auch finanziell zu unterstützen. Was für ein Laden fehlte in Hanau noch? Welchen Service könnte man den Leuten anbieten? Ihre Ideen sammelten sich wie Tropfen in einer Schale. Und kurz bevor die Flüssigkeit über den Rand schwappte und versickerte, sah Gökhan es vor sich: Er wollte einen Umzugsservice anbieten! Manchmal sind die naheliegenden Dinge die allerbesten. Durch die Arbeit bei mir kannte er sich bereits mit Logistik aus. Er konnte gut mit Menschen umgehen und sich auf jeden und jede einstellen. Er würde schnell ein paar Jungs zusammenbekommen, die beim Transport helfen konnten, während er die gesamte Planung und Organisation in die Hand nahm. Er musste nur noch eins tun: anfangen.

Einmal ausgesprochen, nahm alles schnell Fahrt auf. Als Teil der Vorbereitungen machte Gogo für zwei Monate eine Art Praktikum bei seinem Freund Faruk, der professionell Umzüge organisierte. Dort arbeitete er mit, schaute ihm über die Schulter, wenn es darum ging, Kostenvoranschläge zu machen und Rechnungen auszustellen. Er konnte es kaum abwarten, dass es endlich anlief, aber merkte schnell, dass nur über Mundpropaganda und ein paar Posts auf Facebook nichts reinkam. Sie mussten mehr unternehmen, um die Sache zum Laufen zu bringen! Als Mert eines Tages nach Hause kam, saß

Gogo schon auf der Couch und wartete fiebrig darauf, ihm von seinem Plan zu erzählen: »Ich hab's! Wir müssen Visitenkarten drucken lassen, riesige Mengen, und sie direkt an die Haushalte verteilen!« Sie gaben sich die Hand darauf, und noch am selben Abend gaben sie bei einem Bekannten die Bestellung auf – zahlen würden sie, wenn der erste Auftrag eingegangen war.

Das Ziel vor Augen

Auf ihren klapprigen Rädern fuhren sie nebeneinanderher, hielten die Köpfe gesenkt, um ihre Gesichter vor dem kalten Wind abzuschirmen, der ihnen unbarmherzig ins Gesicht peitschte, sodass sich die Haut an Wangen und Stirn bald taub anfühlte. Die Riemen der vollgestopften Rucksäcke schnitten tief an den Schultern ein, das Gewicht drückte schwer auf ihre Hüften und den Rücken und schien sie permanent in die entgegengesetzte Richtung zu ziehen, fast als hielte sie jemand von hinten fest. So traten sie verbissen in die Pedale, kamen aber dennoch nur im Zeitlupentempo voran.

Gökhan und Mert waren seit Stunden unterwegs. Anfangs hatten sie noch Späße gemacht und viel gesprochen, jetzt blickten sie nur noch stoisch nach vorn, die Lenkergriffe fest mit den kalten Fingern umschlossen, radelten wortlos weiter, bahnten sich unbeirrbar ihren Weg durch die Straßen von Hanau. In unserer Nachbarschaft in Kesselstadt hatten sie ihre Tour angefangen, nun weiteten sie ihren Radius langsam in die angrenzenden Stadtteile aus. Nicht die kleinste Stichstraße wollten sie auslassen, keinen Hauseingang übersehen. Kein Briefkasten in unserem Umkreis sollte in diesen Tagen ohne eine Visitenkarte bleiben – von Gogos erster eigener Firma, gegründet im Jahr 2018. In weißen Druckbuchstaben auf blauem Papier war darauf zu lesen: *Umzug & Transport, Entrümpelung & Entsorgung.* Darunter Gökhans Handynummer. Was für ein Gefühl, sie in Händen zu halten!

Zehntausend Stück landeten nach und nach in den Briefschlitzen, der eine verteilte auf der linken Straßenseite, der andere auf der rechten. Bevor sie eine Karte einwarfen, sagten sie jedes Mal »Bismillah«, was »in Gottes Namen« bedeutet, und küssten das feste Papier. *Im Namen Gottes, des Barmherzigen, des Gnädigen* – so stehen die Worte am Anfang fast aller Koransuren, und Barmherzigkeit und Gnade sind die ersten unter den neunundneunzig Attributen Gottes, die der Islam kennt. Gott gibt, wenn ich ehrlich bleibe und hart arbeite. Das war für Gökhan zum Leitsatz geworden.

Wochenlang waren Onkel und Neffe nun unterwegs, ganz egal, ob es regnete, stürmte oder die Sonne schien. Immer wieder musste Gökhan sich auf die Bordsteinkante setzen und eine Weile abwarten, bis die Welle des Schmerzes in seinem Bein abebbte und es weitergehen konnte. Manchmal ließ er das Rad stehen und fuhr mit dem Taxi nach Hause, weil gar nichts mehr ging. Am Abend war das stechende und reißende Gefühl im Unterschenkel kaum auszuhalten, und auch Mert hatte noch mit einer hartnäckigen Fußballverletzung zu kämpfen, die sich nach dem langen Fahrradfahren unangenehm bemerkbar machte. So brachen die beiden jedes Mal zusammen, wenn sie wieder zu Hause ankamen, konnten nichts anderes mehr tun, als sich schwer aufs Sofa fallen zu lassen und die Beine hochzulegen. Selten waren die beiden glücklicher über das frisch zubereitete Lahmacun, das Mama ihnen brachte. Komplett erledigt waren sie, aber zufriedener mit sich und der Welt hätten sie nicht sein können.

Wenig später war es endlich so weit, und ihre Aktion trug Früchte. Ein Kunde meldete sich, er wollte mit seiner Familie von Hanau nach Stuttgart umziehen. Der erste Auftrag, und die Freude war riesig. Ohne groß nachzudenken, nannte Gogo einen Preis, der ihm angemessen erschien. Hauptsache, er hatte den Job, über die Details konnte er sich später Gedanken machen. Den Lkw zu beladen, war wie beim Computerspiel Tetris, bei dem man herunterfallende Blöcke so positionieren muss, dass sie keine Lücken hinterlassen. Der Wagen war am Ende voll bis unters Dach, kein Blatt Papier hätte mehr zwischen die Kartons gepasst. Angekommen in Stuttgart, ging es in die dritte Etage. Die Frage nach einem Aufzug hatte er im Überschwang und auch bei der Kalkulation vergessen. Und natürlich gab es keinen.

Der Transporter, der Sprit, Lohn und Verpflegung für die Mitarbeiter – sie hatten den Umzug erledigt, und der Kunde konnte kaum glauben, was er für einen sensationellen Deal gemacht hatte. Gökhan musste am Ende ordentlich draufzahlen. Als er Freunden, die in diesem Geschäft erfahrener waren als er, im Nachhinein davon erzählte, haben sie Tränen gelacht. Er hatte sich völlig unter Wert verkauft und hätte den dreifachen Preis verlangen können. Stattdessen hatte er den ganzen Umzug quasi als Geschenk gemacht. In Sachen Kalkulation bestand also noch Verbesserungsbedarf. Aber Lehrgeld zahlt am Anfang jeder, der sich etwas Neues aufbaut. Das gehörte dazu, und Gogo ließ sich dadurch nicht den Wind aus den Segeln nehmen.

Zumal bei ihm bald öfter das Telefon klingelte, weil Menschen seine Visitenkarte weitergeben hatten. Auch wenn ich mit meiner Spedition in anderen Städten unterwegs war, hatte ich einen Stapel dabei und brachte sie unter die Leute. Mit jedem Auftrag, der reinkam, sammelte er mehr Erfahrung und wurde professioneller. Bald hatte sich herumgesprochen, dass es bei Gültekins die besten Preise gab – auch wenn Gogo inzwischen genau rechnete, so blieb es trotzdem Teil seiner Unternehmensphilosophie, den günstigsten Kurs anzubieten. Es dauerte nicht lange, und er war in Hanau im Preis-Leistungs-Verhältnis unschlagbar. Auch die Kunden, die sich erst mal Angebote bei anderen einholen wollten, standen bald wieder bei ihm auf der Matte. Am Anfang hatte er keine andere Chance, als durch niedrige Preise in dem Business Fuß zu fassen, später wurde genau das sein Geschäftsmodell. Was der Konkurrenz natürlich gar nicht gefiel.

Sein Unternehmen wuchs, und es kam gutes Geld rein, aber gierig war er trotzdem nie. Den Unterschied zwischen Arbeiten und Geldverdienen kannte er gut. Er schätzte die Leute, die für ihn die Kisten und Waschmaschinen umhertrugen, und es war ihm wichtig, sie auch fair zu bezahlen. Trotzdem konnte er sich gerade bei neuen Mitarbeitern einen Joke nicht verkneifen. Nach getaner Arbeit sagte er mit todernstem Gesicht: »Danke für euer Engagement, ihr habt wirklich viel geleistet! Bis zum nächsten Mal.« Dann machte er Anstalten, zu gehen – so als wäre es für ihn ein selbstverständliches Ehrenamt gewesen, sechs Stunden beim Umzug mit anzupacken. Er ließ sie immer eine Weile schmoren, bis er mit dem Lohn und einem breiten Lächeln um die Ecke kam.

Natürlich musste auch für ihn etwas herausspringen. Die Abfindung unseres Vaters war ursprünglich für uns beide vorgesehen. Er trug es mir nie nach, dass ich das Geld verbraucht hatte, wollte jetzt aber Gas geben, um sich ein Polster für später anzulegen – schließlich wusste er nur zu gut, wie hart das Schicksal zuschlagen kann. Zusätzlich zu Umzügen und Entrümpelungen bot er noch einen Hausmeisterservice an und zog einen lukrativen Job in einer Klinik an Land. Dort hatte er häufig Vierundzwanzig-Stunden-Bereitschaftsdienste, für die er Nachtzuschläge verlangen konnte. Wenn dort Heizungs- oder Klimaanlagen hakten oder die Beleuchtung ausfiel, war Gökhan zur Stelle – es sei denn, er war mit Baba im Krankenhaus oder beim Arzt. Das hatte Priorität, dafür ließ er alles stehen und liegen.

Kein Auftrag war ihm zu kompliziert, keine Strecke zu weit. Bald organisierte er Umzüge bis nach Südeuropa, das Geschäft wuchs kontinuierlich. Sein Konzept kam offenbar gut bei den Leuten an: Gogo kam vorbei, schaute sich die Wohnung an und machte ein Angebot, ohne etwas dafür zu berechnen. Sobald die Leute ihn persönlich kennengelernt hatten, gaben sie ihm den Auftrag, das war jedes Mal so. Durch seine sympathische Art überzeugte er alle und hatte den Deal fast schon in der Tasche, wenn er zur Tür hereinkam und den ersten Witz gemacht hatte. Das dreckige Gefühl, keinen Job zu bekommen und abgelehnt zu werden, ohne Schulabschluss und Ausbildung nichts wert zu sein, das kannte er nur zu gut. Jetzt merkte er, dass er Qualitäten hatte, die ihn im Berufsleben weiterbrachten. Er war sein eigener Chef und niemandem Rechenschaft über die Lücken in seinem Lebenslauf schuldig. Wenn du ganz unten bist, muss es auch irgendwann wieder bergauf gehen, daran hatte er immer geglaubt. Diese Überzeugung hatte er sich durch all die Niederschläge in seinem Leben nicht verderben lassen. Und jetzt wurde er für seinen Durchhaltewillen belohnt.

Nichts ist umsonst

Wenn Gökhan auf die Jahre in Gefangenschaft zurückblickte, dann war da keine Bitterkeit. Es waren nicht bloß verlorene Jahre, er hatte auch viel über sich gelernt. Vor allem die Erkenntnis, jede Situation mit dem Glauben meistern zu können, verlieh ihm eine innere Stärke und Zuversicht, die er auch nach außen hin ausstrahlte. Nach all dieser Zeit, die ihn hätte zermürben können, stand da kein gebrochener Mann vor uns, sondern einer, der hoffnungsvoll in die Zukunft blickte. Dieses Wissen, das ihm das Leben selbst vermittelt hatte, gab er seitdem gern an andere weiter. Gökhan war in Hanau seit jeher bekannt wie ein bunter Hund, und wenn nun jemand in der Krise steckte, keinen Ausweg sah oder jemanden brauchte, der ihn aufbaute, dann wandte er sich an Gogo. Er wurde immer mehr zu einer Anlaufstelle für viele, die jemanden zum Reden suchten, der ihnen Mut machte. Manchmal denke ich, er hätte auch gut ein Hodscha, ein Lehrer, sein können, so verständnisvoll, lebensweise und optimistisch, wie er war.

Ich sehe ihn noch vor mir, wie er in seinen letzten Lebensjahren häufig mit Menschen sprach, die vor einer schweren Entscheidung standen oder nicht wussten, wie sie mit einem Problem fertig werden sollten. Mit einem Glas Çay in der Hand saß er oft vor der Moschee und sprach mit ihnen, so vollkommen mit sich und der Welt im Gleichgewicht, dass ihn nichts aus der Ruhe bringen konnte. Manchmal, wenn er sich unterhielt, ließ er dabei gedankenverloren seine Gebetskette zwischen den Fingern hindurchfließen. Mithilfe dieser Kette, sie bestand aus dreiunddreißig silbernen Perlen, sprach er auch seine Bittgebete. Da viele Gebete dreiunddreißigmal wiederholt werden, rutschen die Betenden dabei mit den Fingern an den Perlen entlang. So müssen sie nicht zählen, während sie an Gott denken. Gogo trug diese Kette immer bei sich.

Auch das Fasten wurde noch wichtiger für ihn. Für uns ist es neben dem Glaubensbekenntnis zu Allah als einzigem Gott, den fünf täglichen Gebeten, dem Almosengeben und dem Pilgern nach Mekka eine der fünf Säulen unserer Religion. Es geht darum, Herz und Seele zu reinigen, Platz für den Glauben zu schaffen. Und auch darum, nachhaltig zu handeln, indem man sich um Bedürftige kümmert, sich engagiert und spendet. Das Fasten soll verdeutlichen, dass die Hingabe an Gott einen höheren Wert hat als die menschlichen Bedürfnisse.

Wie bei den meisten Muslimen wurde auch bei uns in der Familie der Fastenmonat Ramadan zelebriert, der neunte Monat im islamischen Jahr. Von Tagesanbruch bis zum Sonnenuntergang wird dann auf Essen und Trinken verzichtet, wobei Kranke, stillende oder menstruierende Frauen, Schwangere, Kinder, Reisende, Menschen, die Schwerstarbeit verrichten müssen, oder Ältere vom Fastengebot ausgenommen sind. Auch reden sollte man nicht ununterbrochen, sondern etwas herunterfahren, nicht rauchen und keinen Sex haben, während man fastet. Dieser Monat steht im Zeichen der inneren Einkehr, des sozialen Engagements und der persönlichen Läuterung. Er gilt auch als Monat der guten Taten. Während dieser vier Wochen sah man Gökhan noch häufiger in der Moschee. Er genoss diese intensive Beschäftigung mit sich und mit Gott.

Aber er, der Genießer und Lebemensch, liebte auch das Fastenbrechen. Iftar nennen wir das Mahl, das während des Ramadan jeden Abend nach Sonnenuntergang eingenommen wird. An einem Abend hatte er vor, es gemeinsam mit unserem Cousin Erdal zu zelebrieren. Aus unserem Heimatdorf in der Türkei stammend, war er erst vor wenigen Jahren nach Deutschland gekommen, um hier Geld für Frau und Kinder zu Hause zu verdienen, das er ihnen regelmäßig zuschickte. Gogo wollte ihm eine besondere Freude machen und ihn ins Restaurant einladen. Nachdem sie den ganzen Tag nichts zu sich genommen hatten, lehnten sich die beiden nun genüsslich auf ihren Stühlen zurück und freuten sich auf den Moment, wenn die Speisen auf dem Tisch stehen würden. Doch Gökhan fuhr plötzlich erschrocken zusammen, als wäre ihm eingefallen, dass zu Hause noch die Kerzen auf dem Tisch brannten oder er den Wasserhahn nicht zugedreht hatte. »O nein, ich habe deinen Mitbewohner vergessen«, sagte er, während er sich im Aufstehen bereits eilig die Jacke anzog. »Wir können doch nicht ohne ihn essen.« Er stieg ins Auto und fuhr die gesamte Strecke zurück, um ihn ebenfalls an den Tisch zu holen. Gogo war ein Phänomen, und es gibt wohl kaum jemanden, der nicht eine ähnliche Story von ihm auf Lager hat.

Wenn der Ramadan mit dem Fastenbrechen endet, wird traditionell drei Tage lang gefeiert. Sobald die Sichel des Neumondes am Himmel erscheint, beginnt das sogenannte Zuckerfest, wie es im Volksmund oft genannt wird. Man begeht es traditionell gemeinsam mit der Familie, Bekannten und Nachbarn. Gogo war für seine Großzügigkeit bekannt, und so formte sich schnell eine Traube von Kindern um ihn, sobald er in diesen Tagen irgendwo auftauchte. Die Kleinen hatten natürlich sofort gecheckt, dass es bei Gökhan Amca die doppelte Menge an Taschengeld, Gummischlümpfen und Schokoriegeln zu holen gab.

Nach dem Knast war sein Bedürfnis, Gutes zu tun, größer geworden. Vor Jahren hatte ihm einmal jemand mit hundert Euro ausgeholfen, weil er kein Bargeld dabeihatte. Doch als es ihm irgendwann wieder einfiel, konnte er sich beim besten Willen nicht erinnern, wer ihm das Geld gegeben hatte. Er fragte überall herum, aber niemand wusste davon, keinem war er etwas schuldig. Dass er es nicht zurückgeben konnte, hat ihn so fertiggemacht, dass er den Betrag an die Moschee spendete – genau eine Woche vor seinem Tod. Erst danach fühlte er sich erleichtert und konnte wieder einigermaßen ruhig schlafen. Davon, dass er regelmäßig Geld an eine Hilfsorganisation spendete, die Waisenkinder in Togo unterstützt, wusste nur unser Cousin und enger Freund Mümtaz, der sich dort ebenfalls engagierte. Dadurch wurden etwa Augenoperationen finanziert, die sie sich sonst nicht hätten leisten können. Wir erfuhren nach seinem Tod davon, durch einen Kondolenzbrief, der im Hanauer Rathaus einging. Da sie den Nachrichten entnommen hatten, dass einer der Getöteten Gökhan Gültekin heißt und jemand mit diesem Namen seit Jahren monatlich Geld schickte, wollten sie seiner damit gedenken. Nie hatte er nur ein einziges Wort darüber verloren. Mümtaz führt auch nach Gogos Tod die Sache weiter, für den guten Zweck und in Erinnerung an meinen Bruder.

Weil Gökhan genau wusste, wie wichtig ein unterstützendes Umfeld ist, wenn man harte Zeiten durchläuft, gab es – genau wie früher und auch nach seiner Freilassung – viele Menschen, denen er zur Seite stand und die seine Hilfe dankbar annahmen. Besonders für Erdal, unseren Cousin aus Tahir, war es schwer, in einem fremden Land Fuß zu fassen. Bald musste er sich eingestehen, dass er hier in seinem Beruf als Bäckermeister nicht würde arbeiten können. Er fühlte sich allein in Offenbach, seiner ersten Anlaufstelle in Deutschland, litt unter der Trennung von seiner Familie und war niedergeschlagen. Das Blatt wendete sich für ihn, als er nach Hanau kam. Gökhan tat alles, um ihm das Ankommen zu erleichtern. Er machte ihm eine Wohnung klar, war bei Behördengängen an seiner Seite, und wenn er selbst gerade nicht konnte, schickte er einen seiner Freunde, der ihn zum Amtstermin begleitete. Außerdem sorgte er dafür, dass er in der Umzugsfirma mitarbeiten konnte.

Auch Timur hatte mittlerweile seine Haftzeit abgesessen und stieg bei Gogo mit ein. Es war zwar ein anderes Geschäftsmodell als die ursprüngliche Idee mit dem Studio für Hochzeitsfotografie, die ihnen so lange im Kopf herumspukte, aber so verwirklichten sie zumindest ihr Vorhaben, zusammenzuarbeiten. Meist sammelte Timur Erdal, der selbst kein Auto hatte, zu Hause ein. Dann ging es los, entweder um einen Umzug oder eine Entrümpelung zu stemmen, oder um auf einer Baustelle mit anzupacken. Malerarbeiten erledigen, Pflastersteine oder Böden verlegen. Da Gökhan mit seinen Beinen kaum schwere körperliche Arbeiten erledigen konnte, waren die Jobs klar verteilt: Er machte die Aufträge fix, übernahm leichtere Tätigkeiten und hatte dann für die Arbeiten seine Jungs am Start. Er organisierte, erledigte die Bürokratie, besorgte das Material, die Container und die Leute. Und zwischendrin fuhr er Baba zu seinen Behandlungsterminen. Umzüge fanden generell nur samstags statt, damit er es mit den Arztbesuchen koordinieren konnte. Jedem war klar: Wenn Gökhan nicht konnte, dann war etwas mit unseren Eltern.

Die Menschen, die uns großgezogen hatten, waren unsere Sorgenkinder geworden. Hüsna hatte eine chronisch obstruktive Lungenerkrankung (COPD) entwickelt, die ihre Atemwege blockierte. Das Atmen fiel ihr schwer, selbst das Treppensteigen oder das Tragen von Einkaufstaschen wurden zur Herausforderung. Das ständige Gefühl, keine Luft zu bekommen, löste Ängste in ihr aus, vor Atemnotattacken, dem Gefühl zu ersticken. Im Januar 2020 sollte sie neun Tage auf der Intensivstation verbringen. Seither lebt sie mit einem mobilen Sauerstoffgerät.

Gökhan hatte neben seiner Firma nun zwei pflegebedürftige Eltern, um die er sich kümmerte. Er war eigentlich immer unterwegs – in seinem verbeulten Ford Ka, den er sich für dreihundertfünfzig Euro bei eBay Kleinanzeigen gekauft hatte. Es war ein einziges Wunder, dass der Wagen überhaupt noch TÜV bekommen hatte, denn es war kaum mehr als ein fahrender Schrotthaufen. Gogo hat kein Auto mit mehr Selbstbewusstsein gefahren als dieses, das er sich von seinem ersten legal verdienten Geld besorgt hatte. Während seiner kriminellen Laufbahn hatte er einen weißen Mercedes AMG besessen. Er hatte ihn gekauft, ohne groß darüber nachzudenken, es schien einfach irgendwie dazu zu gehören, ein Klischee, das gern reproduziert wurde. Er hatte den Wagen protzig gefunden und oft an Freunde verliehen. Mit der Attitüde, mit der manche Jugendlichen es gern tun – mit hundert Stundenkilometern durch die Stadt und Gangsta-Rap voll aufgedreht – hatte er ihn nie gefahren. Trotzdem war der klapprige Ford ein offensichtliches Downgrade. Er erweckte den Eindruck, als könnte er jeden Moment den Geist aufgeben. Doch das spielte keine Rolle. Wenn Gökhan damit durch die Gegend kurvte, das Handy ständig klingelnd, immer den nächsten Kundentermin im Blick, immer am Organisieren, immer unter Dampf, dann war er zum ersten Mal in seinem Leben wirklich stolz auf das, was er tat.

Kapitel 8
Die Sanduhr

Umzüge. Baustelle. Arztbesuche mit unseren Eltern. Gogo rotierte den ganzen Tag. Und hörte trotzdem nicht auf, Pläne zu schmieden – so als wollte er jetzt im Schnelldurchlauf alles nachholen, was er in den vergangenen Jahren versäumt hatte. Kemal war längst aus der Türkei nach Deutschland zurückgekehrt und brannte nun darauf, seinen Plan in die Tat umzusetzen, in Kesselstadt einen Kiosk zu starten, der vierundzwanzig Stunden am Tag geöffnet war. Längst hatten sogenannte Spätis ihren Platz in der urbanen Kultur eingenommen. Wenn die Supermärkte dicht haben, bekommt man hier eine Auswahl an Grundnahrungsmitteln, Getränken, Tabakwaren, Süßigkeiten und Snacks. In großen Städten wie Berlin, Hamburg, Köln oder München gab es sie schon, aber in Hanau kannten wir dieses Konzept bisher nicht. Doch genau das fehlte: ein Kiosk, der rund um die Uhr für seine Kunden da war. Aus religiösen Gründen wollte Kemal keinen Alkohol verkaufen, aber auch, um Betrunkene fernzuhalten, die für Stress sorgen könnten. Es sollte ein Ort sein, an dem man sich wohlfühlt.

Direkt am Kurt-Schumacher-Platz, im Erdgeschoss eines weißen Hochhauses mit gelben Balkonen, gleich neben dem großen Parkplatz und schräg gegenüber von Lidl – da, wo immer viel los war – hatte Kemal auch schon die ideale Location aufgetan: ein Objekt, das aus zwei Bereichen bestand, die aber nicht zusammengehörten und auch an unterschiedliche Betreiber vermietet wurden. In der einen Hälfte des Ladens befand sich Arena Bar & Café, wie in blauen Buchstaben auf rotem Grund zu lesen war. Ein ziemliches Drecksloch, wenn man ehrlich ist, aber praktisch gelegen. Eine Bar, die eigentlich keine war. Fußball auf Flatscreens, in der Ecke Daddelautomaten. Dort traf sich die Nachbarschaft zum Abhängen. Für Jugendliche gab es nicht viele Orte zum Chillen in Kesselstadt. Wenn es draußen kalt war, ging man eben dort rein, hier war es nicht schön, aber wenigstens warm. Der andere Teil war noch frei und wartete darauf, mit Leben gefüllt zu werden. Beide waren über denselben Eingang zu erreichen und konnten nur voneinander profitieren. Sie hätten quasi doppelte Kundschaft. Einen perfekteren Ort gab es doch gar nicht für ihr Vorhaben! Klar, dass Kemal – geschäftstüchtig, wie wir ihn kannten – schnell Nägel mit Köpfen machte und den Mietvertrag unterzeichnete. Bald wurde eine Klebefolie in Orange und Weiß im unteren Teil der verglasten Front angebracht. *24/7 Kiosk* stand darauf, und im März 2019 machte er auf. *Wir haben 7 Tage in der Woche 24 Stunden für Sie geöffnet*, stand in großen Buchstaben auf der Scheibe, sodass niemand es übersehen konnte. Eine kleine Sensation mitten in Hanau.

Das Konzept ging auf, und der Kiosk entwickelte sich allmählich zum Treffpunkt. Egal, wann man ihn betrat, es war dauernd etwas los. Manche kamen, weil sie sich einen Kaffee für unterwegs aus dem Automaten ziehen wollten, Lust auf Cola oder Chips hatten oder die Kippen leer waren, andere, um ein paar Worte zu wechseln. Es war meist jemand da, mit dem man sich austauschen konnte. Wie das Wohnzimmer einer großen WG, in dem es immer jemanden zum Reden gab, man bis zum Morgen plaudern, füreinander da sein und Spaß haben konnte.

Genau deshalb, so glaube ich, sind diese beiden Läden zu Tatorten geworden. Weil wir uns hier zu Hause fühlten, obwohl wir in den Augen des Täters nicht willkommen waren. »Es war kein normaler Kiosk, in den ihr reingeht, Zigaretten kauft und ihn nie wieder betretet«, so hat Kemal es später bei seiner Trauerrede gesagt. »Dieser Kiosk war ein Ort der Familie. Diese Menschen kamen jeden Tag, nicht um etwas zu kaufen, sondern um ›Hallo‹ zu sagen. Um mich zu umarmen oder damit ich sie umarme.«

Und genauso haben wir alle es erlebt. Es war ein komplett anderes Ding als das Spessart Eck, in dem es ordentlich abging, aber es löste ein ähnliches Gefühl aus. In den Kiosk zu gehen, war, wie nach Hause zu kommen. Hier war alles vertraut, und man war geschützt vor den Widrigkeiten der Welt da draußen, die manchmal hart sein konnte und kalt, während wir hier vor allem Wärme und Geborgenheit spürten. Wissend, dass mein Bruder an diesem Ort sein Leben gelassen hat, ist mir bewusst, wie absurd das klingt. Aber genauso war es. Es war der Punkt, an dem man uns am härtesten treffen konnte. Denn wenn wir uns nicht einmal dort sicher fühlen konnten, wo dann?

Hinterm Tresen fand oft ein reger Wechsel statt, dauernd sprang einer für den anderen ein, wie in einem Familienbetrieb. Auch Mercedes, die zu den Opfern zählt, war Teil der Crew. Wenn die zweifache Mutter, von ihren engen Freunden gern »Benz« genannt, Schicht hatte, dann drehte sie gern die Musik laut auf, und der ganze Raum vibrierte nur so vor Lebensfreude. Said Nesar, der nebenan in der Arena Bar starb, war ein Stammkunde. Dreimal Capri-Sonne und zwei Naschtüten. Das war es, was er jedes Mal bestellte.

Sobald die Kinder davon Wind bekommen hatten, dass Gökhan Amca im Dienst war, erinnerte der Kiosk bald an einen Kindergarten, und alle klebten an den Beinen seiner Jeans. In ein paar Stunden im Kiosk investierte er gern mal einen halben Tagesverdienst in Bonbons, Kaugummi und Schokolade, die er den Kleinen schenkte. Wenn Gökhan Schicht hatte, dann war der Kiosk das reinste Kinderparadies. Er erfüllte ihnen jeden Wunsch, noch bevor sie ihn hatten aussprechen können. Er ließ den Verkaufsraum zu dem Schlaraffenland werden, das er sich selbst als kleiner Junge so oft erträumte. Fiel sein Name, dann kamen den Kindern gleich Überraschungseier und Cola-Lollis in den Sinn, und ihre Augen strahlten, wenn sie ihn sahen. Aber er fand eben auch immer einen guten Draht zu ihnen, begegnete ihnen mit ehrlichem Interesse und erzählte lustige Geschichten. Besonders Ariya, die kleine Tochter von Mexiko, damals noch im Kindergartenalter, hing extrem an ihm. »Gehen wir heute wieder zu Gökhan Amca?« Wenn Mex daraufhin mit dem Kopf nickte, sprang sie voller Vorfreude auf und ab wie ein Flummi. Sie war ganz verzaubert von diesem liebevollen Teddybären, und die Zeit mit ihm war für sie stets zu kurz. Rückte das Abendessen und damit der Abschied näher, musste Mex alle Überredungskünste aufbringen, um sie nach Hause zu lotsen. Und manchmal sagte er dann mit gespielter Eifersucht: »Ich glaube, sie liebt ihren Onkel mehr als ihren Vater.«

Da die Wohnung unserer Eltern nur drei Minuten zu Fuß vom Kiosk entfernt lag, kam es häufig vor, dass Gökhan von Kemal oder dessen Sohn Cenk angerufen wurde, um mal kurz zu übernehmen, wenn einer wegmusste, um etwas zu erledigen. Gogo stimmte gern zu. »Klar, Patron«, sagte er dann, zog sich die Sneaker an und machte sich auf den Weg. Nicht aus Pflichtgefühl oder weil er das Geld dringend brauchte, er verdiente mit seiner Firma mittlerweile gut. Er genoss es einfach, dort zu sein, es fühlte sich mehr nach Spaß mit Freunden an als nach Arbeit.

Aber er hatte auch zu vielen Jugendlichen, die mit ihren Familien in den Hochhäusern der Gegend aufwuchsen, einen engen Kontakt aufgebaut. Manche hatten Geldsorgen, Stress mit dem Freund oder der Freundin, manche erlebten häusliche Gewalt. Einer war drauf und dran, in die Spielsucht abzurutschen. Da Gogo selbst Krasses erlebt und seine wilden Zeiten hinter sich hatte, nahmen sie seinen Rat ernst, denn er sprach nicht ermahnend oder belehrend mit ihnen, sondern erzählte aus eigener Erfahrung. Das war viel besser greifbar, als wenn ihnen jemand Vorhaltungen machte. Und so fand man ihn oft im Gespräch mit einem der Hochhaus-Kids. Sie saßen dann ganz vertieft an einem der Stahlrohrtische und ließen sich nur unterbrechen, wenn es Kundschaft gab.

Viele von ihnen kamen auf dem Weg vom oder zum Evangelischen Jugendzentrum k-town in der Helmholtzstraße am Kiosk vorbei. Manche sagen, das JUZ sei das Herz von Kesselstadt, in dem verschiedenste Kulturen zusammenkommen. Ein geschützter Raum zwischen Tischtennisplatte, PC-Arbeitsplätzen, Billard und einem Boxraum im Keller. In der Küche wird oft gemeinsam gekocht. Wenn draußen alle nerven, es Probleme in der Schule gibt oder Stress mit den Eltern – hier ist die Welt irgendwie in Ordnung. Die Sozialarbeiter sind Familie, die Jugendlichen können sich öffnen, begegnen ihnen mit Vertrauen, weil sie das Team zu ihrem persönlichen Umfeld zählen.

Viele der Opfer des 19. Februar 2020 verbrachten dort regelmäßig ihre Zeit, manche kamen täglich, einige kannten die Sozialarbeiter bereits, seit sie mit acht oder neun Jahren das erste Mal da gewesen waren. Bis zum Elternhaus des Rassisten, der sie an diesem traurigsten Tag mit einer Handfeuerwaffe hinrichtete, läuft man weniger als eine Minute.

Ein kleines Glück

Fühlt ein Mensch, wenn seine Zeit abgelaufen ist? Wenn die letzten Minuten seines Lebens wie Körner einer Sanduhr ganz allmählich von einem Glaskolben in den anderen rieseln, bis alle unten gelandet sind und keiner mehr übrig bleibt? Manchmal, wenn ich an die Tage vor Gökhans Tod zurückdenke, dann kommt es mir vor, als hätte er auf eine Weise gespürt, dass er nicht alt werden würde. Er war nicht in Angst. Im Gegenteil. Er strahlte eine ganz besondere Ruhe und Gelassenheit aus. Denn er lebte in dem festen Glauben, dass sein Schicksal vorbestimmt war. Dass es nichts gab, was er hätte tun können, um aufzuhalten, was nicht aufzuhalten war. Dass es ihn schon so bald treffen könnte, das hätte er sich sicher niemals vorstellen können, aber es war ihm bewusst, dass sein Dasein auf der Erde endlich war – und er es bestmöglich nutzen wollte.

Sein großer Wunsch, einmal zu heiraten, war präsenter denn je. Jetzt, mit siebenunddreißig Jahren, wollte er nichts mehr, als eine eigene Familie zu gründen. Nicht lange bevor er starb, sagte er zu seinem Freund Mex: »Ich verdiene vielleicht mehr Geld als du, aber in Wahrheit bist du der Reiche von uns. Du kannst so unendlich glücklich sein, dass du Familie und vier Kinder hast, das ist wahrer Reichtum. Was würde ich darum geben, selbst eine Familie zu haben!«

Es hatte gedauert, bis er bereit für einen echten Neuanfang mit Ela war und beide die Baustellen in ihrem Leben so weit aufgeräumt hatten, dass sie sich wirklich auf einen anderen Menschen einlassen konnten. Der Kontakt war nie abgerissen, Gökhan unterstützte sie und ihre Kinder auch finanziell, wann immer er etwas übrig hatte, aber erst wenige Monate vor seinem Tod wurden sie wieder ein Paar. Über zehn Jahre dauerte die Verbindung zwischen ihnen nun schon an, es hatte viele Höhen und Tiefen gegeben, aber sie hingen aneinander. Während all dieser Jahre hatten sie sich umeinander gesorgt, waren füreinander da gewesen, wenn der andere eine Schulter zum Anlehnen oder praktische Unterstützung brauchte. Aber jetzt erst waren sie an den Punkt gekommen, dass sie das, was sie empfanden, auch vor anderen als Liebe definierten. Nach dem Drama mit der Verlobung hätte Manuela sich kaum vorstellen können, dass es dazu kommen würde. Doch jetzt gab es nichts und niemanden mehr, der zwischen ihnen stand. Endlich wollten sie offiziell heiraten, vor den Augen aller Freunde und der Familie. Sie wollten aller Welt beweisen, dass es kein flüchtiges Gefühl zwischen ihnen war, das schon der kleinste Windstoß wie die Schirme einer Pusteblume davontragen konnte, sondern eine Verbindung, die trotz all der Schwierigkeiten stärker und stabiler geworden war.

Erst nach seinem gewaltsamen Tod erfuhr ich, wie die Zukunft aussah, die sie sich ausgemalt hatten. Wir saßen bei uns zu Hause auf dem Sofa und tranken schwarzen Kaffee. Ela und ich. Zwei, die durch den Menschen verbunden waren, der nun nicht mehr da war. Seine Abwesenheit füllte den ganzen Raum, eine Leere, die man fast anfassen konnte. Wir genossen es, ihn in unseren Gesprächen wieder lebendig werden zu lassen, ihn, der uns so unendlich fehlte, jedem von uns auf seine Weise. Sie versuchte offenbar, mir etwas zu sagen, setzte mehrfach an, brach ihren Satz wieder ab. Dann begann sie zu sprechen, richtete den Blick dabei auf den Teppich. Sie sah mich nicht an, wollte ganz in ihrer Geschichte bleiben, in diesem besonderen Moment.

Es war der 17. Februar 2020 gewesen. Zwei Tage, bevor sein Leben enden sollte. Unaufhörlich rieselten die Körner durch die Sanduhr, nichts konnte sie aufhalten. Gökhan saß am Steuer seines zerbeulten

Fords und blickte versonnen auf den dichten Verkehr vor ihm, Ela neben ihm auf dem Beifahrersitz. Es ging kaum voran, immer wieder mussten sie stehen bleiben. Ganz unvermittelt drehte er den Kopf zu ihr und fragte mit ernstem Ausdruck: »Ela, was machst du ohne mich, wenn ich eines Tages nicht mehr da bin? Wirst du an mich denken, wenn mir etwas passiert?« Die Frage, ob sie ihn womöglich vergessen könnte, schien ihn zu quälen. Er wollte sich vergewissern, wie groß ihre Zuneigung zu ihm war, welche Bedeutung er für sie hatte. Das Thema kam für Ela völlig überraschend, und sie antwortete etwas perplex: »Natürlich würde ich das, hör auf so zu reden.«

Niemand möchte daran erinnert werden, dass der Partner vor ihm gehen könnte. Aber es gab auch keinen konkreten Grund, darüber nachzudenken. Gökhan war kerngesund und gerade dabei, alle Weichen zu stellen, um ein zufriedenes und erfülltes Leben zu führen. Warum über so dunkle Themen nachdenken?

Viel lieber wollte Manuela Pläne für die Hochzeitsfeier schmieden. Wo würde sie stattfinden? Welches Kleid würde sie tragen? Was würde es zum Essen geben?

Sie freute sich unendlich darauf, besonders, weil sie ihn am Abend mit einer Nachricht überraschen wollte, die ihn überwältigen würde. Daran bestand nicht der leiseste Zweifel. Am liebsten wäre sie direkt damit herausgeplatzt, aber hier im Auto? Nein, das war nicht der richtige Moment. Nur noch ein wenig wollte sie es herauszögern, biss sich auf die Unterlippe, damit ihr bloß kein Wort herausrutschte, und sprach weiter über die Hochzeit. Nicht mehr lange, und alle seine düsteren Gedanken würden von einer Neuigkeit überschrieben werden, von der er wohl nicht mal zu träumen wagte. Ein kleines bisschen wollte sie es noch auskosten und sich auf seine Reaktion freuen, den Augenblick herbeisehnen, in dem seine Gesichtszüge von Fassungslosigkeit in das seligste Lächeln wechseln würden.

Als die beiden am Abend endlich gemeinsam in ihrer Küche saßen, hielt sie es nicht länger aus. Drei Wochen war es erst her, dass ihr Schwangerschaftstest zwei Striche angezeigt hatte. Ihr Sohn aus erster

Ehe war bereits erwachsen und kürzlich von zu Hause ausgezogen, die beiden Mädchen im Teenageralter, der letzte Test lag lange zurück. Konnte das wirklich sein? Sie hatte das Ergebnis mit der Abbildung auf der Packungsbeilage verglichen. Sie wusste von Gökhans drängendem Kinderwunsch, aber auch, dass eine spontane Schwangerschaft bei einer Frau von fünfundvierzig Jahren sehr selten ist. Ganz offen und ehrlich hatten sie darüber geredet und waren sich beide im Klaren darüber, dass es unwahrscheinlich war, auf natürlichem Wege ein Kind zu bekommen. Konnte es wirklich stimmen? Sie hatte den Test wiederholt. Einmal. Noch einmal. Und es bestätigte sich: Manuela war schwanger mit Gökhans Baby. Vielleicht, weil sie es selbst nicht fassen konnte, hatte sie ihm noch nicht davon erzählt. Aus Angst vor der Enttäuschung, die es für ihn bedeuten würde, wenn sie den Embryo in diesem fragilen Stadium der Schwangerschaft verlor. Doch der Test blieb positiv, der erste Ultraschalltermin beim Gynäkologen stand bereits im Kalender. Und auch wenn sie es erst einmal vor der Welt verheimlichen wollte, so musste doch der Mann davon erfahren, ohne den es dieses Wunder gar nicht gäbe. »Wir bekommen ein Kind«, hatte sie schließlich ohne Umschweife zu ihm gesagt. Keinen Augenblick länger hätte sie es für sich behalten können.

»Çetin, glaub mir, ich habe nie einen glücklicheren Menschen gesehen«, sagte Ela nun zu mir, und Tränen liefen ihr über die Wangen, Tränen, in denen sich Freude und Trauer mischten. Sie erzählte, wie auf die Sekunden der Sprachlosigkeit lange Umarmungen folgten und ein Strahlen, das bis zu Gökhans letztem Atemzug nicht mehr aus seinem Gesicht weichen sollte – buchstäblich.

Bei Gökhan setzte sofort der große Aktionismus ein. Brauchten sie ein Beistellbett? Wo könnte die Wiege stehen? Wäre im Hausflur überhaupt Platz für einen Kinderwagen? Manuela war gerade innerhalb Wiesbadens umgezogen, mit dem Auspacken der Kartons und dem Einrichten der neuen Wohnung beschäftigt. Obwohl Gökhan nach wie vor bei Hüsna und Behçet wohnte, begann er direkt mit den Vorbereitungen, um alles für den kleinen Menschen herzurichten, der in einigen Monaten hier sein Leben beginnen würde. Er war so beschwingt und fröhlich, selbst das Öffnen der Kartons und das Anbringen des Badezimmerspiegels schienen auf einmal Spaß zu machen. Es muss ihm schwergefallen sein, diese freudige Nachricht für sich zu behalten, schien er doch fast zu platzen vor Glück. Aber er sprach mit niemandem darüber.

Noch am 19. Februar brachte er morgens ein Modul einer gebrauchten Couch zu Ela, die andere Hälfte hatte nicht mehr in den Transporter gepasst. Gleich am nächsten Tag wollte er erneut zu ihr fahren. Mit ihrem Sohn hatte er sich fest verabredet, um das schwere Teil in ihre Wohnung zu tragen. »Darf ich dich noch einmal umarmen?«, fragte er und schlang beim Abschied die Arme um sie. Hätten die beiden geahnt, dass es die letzte Berührung sein würde, sie hätten einander nie wieder losgelassen. Vergeblich würde Elas Sohn am nächsten Morgen auf Gökhan warten, sich nach zahllosen Anrufen und Mailbox-Nachrichten unverrichteter Dinge auf den Heimweg machen. Ela würde sich über Gökhan aufregen – wie konnte er so unzuverlässig sein, vor allem nach der Nachricht, die sie ihm überbracht hatte? Dass er zu diesem Zeitpunkt längst nicht mehr atmete – wie hätte sie es wissen können?

Die Zeit verrinnt

Die letzten Wochen waren anstrengend für mich gewesen. Ich lebte inzwischen seit drei Jahren allein in Köln, hatte haufenweise Aufträge und sehnte mich nach einer kleinen Auszeit, um ein paar Tage bei der Familie in Hanau Kraft zu tanken. Normalerweise kam ich nur an den Wochenenden her, doch jetzt hatte ich endlich mal etwas mehr Zeit. Denn der Kölner Karneval stand bevor, der die Stadt jedes Jahr in Feierlaune versetzt und alles andere für eine Woche zum Erliegen bringt. Absoluter Ausnahmezustand. Auch wer keine Lust auf Jeckenkostüme, Partysound und vollgekotzte Hausecken hat, ist gezwungen, eine Pause einzulegen. Ich war froh, zur Ruhe zu kommen und mal wieder Zeit mit meiner Frau verbringen zu können, die weiterhin in unserer alten Wohnung im Stadtteil Lamboy lebte.

Nachdem es in unserer Ehe schon länger kriselte, wir uns öfter getrennt hatten und erneut zusammengekommen waren, sah es nun so aus, als würden wir doch wieder zueinander finden. Dass ich unter der Woche in Köln mein Ding machen konnte, während sie in Hanau geblieben war, hatte uns gutgetan. Die Distanz schien uns wieder zusammenzuführen. Als ich am 18. Februar in Hanau ankam, war die Stimmung zwischen uns harmonisch. Wir bemühten uns, den anderen mit liebevollem Blick zu betrachten, und es war etwas von der Wärme da, die es früher einmal zwischen uns gegeben hatte.

Trotzdem war ich seltsam angespannt. Seit Tagen bedrückte mich ein ungutes Gefühl, ohne dass ich hätte sagen können, wodurch es ausgelöst wurde. Es gab keinen Konflikt, den ich klären wollte, keine unangenehme Aussprache, die mir bevorstand, keinen Fehler, der mir im Job unterlaufen war und den ich nun geraderücken musste. Dennoch war da dieses Unbehagen in mir, das ich kaum auszublenden vermochte – obwohl alles so entspannt hätte sein können.

Am Abend saßen wir sogar endlich einmal alle zusammen am Familientisch und aßen miteinander. Meine damalige Frau, meine Eltern, Mert, Gökhan und ich. Erst jetzt, als ich den Arbeitsstress der vergangenen Wochen loslassen konnte und wir gebratenes Fleisch, Reis, Gemüse und Salat auf unsere Teller häuften, was den ganzen Raum mit köstlichem Duft erfüllte, merkte ich, wie erschöpft ich war. Ich konnte kaum die Augen offen halten.

Doch dann überraschte uns Behçet mit einer Nachricht, die mich noch einmal wachrüttelte. Nach über zwei Jahren, die er nun schon gegen den Krebs kämpfte, hatten sich seine Werte endlich stabilisiert. Es war das erste Mal, dass er gute Neuigkeiten vom Arzt mitbrachte. Keine neuen Metastasen. Im Gegenteil: Der Krebs schien sich ganz allmählich zurückzubilden. Nach den ursprünglichen Prognosen der Ärzte hätte er gar nicht mehr am Leben sein sollen – und nun konnten wir sogar hoffen, dass er die Krankheit besiegen würde. Ich freute mich so sehr für ihn. Und für uns alle. Jeder am Tisch stand auf und umarmte ihn. Würde für unsere Familie jetzt endlich eine leichtere Episode beginnen, sollte das Glück mal auf unserer Seite sein? Nun konnte ich mit dieser wunderbaren Nachricht schlafen gehen. Hoffentlich würde sie das schlechte Gefühl in mir endgültig vertreiben. Für den nächsten Tag nahm ich mir vor, mal gar nichts zu tun, außer es mir zu Hause gemütlich zu machen. Wann hatte ich mir das zuletzt gegönnt? Ich erinnerte mich kaum. Bestimmt brauchte ich einfach eine Nacht mit ausreichend Schlaf, und morgen würde die Welt schon wieder ganz anders aussehen.

Ja, die Welt würde anders aussehen – und nie wieder dieselbe sein. Es war ein kalter Mittwochmorgen, und der Tag, der niemals enden sollte, begann. Noch wusste ich nicht, dass es der letzte sein würde, an dem ich aufstehen und so banale Dinge wie meine anstehende Medizinisch-Psychologische Untersuchung, auch MPU genannt, als wichtiges Thema betrachten konnte. Eine SMS meines Bruders kündigte sich durch einen kurzen Signalton an. Wir waren permanent im Kontakt, telefonierten, schrieben uns kurze SMS oder schickten Sprachnachrichten. Wollten dem anderen signalisieren, dass wir an ihn dachten. Dieses Mal jedoch ging es um meinen Führerschein, den ich hatte abgeben müssen und um den ich mich wieder bemühen musste. Ich brauchte ihn für meinen Job. Gogo hatte einen Umzug für einen Kunden gemacht, der zufällig bei der Führerscheinstelle arbeitete und mich über den Prozess informieren wollte. Ich sollte mich bei ihm melden. Noch ziemlich verschlafen versprach ich, mit ihm Kontakt aufzunehmen.

Nur nicht heute. Ich wollte einfach nur meine Ruhe haben und verbrachte den Tag damit, ein paar Dinge in der Wohnung zu reparieren. Für alles andere fehlte mir der Antrieb. Abends aß ich mit meiner Frau, machte es mir danach auf der Couch gemütlich und öffnete YouTube auf dem Fernseher, um mir Roadtrip-Videos anzusehen, beschleunigte Aufnahmen aus der Perspektive von Truckern, die oft mehrere Stunden dauern. Am liebsten mochte ich die amerikanischen Strecken, und dieses Mal hatte ich mir eine Fahrt von Kalifornien nach New York ausgesucht. Es entspannte mich und half mir beim Nachdenken, die Landschaft an mir vorbeiziehen zu lassen. Manchmal nutzte ich es als Einschlafhilfe, und auch dieses Mal fielen mir kurz die Augen zu – bis das Klingeln meines Handys mich unsanft weckte. Gökhan war dran, und ein Blick auf meine Armbanduhr verriet: Es war gegen 21 Uhr. Er gab mir einen kurzen Abriss von seinem Tag, so wie er es immer tat. Beten in der Moschee. Baustellen-Begehung. Kaffee mit Freunden.

Dann hatte er mit Baba die 18-Uhr-Nachrichten im türkischen TV ansehen wollen, doch Cenk, der Dienst im Kiosk schob, hatte angerufen: »Gogo, ich bin auf einem Geburtstag eingeladen. Bitte, bitte, Abi, kannst du übernehmen?« Klar, dass Gökhan sich seine schwarze Steppjacke überzog und sich in Bewegung setzte, lange würde er ja nicht weg sein, zwei oder drei Stunden vielleicht. Maximum. Jetzt war er gerade dabei, mit Freunden Nudeln zu bestellen, die sie im Kiosk essen wollten. Und rief an, um zu fragen, ob meine Frau und ich Hunger hätten und er uns nach seiner Schicht etwas vorbeibringen könne. Ich bedankte mich und verneinte, da wir bereits gegessen hatten. »Wir sehen uns dann morgen in aller Ruhe«, sagte ich und legte auf, sicher, dass er mir später schreiben und mir eine gute Nacht wünschen würde. So wie jeden Abend.

Er hatte so fröhlich und ausgelassen geklungen. Am liebsten hätte er alle um sich gehabt, mit denen er eng war, und in großer Runde gemeinsam gegessen. Auch Mert hatte er einige Male angerufen, um ihn zu überreden, vorbeizukommen. In der Arena Bar wurde das Achtelfinale der Champions League gezeigt. Neben Atalanta Bergamo gegen FC Valencia gab es noch ein Spiel mit deutscher Beteiligung: Tottenham Hotspur und RB Leipzig trafen in London aufeinander, der türkische Top-Schiedsrichter Cüneyt Çakır pfiff das Spiel. Um 21 Uhr sollte es losgehen. Viele der Jungs aus dem JUZ würden da sein, denn wenn Fußball gezeigt wurde, war die Stimmung meist besonders cool. Normalerweise hätte Mert sich das nie entgehen lassen, fast jeden Abend fand man ihn in der Arena Bar, meist ging er direkt dorthin, wenn er von der Arbeit nach Hause kam, geduscht und gegessen hatte. Er musste sich gar nicht groß verabreden, denn irgendein bekanntes Gesicht war sowieso da. Doch als er gerade zu Hause angekommen war, pfiff der Bruder seines Chefs ihn zurück, er bräuchte ihn doch noch mal, um zwei Schränke zu transportieren. Was für ein Nerv! Als er endgültig Feierabend hatte, ein zweites Mal zur Wohnungstür hereinkam, sich die Schuhe auszog und sich auf die Couch fallen ließ, da ging gar nichts mehr. »Amca, ich musste Überstunden machen und bin total platt, ich lege mich früh hin«, hatte er am Telefon zu Gogo gesagt.

Auch Mex hatte an diesem Abend noch bei ihm im Kiosk vorbeigeschaut. Mein Bruder hatte seiner kleinen Prinzessin Ariya ein Klavier versprochen, das er morgen vorbeibringen wollte, sobald er das Sofa-Teil bei Ela abgeliefert hätte. Sie sprachen kurz über das Timing und wer noch mit anpacken könnte, dann schnappte sich Gogo ein durchsichtiges Plastiktütchen und eine der bereitliegenden Greifzangen und widmete sich den Dingen, die jetzt erste Priorität hatten. Summend ließ er Zauberschnuller, saure Schlangen und Salmiakkugeln hineinplumpsen. Kein Kioskbesuch ohne ein Präsent für die Kleine, das war Ehrensache!

Sie lachten

Man könnte den Verstand verlieren, wenn man sich vor Augen führt, dass es die letzten Stunden waren, in denen Gökhan lebte. Mit welchen Banalitäten habe ich sie vergeudet, welche Worte habe ich nicht gesagt? Wie konnte ich ein Essen mit ihm absagen? Ein paar Minuten gemeinsam verbrachte Zeit, dafür würde ich heute mein Leben geben. Doch ich weiß, dass es in diesen Momenten keine Angst gab, nur Freude. Wie Gökhan diesen verhängnisvollen Abend erlebte, weiß ich aus den Erzählungen von Kim. Sie war zusammen mit ihm im Kiosk und hat den Anschlag überlebt. Lange nachdem sich der Schock der ersten Monate allmählich gesetzt hatte, brachte sie die Kraft auf, ihre Erinnerungen mit mir zu teilen. Dafür werde ich ihr immer dankbar sein, denn ich weiß, wie glücklich er war.

Kim sah man häufig im 24/7, eine enge Freundin von Mercedes, beide lebten in den benachbarten Hochhäusern. Zum Tatzeitpunkt war Kim im vierten Monat schwanger. Mercedes stand sofort bereit, als sie davon erfuhr, um Wasserkisten für ihre Freundin die Treppen hochzutragen und für sie einkaufen zu gehen, wenn sie sich nicht gut fühlte. Wie eine Schwester. Kim ist dafür bekannt, dass sie gern kocht, am liebsten höllisch scharf. Ihre Pasta, fast eine Legende! Und manchmal balancierte sie eine große Pfanne aromatisch duftenden Inhalts auf einem Stapel Tellern in den Kiosk. Jeder durfte sich dann etwas nehmen, und es dauerte meist nur ein paar Minuten, bis alles weg war. Eigentlich hatten die beiden Freundinnen vor, auch am Abend des 19. Februar zusammen zu kochen, wollten aber erst mal schauen, was im Kiosk abging – und blieben schließlich dort hängen, wie so oft. Dieser Ort hatte es einfach an sich, dass man jedes Mal länger blieb als geplant.

Gogo und Mercedes fingen gleich an, sich in gewohnter Manier zu piesacken. Es war wie bei der *Muppet Show*, Kim konnte nicht aufhören zu lachen. Das war besser als Fernsehen!

Im Spaß regte sich Mercedes auf, dass Gökhan die Regale nicht mit Schokoriegeln, Haribo-Tüten und Zigaretten aufgefüllt hatte, stattdessen wieder seiner Lieblingsbeschäftigung nachging und tiefgründige Gespräche mit der Kundschaft führte.

»Typisch, wieder nur am Labern! Meinst du, die Kartons packen sich von alleine aus?«

»Hast du das denn gar nicht mitbekommen, dass hier gestern ein Sturm getobt hat?«, sagte Gökhan in gespieltem Ernst.

Mercedes: »Was juckt mich dein Sturm?«

Gökhan: »Schwester, ich musste die ganze Nacht die Scheibe festhalten, damit die mir nicht um die Ohren fliegt. Ich schwöre es dir, ich konnte mich gar nicht um was anderes kümmern.«

So ging es hin und her, die beiden schaukelten sich gegenseitig hoch, konnten gar nicht mehr aufhören. Als Mercedes und Kim irgendwann loswollten, empörte sich Gogo theatralisch: »Du kannst doch eine Schwangere nicht kochen lassen, bist du nicht ganz dicht? Das geht gar nicht. Komm, wir bestellen etwas!«

Kims Schwangerschaft war ein großes Thema in diesen Stunden, und besonders Gogo wollte alles Mögliche darüber wissen. Es war fast auffällig, wie interessiert er auf einmal daran war. Sprach die Form ihres bereits leicht gewölbten Bauches nun für ein Mädchen oder einen Jungen? Und was verriet es über das Geschlecht des Babys, dass Kims Nase etwas breiter geworden zu sein schien? In der Runde waren sich alle einig: Sie wird ohne Zweifel einen Jungen zur Welt bringen! Mercedes und Gogo erlaubten ihr nicht, nur einen Moment lang zu stehen, und boten ihr den gepolsterten Chefsessel aus schwarzem Leder an. Aus der Arena Bar kam Ferhat dazu. Er wohnte gleich um die Ecke, hatte gerade seine Ausbildung zum Heizungsinstallateur beendet und freute sich darauf, nach dem ganzen Prüfungsstress hier mit Freunden zu chillen und gleich nebenan die zweite Halbzeit des Fußballspiels anzusehen. Sie orderten Pizza und Nudeln, Gogo übernahm die Runde, er war in Feierlaune.

Dann kam das Gespräch auf seine Firma und darauf, wie man sein Geschäft noch weiter nach vorn bringen könne.

»Kim, du heißt doch Schröder mit Nachnamen. Es wäre voll cool, wenn du meine Assistentin sein könntest und immer damit unterschreibst. Du musst mit einsteigen, bitte, der Name ist gut fürs Geschäft!«, amüsierte sich Gökhan. »Die Schröder, die macht das schon!«

Schneider. Müller. Schröder. Deutscher konnte ein Nachname gar nicht sein. Er klang nach ordentlich gestutzten Buchsbaumhecken und pünktlich eingereichten Steuererklärungen. Auch Kim hatte schon die Erfahrung gemacht, dass Dinge plötzlich leichter gingen, wenn klar war: Aha, die ist vielleicht gar keine Migrantin, für die sie mit ihren langen schwarzen Haaren so oft gehalten wird. So traurig und entlarvend es ist, aber der Nachname öffnete ihr immer wieder Türen, die ihren Freunden und Freundinnen verschlossen blieben. Bloß, weil sie amerikanisch-deutsche Wurzeln hat, keine türkischen, afghanischen oder iranischen – oder eine polnische Romni mit deutscher Staatsangehörigkeit ist, wie Mercedes es war.

Doch um die bittere Realität hinter ihren Späßen ging es jetzt nicht. Sie waren gut drauf, albern und ausgelassen, in den Momenten, die für die meisten von ihnen die letzten sein würden. Auch wenn sie doch im Grunde über nichts anderes als über Rassismus sprachen, nahm niemand den Begriff in den Mund, nichts ahnend, dass sie bald seine hässliche Fratze vor sich sehen würden.

Kim schnappte sich ein Klemmbrett und tat so, als notiere sie etwas Wichtiges. Sekretariat Schröder war am Start. Sie nahm sich eine von Gogos Visitenkarten vom Tisch, hielt sie ein Stückchen von ihrem Gesicht weg und betrachtete kritisch die Illustration darauf: »Ich glaube, es würde noch viel besser laufen, wenn du mal dieses komische Bild auf deiner Karte änderst. Der Typ sieht ja aus wie ein Uropa mit Buckel und Rollator, wie soll der denn einen Umzug hinkriegen?« Ferhat, Gökhan und Mercedes konnten sich kaum noch beruhigen, hielten sich die Bäuche. Sie hatten Spaß daran, sich gegenseitig zu sticheln, wussten sie doch alle, wie es gemeint war und dass keiner dem anderen je böse war.

Dann kam das Essen. Wie konnte jemand ernsthaft Rigatoni mit Tabasco mögen – wie Mercedes? Aber die Spaghetti mit Shrimps und die Thunfisch-Pizza sahen ganz okay aus. Kim hatte eigentlich einen riesigen Appetit gehabt, aber als Schwangere nimmt man alles intensiver wahr, und als ihr der Duft von Zwiebeln und fischigem Zeug in die Nase stieg, wurde ihr flau im Magen. Sie stand auf und stellte sich in den Eingang zwischen Bar und Kiosk im Flur, holte tief Luft. Um ganz nach draußen zu gehen, war es heute zu kalt und ungemütlich. Sie ging in die Hocke, atmete tief ein und aus. Langsam fühlte sie sich ein wenig besser, die Übelkeit legte sich.

Plötzlich krachten draußen Schüsse. In kurzer Folge hintereinander. Laut, scharf, abrupt. Genauso hatte es auf der Hochzeit in der Türkei geklungen, zu der sie eine Freundin begleitet hatte und auf der als Teil des Festakts in die Luft geschossen wurde, irgendwo auf dem Dorf, wo die Polizei es nicht mitbekam. Sie wusste: Diese Schüsse waren echt! Panik erfasste sie. Voller Angst rannte Kim zurück in den Kiosk: »Hey, Leute, habt ihr das gehört? Da wird geschossen!«

»Das sind nur die Hormone, das bildest du dir ein«, scherzten die anderen.

»Ich habe die übrig gebliebenen Silvester-Böller an ein paar Jugendliche verschenkt«, sagte Mercedes zwischen zwei Gabeln Rigatoni. »Die jagen sie sicher in die Luft!« Alle blieben sorglos sitzen, aßen weiter und machten ihre Späße.

Das Rassistenschwein war schon auf dem Weg zu ihnen, er wird sie durch die Glasscheibe beobachtet haben. Irgendjemand auf dieser Welt musste schuld sein an seinem hasserfüllten, erbärmlichen Leben. Und hier saßen sie, die er für Fremde hielt – und lachten.

Kapitel 9
Der längste Tag

Wenn mir früher Menschen davon erzählten, sie hätten eine Vorahnung gehabt, dass etwas Schlimmes passieren würde, dann hielt ich sie oft für esoterische Spinner. Doch es war da, dieses unheilvolle Gefühl. Während Gökhan mit seinen Leuten im Kiosk Pizza aß, versuchte ich, mich vor dem Fernseher von meinem Unbehagen abzulenken. So als könnte ich ihm auf den endlosen Highways, deren Spur meine Augen verfolgten, entkommen. Doch die Roadtrips hatten nicht den gewohnten Effekt. Nicht heute. Meine Gedanken schweiften ab, eine nervöse Unruhe breitete sich in mir aus und wühlte mich auf, obwohl ich so unendlich müde war.

Als mein Telefon erneut klingelte, fuhr ich erschrocken zusammen. Ahmet Aslans »Üryan Geldim« hatte ich mir irgendwann als Klingelton aufs Handy geladen, das Lied gehört zum Soundtrack des türkischen Serienfilms *Eşkıya Dünyaya Hükümdar Olmaz.* Darin wird der Todesengel besungen, der deine Seele holen will. Bevor ich wusste, was wahre Angst ist, war das Stück ein angenehmer Thrill. Dissonanzen, dramatische Streicher, düsterer Gesang. In diesem Moment fuhr er mir richtig rein. »Du wurdest nackt geboren und wirst nackt sterben«, heißt es darin. Bedrohlich steigen die Töne an, man spürt förmlich, wie die Gefahr näherkommt.

Etwa anderthalb Stunden waren seit meinem Gespräch mit Gökhan vergangen. *Mert Mobil,* stand auf dem Display. Es war nicht ungewöhnlich, dass er sich abends noch mal meldete. Aber irgendetwas sagte mir, dass etwas nicht stimmte, und ich machte mich innerlich bereit, eine schlechte Nachricht zu empfangen. Ich atmete tief ein, als ich auf das grüne Symbol auf meinem Handy drückte, um den Anruf entgegenzunehmen. Mert klang rau und atemlos, als wäre er gerade einige Kilometer gerannt. Nie zuvor in meinem Leben und nie danach habe ich ihn so sprechen hören. Ich erkannte ihn kaum als meinen Sohn.

»Baba, du musst sofort zum Kurt-Schumacher-Platz kommen, Onkel wurde erschossen, komm, bitte, schnell.«

Danach legte er einfach auf. Hatte er wirklich das Wort »erschossen« gesagt? In der Aufregung musste er sich vertan haben, offenbar stand er unter Schock. Ich hatte nicht die leiseste Ahnung, was vorgefallen sein könnte, es wollte kein stimmiges Bild in meinem Kopf entstehen. Was aber für mich ohne jeglichen Zweifel feststand: Gökhan konnte nicht gestorben sein. Er hatte sicher wieder einmal Pech gehabt und war zur falschen Zeit am falschen Ort gewesen, aber er lebte. Natürlich lebte er! Wie ein Mantra sagte ich im Stillen zu mir selbst: Er ist stärker als der Tod, er wird durchkommen! Dass er tatsächlich tot sein könnte, lag außerhalb meiner Vorstellungskraft. Es war kein Gedanke, den ich mir zu denken erlaubte.

Trotzdem spürte ich die Angst in mir aufsteigen, als ich ins Dunkel hinauslief. Sie legte sich wie eine kalte Hand um meinen Hals und schnürte mir die Kehle zu. Meine Hände zitterten, und ich brauchte mehrere Anläufe, um den Kontakt des Taxi-Unternehmens anzuwählen. Immer wieder rutschten meine nervösen, schwitzigen Finger in die falsche Zeile. Es gelang mir nicht, einen klaren Gedanken zu fassen. Eine Welle der Übelkeit erfasste mich, und mein Herz pochte so wild und unkontrolliert, dass ich fürchtete, es könnte einfach aufhören zu schlagen. Fragen schossen mir durch den Kopf. Wer sollte Gökhan etwas antun wollen? Und warum? Hatte jemand den Kiosk überfallen? War er doch wieder ins kriminelle Milieu abgerutscht?

»Bitte, schnell zum Kurt-Schumacher-Platz, mein Bruder wurde angeschossen!« Der Taxi-Fahrer gab sofort Gas. Ohne weitere Fragen zu stellen, bahnte er sich so schnell es ging den Weg durch den dichten Verkehr Richtung Kesselstadt. Doch es kam mir vor, als kämen wir nur in Zeitlupe voran. Jede rote Ampelphase ewig lang. Jedes Stocken eine Unerträglichkeit. Es sei wohl etwas Größeres passiert, sagte der Fahrer, viele Straßen wären abgesperrt, er wisse aber auch nicht, was Sache ist. Während der schier unendlichen Fahrt wurde mein Handy bombardiert, zahlreiche Anrufe in Abwesenheit, es klingelte permanent, mein Telefon spielte mir unaufhörlich das Lied vom Tod. Doch ich war wie paralysiert, gar nicht in der Lage, ranzugehen und mit jemandem zu sprechen.

Stattdessen versuchte ich verzweifelt, zu Gökhan durchzukommen. Doch er reagierte nicht, er, der sonst immer sofort ranging oder blitzschnell zurückrief, wenn es gerade nicht passte. Auf WhatsApp konnte ich sehen, dass er schon seit 21:20 Uhr nicht mehr online gewesen war. Wie würde ich meinen Bruder vor Ort antreffen? War er noch bei Bewusstsein? Mit jedem fehlgeschlagenen Versuch, ihn zu erreichen und von der quälenden Ungewissheit erlöst zu werden, wuchs meine Panik. Wie schwer würden seine Verletzungen dieses Mal sein?

An der Karlsbader Straße kein Durchkommen, drei Polizeibusse versperrten den Weg. Beamte sicherten alles ab. Ich stieg aus und sagte zu ihnen: »Mein Bruder wurde verletzt, ich muss hier durch, bitte, lassen Sie mich durch!« Meine Stimme bebte. Niemand hätte mich aufhalten können, ich wäre einfach weitergelaufen, auch wenn sie versucht hätten, mich zu stoppen, war bereit, um mein Leben zu rennen. Doch sie nickten und winkten mich durch. Knapp zweihundert Meter waren es noch bis zum Kurt-Schumacher-Platz. Meine Schritte wurden schneller, dann rannte ich. Kam dem Meer aus nervös flackernden und rotierenden Lichtern der Einsatzfahrzeuge immer näher. Ein Szenario, das ich schon oft in Thrillern oder Krimis gesehen hatte, aber das hier war echt. Und Gökhan mittendrin.

Überall Sirenen. Das durchdringende, schrille Geräusch mischte sich mit dem Ton meines dauerklingelnden Handys und schwoll in meinem Kopf zu ohrenbetäubender Lautstärke an. Es war wie eine Invasion, ein kriegsähnlicher Zustand. So hatte ich meine Stadt noch nie erlebt. Hanau ist angegriffen worden! Das war es, was mir durch den Kopf ging. Doch obwohl ich nicht das Geringste darüber wusste, was passiert war, fürchtete ich nicht um mein eigenes Leben. Es war mir scheißegal, ob ich mich selbst in Gefahr begab. Ich wollte einfach nur zu meinem Bruder.

Der Platz, an dem wir fast täglich irgendwelche Erledigungen machten, war nicht wiederzuerkennen. Überall standen Polizeibusse, Krankenwagen, eine Traube von aufgebrachten Menschen, wie ein wütendes Knäuel. Wild gestikulierende Arme. Verzweifelt wurden Namen gerufen. Auch Schaulustige waren darunter, vor allem aber Menschen, die orientierungslos herumliefen und nach Angehörigen und Freunden suchten. Weinend, klagend, fluchend. Vor dem Kiosk standen so viele Menschen, dass ich die Absperrung erst bemerkte, als ich sie beinahe durchbrochen hätte und mich ein Beamter anschrie: »Hier geht es nicht weiter, keiner geht da rein!«

Ich sah mich hilfesuchend um. Jetzt erst bemerkte ich den silberfarbenen Mercedes CLS hinter einer weiteren Absperrung, der seltsam deplatziert mitten in der Fahrgasse des Parkplatzes vor Lidl und dem Kiosk stand, die Fahrertür weit aufgerissen. Es war, als könne mein Gehirn das Bild, das sich meinen Augen bot, erst nach und nach verarbeiten und hätte Mühe, die einzelnen Teile zu einem vollständigen Puzzle zusammensetzen. Denn nichts Vergleichbares hatten meine Augen jemals zu sehen bekommen. Die Karosserie voller Einschusslöcher, zwei weitere in der Windschutzscheibe. Das gesprungene Glas formte etwas, das wie ein Spinnennetz aussah. Die Fensterscheibe der Fahrertür zertrümmert. Auf dem Fahrersitz ein junger Mann, offensichtlich tot. Zwischen seinen Augenbrauen, dort, wo die Kugel in seinen Schädel eingedrungen war und sein Leben ausgelöscht hatte, klaffte ein Loch. Was auch geschehen war, es musste vor so kurzer Zeit gewesen sein, dass die Einsatzkräfte seine Leiche noch nicht mal abgedeckt hatten. Niemand, der an diesem Abend am Tatort war, wird diesen Anblick je vergessen können, diesen Ausdruck unendlicher Leere in einem blutüberströmten Gesicht.

»Hol deinen Bruder da raus!«

War ich zuvor noch voller Hoffnung gewesen, dass die Sache für Gogo gut ausgehen könnte, so schwand sie in dem Moment, als ich den Toten sah. Lass niemanden seiner Liebsten hier sein, durchfuhr es mich. Möge ihnen dieser Anblick erspart bleiben! Niemand kann weiterleben mit so einem Bild im Kopf, nicht, wenn dieser Mensch das eigene Kind ist, der Partner oder der Bruder. Zu diesem Zeitpunkt wusste ich noch nicht, um wen es sich handelte. Aber es war klar, dass ihn jemand vermisste. Möglich, dass auch seine Familie hergekommen war, um ihn zu suchen. Erst später erfuhr ich, dass er Vili-Viorel Păun hieß. Ich sah Fotos von ihm, auf denen er lächelte. Bis heute bringe ich diese beiden Bilder von ihm nicht zusammen, das eine, lebendige, und das andere, das den Tod zeigt – in seiner grausamsten Form.

Die Polizei griff hart durch. Sie schien kaum einen Überblick über das Geschehen zu haben und hielt alle für potenziell verdächtig. Hatten sie die Verantwortlichen noch gar nicht festgesetzt? Man darf nicht vergessen, dass es ein Ausnahmezustand für alle war, man sah die Angst in den Augen der Einsatzkräfte, das alles hatte nichts mit der Theorie zu tun, die sie gelernt hatten. Eine Polizistin übergab sich, als sie aus dem Kiosk kam. Auch Polizisten sind nur Menschen, sie waren auf so eine Situation nicht vorbereitet – und manche reagierten mit Aggression. Das konnte ich trotz der Anspannung nicht nachvollziehen. Auch sie waren doch Eltern, Brüder oder Schwestern, jeder konnte sich vorstellen, wie es jemandem geht, der um das Leben eines geliebten Menschen fürchtet. Doch sie waren komplett überfordert, niemand war in der Lage, den Verzweifelten angemessen zu begegnen. Stattdessen beobachtete ich, wie die Hilfesuchenden zurückgedrängt und angebrüllt wurden. Hielt man uns etwa für die Täter statt die Opfer? Weitere Kräfte trafen zur Unterstützung ein. Mit allen Mitteln sollten wir, die Angehörigen, aufgehalten werden, um eine noch größere Eskalation zu vermeiden. Als ginge von uns die Gefahr aus. Es gab keine Chance, durchzukommen. Keine Möglichkeit, Gökhan beizustehen – wenn er überhaupt hier war.

In diesem Chaos hatte ich zunächst kaum wahrgenommen, ob es bekannte Gesichter unter den Wartenden gab. Jetzt sah ich, wie sich meine Mutter laut klagend vor den Beamten auf den Asphalt warf.

Sie trug nur einen dünnen Mantel über ihrem Nachthemd und ihre Hausschuhe aus rotem Samt. Es zerriss mir das Herz, sie so zu sehen. Ich eilte zu ihr, half ihr auf und spürte, wie sie in meiner Umarmung schwer in sich zusammensackte. Bis zu diesem Punkt hatte ich mich zusammengerissen, doch als ich meine schluchzende Mutter festhielt, spürte ich, wie ihre Tränen meinen Kapuzenpullover nass werden ließen, begann auch ich haltlos zu weinen. Tränen strömten meine Wangen herab, und ich machte mir nicht die Mühe, sie wegzuwischen. Dann fiel mein Blick auf eine Gestalt, die zusammengekauert auf einem der großen Findlinge saß, die den Parkplatz begrenzten, und teilnahmslos ins Leere starrte. Baba. Auch er hatte es nicht mal geschafft, die Pantoffeln gegen Straßenschuhe zu tauschen. Ich beugte mich zu ihm, um seine Worte zu verstehen, doch er sprach so leise, dass ich ihn kaum hören konnte. Mehrfach wiederholte er, Gökhan kurz zuvor im Kiosk gesehen zu haben, als er mit dem Auto nach Hause fuhr. »Er saß da drin, genau da«, stammelte Behçet fassungslos. Nur eine halbe Stunde war es her, dass er ihn in dem Laden hatte sitzen sehen, der jetzt ein Tatort war. Die Frontscheibe von den Polizisten notdürftig mit einem Regenschirm und Zeitungspapier abgedeckt.

Hilf mir, hilf mir! Keiner erhörte mich, niemand kam, um mich aus diesem Albtraum zu wecken. Ich hätte selbst dringend Beistand gebraucht, doch ich versuchte, stark zu sein. Für meine Eltern. Eine unbeschreibliche Erleichterung erfasste mich, als ich die vertrauten Gesichter von Mert und Kemal erblickte. Gott sei Dank, beide waren unverletzt. Wir hielten uns lange in den Armen, versuchten, einander zu trösten. Zu dem Zeitpunkt wusste ich noch nicht, dass Kemal als Erster am Tatort gewesen war und all die toten Körper gesehen hatte, die im Kiosk und in der Arena Bar lagen, mitansehen musste, wie die Verletzten um ihr Leben kämpften, andere ihren letzten Atemzug taten. Er wusste, dass Gökhan nicht mehr lebte, doch er stand vollkommen neben sich. Es war ihm nicht möglich, die Worte auszusprechen.

»Geh da rein, und hol deinen Bruder raus!« Hüsna packte mich am Kragen und blickte mich eindringlich an, ihre Augen funkelten. Sie war immer ein impulsiver und emotionaler Mensch gewesen, und in Extremsituationen verlor sie sich vollkommen. Jetzt erwartete sie von mir, dem ältesten Sohn, dass ich meine Pflicht erfüllte. Entschlossen lief ich zur Absperrung, zeigte den Polizisten Bilder von Gökhan und flehte: »Sehen Sie nach, ob mein Bruder da drin liegt!« Wir alle brauchten jetzt Gewissheit. Alle ignorierten mich – bis auf einen, der sich erbarmte reinzugehen, während ich Gökhans Nummer wählte, um festzustellen, ob es drinnen klingelte. Der Polizeibeamte war sichtlich mitgenommen von all dem Leid um ihn herum, den Menschen, die zusammenbrachen, sicher auch von den Bildern am Tatort. Mein Herzschlag donnerte in meiner Brust, während er im Kiosk verschwand, gierig sog ich den Rauch meiner Zigarette ein. Doch als der Polizist zurückkam, hob er nur ratlos die Hände. Im Verkaufsraum klingelten offenbar durchgehend mehrere Mobiltelefone. Alle versuchten, die Vermissten zu erreichen. Und auch wenn er kein Wort darüber verlor, genügte diese Information, um ein schreckliches Szenario vor meinem inneren Auge entstehen zu lassen: Handys läuteten und vibrierten in den Taschen von Menschen, die nicht mehr in der Lage waren, einen Anruf entgegenzunehmen. Dort drinnen mussten leblose Körper liegen, und Baba hatte Gökhan doch eben noch an einem der Bistro-Tische sitzen sehen …

Wer die Toten im Kiosk waren, konnte der Polizist uns nicht sagen – wohl aber, dass Schwerverletzte bereits abtransportiert worden waren, um im Krankenhaus notoperiert zu werden. Kämpfte Gökhan etwa gerade um sein Leben und brauchte uns in seiner Nähe, während wir hier herumstanden? Mert packte mich fest am Ärmel meiner Jacke, sah mich eindringlich an und presste heraus: »Baba, Kemal hat Gökhan im Kiosk liegen sehen! Er war sich sicher, dass er nicht mehr lebt.« Ich schlug seinen Arm weg, wollte seine Worte nicht hören. Was, wenn er sich getäuscht hatte? Ich konnte nicht akzeptieren, dass Gökhan tot war. Auch Mert schob den Gedanken an Kemals Worte offenbar beiseite und wollte, genau wie ich, daran glauben, dass Gogo überlebt hatte – irgendwie. Es wäre doch nur ein weiteres Wunder in einer langen Liste unglaublicher Dinge gewesen, die ihm bereits passiert waren. Wir beschlossen, nach ihm zu suchen und ihn in einem Krankenhaus ausfindig zu machen, ihn, der wieder einmal dem Tod von der Schippe gesprungen war.

Auf dem Weg zu Merts Auto liefen wir wieder an dem Mercedes vorbei. Inzwischen war alles mit einer goldenen Rettungsdecke der Feuerwehr sowie einer weißen Plane abgedeckt worden. Aber beides bot keinen Schutz vor den grausamen Bildern, die sich in mein Hirn eingebrannt hatten. Ich schüttelte den Gedanken daran ab, und wir machten uns auf den Weg, um beide Hanauer Krankenhäuser abzufahren. Auf dem Beifahrersitz versuchte ich, mir ein Bild von der Lage zu machen. Im Netz wurde geschrieben, dass an verschiedenen Orten in Hanau geschossen worden war. Hier sah ich zum ersten Mal, dass anscheinend verschiedene Stadtteile betroffen waren. Dennoch war alles schwammig, ungenau und teilweise nur gedankenlos in die Welt gesetzt. Es gab erste Posts in den sozialen Medien, mit Bildern und Namen derjenigen, die man für tot hielt. Über WhatsApp und Instagram erreichten mich Fotos von angeblichen Opfern. Auch das meines Sohnes Mert war darunter. Hätte er nicht gerade neben mir gesessen, es hätte mir den Boden unter den Füßen weggerissen. So schürte diese Nachricht fast so etwas wie Hoffnung. Wenn so viele Fake News im Umlauf waren, wie konnte man dann mit Sicherheit wissen, dass mein Bruder unter den Opfern war?

Doch in keiner der Kliniken war ein Mann mit dem Namen Gökhan Gültekin eingeliefert worden. Wurde er vielleicht nach Offenbach oder Frankfurt gefahren, oder lag er wirklich noch im Kiosk? Wie konnte es sein, dass niemand uns eine Auskunft geben konnte? Ich fühlte mich ohnmächtig. Als wir wieder am Kurt-Schumacher-Platz ankamen, war es bereits Mitternacht. Die Stimmung war aufgeladen, Wut und Anspannung entluden sich bei den Menschen, die ewig in der Kälte ausharren mussten. Mit jeder weiteren Minute wuchs nicht nur mein Unmut, sondern auch die Angst, dass diese Nacht nicht gut enden würde.

Die Turnhalle des Grauens

Plötzlich stellte sich ein Polizist mit einem Megafon in die Menschenmenge und ließ uns wissen, dass gleich ein Linienbus kommen würde, und dass alle, die fürchteten, ein Familienangehöriger könne zu den Opfern zählen, dort einsteigen sollten. Er sagte es in einem so teilnahmslosen Ton, als ginge es nicht um Menschenleben, sondern um einen Ausflug in den Harz. Ende der Durchsage. Meine Eltern waren inzwischen komplett unterkühlt, ließen sich aber überzeugen, zu Hause zu warten, bis es etwas Neues gäbe. Mert und ich stiegen in den Bus, der sich schnell bis auf den letzten Platz füllte. Kaum jemand sagte ein Wort während dieser Fahrt, die uns erlösen oder alle Freude und Leichtigkeit in uns für immer auslöschen sollte. Niemand wusste, wohin wir fuhren und was uns dort erwartete – bis nach einer halben Stunde bekannt gegeben wurde, dass man uns in eine Polizeisporthalle bringen würde, wo es weitere Informationen gäbe. Zwei Polizeiautos bildeten die Eskorte, Verwandte und Freunde, die nicht mehr in den Bus gepasst hatten, folgten uns in ihren eigenen Autos.

Nachdem wir um die erste Straßenecke abgebogen waren, bremste der Bus abrupt ab und blieb stehen. Direkt vor uns waren Mannschaftsbusse zu sehen, voll ausgerüstete Spezialeinheiten der Polizei mit Schutzwesten und Einsatzhelmen umstellten einen Häuserblock. Die ganze Straße war dicht, hier ging es nicht weiter. Dass es sich bei einem der beigefarbenen Reihenhäuser um das des Täters handelte, konnten wir nicht wissen. Wir schauten betroffen ins Dunkel, das von zuckendem Blaulicht erhellt wurde, hörten einen Helikopter am Himmel kreisen. Hier musste es einen weiteren Angriff gegeben haben, so glaubten wir. Der Bus wendete, passierte erneut den Tatort, und fuhr nach Lamboy, an einen Ort, der sich jedem Einzelnen von uns für immer einbrennen sollte.

Zögerlich betraten wir die Sporthalle der Polizei, in der – das spürte jeder von uns – über unser weiteres Leben entschieden werden sollte, darüber, ob es weitergehen könnte wie bisher. Darüber, ob es jemals wieder eine Normalität geben könnte, wir lachen könnten, ohne an die zu denken, die nicht mehr da sind.

Verschrammtes Linoleum in Marmoroptik, darauf die Spielfeldmarkierungen, ein Basketballkorb, vertäfelte Wände, abgestandener Geruch nach Schweiß und Gummisohlen. Eine Halle, die mich bis zu diesem Tag vielleicht an meine Schulzeit erinnert hätte. Seit dem 19. Februar verbinde ich damit nur noch zermürbendes Warten, Verzweiflung und Tod. Ich sah rot geweinte Augen, fahle Gesichter, Gestalten, die sich lange unschlüssig am Eingang herumdrückten, denn sie wussten nicht, wie sie diesen Raum wieder verlassen würden. Viele ahnten, dass sie mit dem Schritt durch die Tür jede Hoffnung hinter sich lassen würden. Doch es half nichts, wir mussten uns der Wahrheit stellen. Ein paar Minuten würden wir nun noch durchhalten, dann gäbe es endlich Gewissheit, so dachten wir. Wie sehr wir uns irrten!

Bierbänke und -tische wurden aufgestellt. Das alles sah nicht so aus, als kämen wir hier schnell wieder raus. Niemand wollte an diesem Ort sein. Wie am Tatort stand auch hier jeder mit seinen Leuten zusammen, manche hielten sich aneinander fest, andere blickten starr auf einen Punkt. Weitere Personen betraten den bereits überfüllten Raum. Schwarzer Tee, Kaffee, Kekse, Twix und Knoppers wurden bereitgestellt. Fast hätte man denken können, hier würde alles für einen mehrstündigen Workshop vorbereitet. Viele saßen regungslos da, beteten leise oder weinten still. Je länger sich alles hinzog, desto unerträglicher wurde die Situation, alle waren angespannt, schauten bei jedem, der in die Halle kam, erwartungsvoll auf. Ich ging nach draußen, wusste nichts anderes zu tun, als zu rauchen, eine nach der anderen, so hatte ich zumindest etwas, an dem ich mich festhalten konnte. Alle zehn Minuten telefonierte ich mit meinen Eltern, die in ängstlicher Unruhe auf Neuigkeiten warteten.

Nebenbei bekam ich mit, wie manche Eltern ihre Kinder nun doch erreichen konnten und einander erleichtert in die Arme fielen. Die Familien, deren Angehörige lediglich nicht geantwortet hatten, weil ihr Akku leer gewesen war oder sie kein Netz hatten, die geschlafen oder gearbeitet hatten und sich erst jetzt meldeten, wünschten uns viel Glück und gingen nach Hause. Einige von ihnen warteten aus Solidarität weiter mit uns. Wie schön es wäre, wenn Gogo mich zurückrufen und mir sagen würde, dass er unterwegs gewesen war und ich ihn darum nicht erreicht hatte. Oder mir, wie jede Nacht, einfach nur schreiben würde: »Iyi geceler, Abi.« »Gute Nacht, Bruder.« Wie sehnte ich mich jetzt nach den kleinen Alltäglichkeiten, die ich als selbstverständlich betrachtet hatte. Doch das waren sie nicht, und das wurde mir erst mit ihrem Ausbleiben klar.

Menschen in Warnwesten mit der Aufschrift *Notfall-Seelsorger* betraten die Halle. Das ungute Gefühl in meinem Bauch steigerte sich. Dass ein Team von Leuten zu uns kam, die darauf geschult waren, Menschen in Krisensituationen seelischen Beistand zu leisten, bedeutete für uns, dass wir bald eine Nachricht bekämen, die uns zerstört zurücklassen würde.

Dann endlich die erste Ansprache. Der Einsatzleiter, der uns mitteilte, man habe ihn als erfahrenen Profi für Sonderfälle extra aus Wiesbaden gerufen, ließ uns wissen, dass wir jetzt sicherlich viele Nachrichten und Anrufe bekämen. Aber wir sollten vorerst nichts glauben, was man uns erzählte oder in den sozialen Netzwerken kursierte. Die Polizei würde ihre Arbeit machen und sei noch dabei, die Toten und Verletzten zu identifizieren. Alle halbe Stunde würde er uns den neuesten Stand mitteilen, alles andere sei jetzt irrelevant und sollte ignoriert werden. Doch wie hätte ich die Beileidsbekundungen auf meinem Handy ausblenden sollen? Alle hatten gehört, Gogo sei tot, alle wollten mir mitteilen, wie sehr sie mit mir fühlten. Es machte mich wütend, am liebsten hätte ich geantwortet: Wie könnt ihr ihn aufgeben? Sind wir es ihm nicht schuldig, an ihn zu glauben? Doch mir fehlte die Kraft. Bis ich nicht seine Leiche gesehen hatte, würde ich nichts und niemandem Gehör schenken. Ich blieb bei meiner festen Überzeugung, dass er es irgendwie schaffen würde.

Noch immer wusste ich nicht, was überhaupt passiert war, wer der oder die Täter waren und welches Motiv sie hatten, ob das Töten weiterging, weitere Menschenleben in Gefahr waren. Spekuliert wurde allerdings heftig. Es war von Clan-Kämpfen die Rede, von Bandenkrieg, von Stress zwischen Kurden und Türken, von einer Rache-Aktion der Mafia, nachdem ein russischer Türsteher in Frankfurt von Hanauer Jungs verprügelt worden war. Alles völlig absurd und kompletter Bullshit. Auch von rechtsradikalem Terror wurde vereinzelt gesprochen. Dass die meisten Anwesenden migrantische Familien aus den verschiedensten Herkunftsländern waren, hatte ich bemerkt, aber keine Rückschlüsse zum Tathergang gezogen. Jetzt, in diesem Moment blanker Angst, war es mir nicht einmal möglich, darüber nachzudenken.

Inzwischen war es ein Uhr morgens. Die Warterei machte uns alle kaputt, und so oft es ging, flüchtete ich nach draußen. Rauchte, bis meine Kippe zum Filter heruntergebrannt war und zwischen meinen Fingern verglühte. Fast war ich froh über den hellen Schmerz, der mich durchfuhr, denn er überdeckte für ein paar Sekunden den viel größeren, der in meiner Brust wütete. Ich steckte mir eine weitere an. Mehrere Krankenwagen standen inzwischen bereit. Die nächsten Minuten oder Stunden sollten darüber entscheiden, wer im Fall einer Todesnachricht davon Gebrauch machen würde. Wie ein Glücksspiel, bei dem du gewinnen oder verlieren kannst.

In den leeren Stunden an diesem trostlosen Ort meldete sich auch das schlechte Gewissen. Warum hatte ich Gökhan nicht darum gebeten, mir etwas zu Essen zu bringen? Hätte ich es irgendwie verhindern können? Wartete er irgendwo darauf, dass sein großer Bruder ihn endlich abholte? Ließ ich ihn gerade im Stich? War ich wieder nicht an seiner Seite, wenn das Schicksal ihn herausforderte? Ich war meinen Gedanken völlig ausgeliefert. Alle halbe Stunde die Hoffnung auf eine Nachricht, alle halbe Stunde die maßlose Enttäuschung. Noch immer nichts Neues, sagte der Polizist, sie arbeiteten daran. Weitere dreißig Minuten des unerträglichen Wartens. Ich rauchte, rief meine Eltern an, rauchte wieder, versuchte, irgendwie stark zu bleiben. Jede halbe Stunde die gleiche inhaltslose Ansage, es glich psychischer Folter.

Die Liste

Immer wieder kamen weitere Betroffene dazu, die ebenfalls auf der Suche nach Vermissten waren und von einem anderen Tatort hergeschickt wurden. Auch in der Hanauer Innenstadt waren offenbar Schüsse gefallen, im La Votre, auf der Straße davor und in der Shisha-Bar Midnight. Die Läden kannten wir, besonders direkt nebenan im Tipwin waren Gökhan und ich oft gewesen, um einen Kaffee zu trinken. Wie hing das alles bloß miteinander zusammen? Weder zwischen den Tatorten noch zwischen den Familien, die hier warteten, konnte ich einen Zusammenhang herstellen.

3 Uhr – nichts.

3:30 Uhr – nichts.

4 Uhr – die Kollegen seien noch immer damit beschäftigt, Spuren zu sichern, wir müssten uns noch gedulden.

4:30 Uhr – derselbe nichtssagende Dreck.

Die Familienangehörigen, seit Stunden eingepfercht in dieser Halle des Grauens, begannen, ihrer Anspannung Luft zu machen. Wir konnten hier nicht länger tatenlos ausharren. Aus lauter Verzweiflung fingen wir an, die Namen unserer Kinder, Geschwister und Freunde in die Menge zu rufen und hofften, dass wir vielleicht so irgendeine Reaktion provozieren konnten. Ich versuchte, nach vorne durchzudringen und schrie: »Gökhan, Gökhan Gültekin! Haben Sie einen Gökhan Gültekin?« Bis mir die Stimme brach. Langsam schwanden meine Kräfte, ich konnte mich kaum noch auf den Beinen halten, aber sobald ich mich hinsetzte, trieb mich die innere Unruhe wieder hoch. Die schwarzen Gedanken fielen wie Hyänen über mich her, sobald mein Körper zur Ruhe kam. Also stand ich wieder auf, um ihnen zu entkommen, ging ziellos auf und ab. Meine Cousins brachten mir etwas zu Trinken und einen Schokoriegel, aber ich bekam nichts runter.

5 Uhr – alle riefen nun laut die Namen der Vermissten und versuchten, dem Beamten aus Wiesbaden so nah wie möglich zu kommen, um gehört zu werden. Er dürfe noch nichts sagen, wolle keiner-

lei Falschinformationen geben, bemerkte er sachlich und verschwand wieder im Polizeigebäude nebenan.

Die Nacht neigte sich dem Ende zu, bald würde die Sonne aufgehen, und wir hingen nach wie vor fest. Wo immer Gökhan jetzt war, ob verletzt oder tot, er war allein. Dieser Gedanke war für mich kaum auszuhalten. Was hatten wir getan, dass wir das hier verdient hatten? Schlafentzug, Stress und Angst zehrten an uns. Doch jedes Mal, wenn ich aufgeben und die Zuversicht ziehen lassen wollte, gab es Momente, die mich daran hinderten, diesen Ort vorschnell zu verlassen und mich auf die Suche nach meinem Bruder zu machen. Eine Mutter und ein Kind, die einander nicht hatten finden können, entdeckten sich in der Menge und fielen sich in die Arme. Auch Eltern, deren angeschossene Kinder abtransportiert worden waren, kamen jetzt hierher, da sie nicht wussten, in welchem Krankenhaus sie behandelt wurden und warteten mit uns auf eine Auskunft.

5:30 Uhr – nichts.

6 Uhr – wieder nichts. Die ersten Wartenden brachen erschöpft zusammen und wurden von den Sanitätern versorgt. Körper und Seele hielten dem Martyrium nicht mehr Stand und kapitulierten.

6:30 Uhr – der Polizeibeamte betrat wieder den Raum. Irgendetwas war anders, und wir wussten sofort, dass es etwas zu bedeuten hatte. Mit einem Stück Tesafilm befestigte er an der Wand einen Zettel, auf dem zwei Telefonnummern standen. Danach nahm er wieder seine Position ein, und alle versammelten sich hektisch um ihn.

Jetzt würde er die Namen jener verlesen, die es nicht geschafft hatten. Alle Betroffenen sollten in zwei Stunden die Nummern auf dem Zettel anrufen. Sie würden dann weitere Informationen bekommen und erfragen können, wo die Leichen waren. Ansonsten wäre ihr Teil der Arbeit jetzt erledigt und jeder könne gehen, hier würde nichts mehr stattfinden. Ordnungsgemäß und bürokratisch abgehakt, die ganze Sache.

Totenstille. Keiner fragte mehr etwas, keiner sagte ein Wort. Alle standen dort wie erstarrt. Mein Puls galoppierte, das Blut rauschte in meinen Ohren. Mein eiskalter Körper schwitzte. Pures Adrenalin. Dann, ohne auch nur einmal innezuhalten oder tief Atem zu holen, ratterte er emotionslos die Namen der Toten herunter. Wie eine Maschine. So als stünde nicht hinter jedem Namen ein Schicksal, ein Mensch, dessen Verlust eine klaffende Wunde in die Seelen der Menschen reißen würde, die hier standen. So als ginge es hier nicht um weniger als: um alles.

Mit jedem Namen, den er vorlas, entfachte sich ein neues Feuer und brannte alles nieder. Hier war nichts mehr zu retten, nichts mehr zu trösten.

»Gökhan Gültekin.«

Der Name meines Bruders aus seinem Mund. Erst als er schon mit seiner Liste weitergemacht hatte, begriff ich, dass er wirklich Gökhan gesagt hatte.

Die Klinge durchdrang meine Brust, und ich fühlte, wie mein Herz verblutete.

Die Zeit stoppte, ich stand einfach da und konnte noch nicht mal schreien. Der heiße Schmerz fuhr in mich hinein, mit einer solchen Wucht, dass ich ihn nicht nur in meiner Seele, sondern in jeder Zelle meines Körpers spürte. Um mich herum ging die Welt unter. Mert und meine Cousins weinten, jeder versuchte, dem anderen Halt zu geben, obwohl er selbst kaum die Kraft aufbringen konnte, stehen zu bleiben. So eine Hilflosigkeit hatte ich noch nie gespürt und betete still zu Gott, damit er mir meinen Verstand bewahrte.

Um mich herum Szenarien, die einer Apokalypse glichen. Alle fühlten den gleichen Schmerz, und doch war jeder damit allein. Die Schreie der Betroffenen erfüllten die Halle, sie klangen, als würde man Menschen foltern. Diese grausamen Geräusche verfolgen mich bis heute und rauben mir den Schlaf, sobald sie mir in den Sinn kommen. Ich sah Teenager, vermutlich Geschwister oder Freunde der Verstorbenen, die mit ihren blanken Fäusten gegen die mit Holz vertäfelten Wände hämmerten, bis die Knöchel blutig wurden. Einen Vater, der die Kontrolle verlor und seinen Kopf an die Wand schlug. Menschen warfen sich in ihrer Verzweiflung auf den Boden, schlugen um sich, anderen sackte der Kreislauf weg, sie verloren das Bewusstsein. Nie werde ich vergessen, wie eine Frau, die verzweifelt den Namen ihres Sohnes rief, begann, sich selbst die Haare aus der Kopfhaut zu reißen. Was tun gegen dieses Biest, das alles in dir zerfrisst? Die grausame Gewissheit nach den Strapazen einer endlosen Nacht entlud sich in dieser elendigen Turnhalle, walzte wie die Welle eines Tsunamis alles nieder, was zuvor wichtig war. Sie ließ nichts übrig als pure Zerstörung.

Jeder weint, jeder weint, jeder weint. Wie Kinder. Auch wenn hier verschiedene Sprachen zu hören waren, so war die Sprache der Trauer doch bei allen die gleiche. Meine Beine gaben nach, der Boden unter mir schien zu schwanken, wie auf einem untergehenden Schiff. Ich setzte mich auf den Boden, ließ den Kopf auf meine Knie sinken und gab mich der Trauer hin, die so viel stärker war als alles, was ich je gefühlt hatte. Sanitäter liefen hin und her, verabreichten Beruhigungsmittel, legten Infusionen. Seelsorger versuchten, uns zu beruhigen, aber was sollte uns angesichts dieser Tragödie trösten?

Und dennoch: Mehr konnten die, die da waren, nicht geben. Sie konnten nichts dafür, dass niemand daran gedacht hatte, jemanden muslimischen Glaubens herkommen zu lassen, der uns vielleicht durch Gebete ein wenig hätte auffangen können. Vielen der Sanitäter und Seelsorger war anzusehen, dass sie in dieser Situation selbst Hilfe gebraucht hätten und mit den Tränen kämpften. Von den meisten Beamten hingegen erfuhr ich in dieser Nacht nicht das kleinste bisschen Mitgefühl. Die Nüchternheit, mit der dieser Einsatzleiter die Namen der Toten herunterratterte, hallt noch Jahre später in mir nach. Wie ein Einkaufszettel. Direkt danach war er verschwunden, so als beträfe ihn das alles nicht mehr. Wenigstens gebot es ihm der Anstand, uns nicht noch einen »schönen Tag« zu wünschen.

Ja, er hatte pflichtschuldig seine Arbeit getan und in dem Sinne korrekt gehandelt, dennoch hätte ich mir gewünscht, dass er uns in diesem Moment als Mensch gegenübergetreten wäre. Diese Gefühlskälte hat uns den Rest gegeben. Vielleicht hat er uns sein Beileid ausgedrückt, vielleicht auch nicht, aber das bekam in dieser Situation ohnehin keiner mehr mit. Auch wenn es an der erschütternden Botschaft nichts geändert und die Toten nicht wieder zurückgebracht hätte, so wäre es leichter für uns zu ertragen gewesen, hätte man die betroffenen Familien gesondert betreut. So fühlte es sich an, als wären wir uns selbst überlassen worden, und nun fanden wir uns in den Trümmern dieses Erdbebens wieder.

Am nächsten Tag erfuhren wir durch die Medien, dass an den Tatorten Interviews gegeben wurden, während wir verzweifelt auf Informationen warteten – da stand längst schon fest, wer gestorben war. Die Minuten in dieser Halle waren für uns wie Jahre, dabei hätte man das Ganze viel früher beenden können. Uns die Todesnachricht so eiskalt zu überbringen, nachdem man uns über endlose Stunden diesem Horror ausgesetzt hatte, ist etwas, das das Trauma aller Betroffenen noch größer gemacht hat und keinen von uns jemals loslassen wird.

Kapitel 10
Wie ein zweiter Anschlag

Es war, als wäre ich mit Gökhan gestorben. Jeder Schritt eine Anstrengung, ich konnte kein Wort sprechen, keinen klaren Gedanken fassen. War das hier Wahn oder Wirklichkeit? All das Leid um mich herum, diese Qualen, so zutiefst menschlich, dass sie mir unmenschlich vorkamen. Ich wollte nur noch weg. Jeder Lebenswille war verschwunden, doch ich musste weitermachen – nicht für mich, aber für meine Eltern, die mich jetzt brauchten. Auch wenn ich selbst am liebsten aufgehört hätte zu atmen, so musste ich für Hüsna und Behçet stark sein. Aber wie sollte ich den beiden sagen, dass ihr geliebter Sohn, den sie immer als ein Geschenk Gottes ansahen, erschossen worden war? So fragil ihr Zustand ohnehin schon war, fürchtete ich, dass sie Gökhans Tod nicht überleben würden. Wieder flackerte dieses Bild vor meinem inneren Auge auf: Die schmale Gestalt meines Vaters auf dem Felsbrocken am Kurt-Schumacher-Platz, die blaue Mütze, die ihm ins Gesicht rutschte. Er hatte nicht mehr wie jemand ausgesehen, der kämpft. Daneben meine Mutter, die nur noch aus Verzweiflung zu bestehen schien. So viel hatten die beiden schon ertragen, so viel Angst und Sorge um Gökhan. War dies der Punkt, an dem sie aufgeben würden?

Die Last, die auf meinen Schultern lag, wog tonnenschwer. Ich ging entschlossen zu einer Sanitäterin und fragte, ob man mit einem Krankenwagen zu uns nach Kesselstadt kommen könnte, flehte sie an, vor Ort zu sein, wenn ich meinen Eltern die Nachricht überbringe. Und auch wenn das Verhalten vieler Beteiligter in dieser schlimmsten aller Nächte unterirdisch war, begegnete mir auch Menschlichkeit. Wie jetzt. Ohne zu zögern, stimmte sie zu, und wir fuhren gemeinsam im

Krankenwagen los. Auf der ganzen Fahrt betete ich zu Gott, bangte um meine Eltern.

Ich kam zu spät. Schon beim Aussteigen wusste ich, was los war. Die Klagelaute, die aus unserem Haus drangen, hörte man in der ganzen Straße. Mit Sanitätern und Notarzt die Treppen hoch zu unserer Wohnung. Drinnen das reinste Chaos. Wenn jemand in der türkischen Gemeinschaft stirbt, ist es üblich, dass die Familie sowie enge Freunde und Nachbarn zusammenkommen, um ihre Anteilnahme auszudrücken und den Verlust zu teilen. Es waren so viele da, dass wir kaum durchkamen. Der Albtraum der Sporthalle setzte sich fort, nur war es hier meine Familie, die gemeinsam weinte. Einer der neun Haushalte, die nie wieder ihren Frieden finden sollten.

Vater saß in einer Ecke des Sofas, umgeben von ein paar Männern, die ihm gut zuredeten, er schaute auf den Boden, weinte still und sprach kein einziges Wort. Mama schrie ihren Schmerz laut heraus, wiegte sich im Sitzen vor und zurück, schlug mit den flachen Händen auf ihre Knie. Sie trug nach außen, was in ihr tobte und meinen Vater von innen zerstörte.

Als Hüsna mich im Gedränge erblickte, sprang sie auf, packte mich unsanft an den Schultern. »Gökhan, Gökhan, Gökhan, er ist tot, dein Bruder ist nicht mehr da!« Schluchzend wiederholte sie diese Worte. Bis ihr der Atem wegblieb. Jetzt in diesem Wohnzimmer zu stehen, das erfüllt war von namenloser Trauer, fühlte sich unwirklich an. Hatten wir nicht gerade noch hier zusammengesessen und gelacht? Gestern hatten wir noch ein normales Leben geführt und innerhalb von Stunden, Minuten, gar Sekunden war alles ausradiert. Meine Mutter umklammerte mich wie eine Ertrinkende einen Rettungsring. Ihr Schmerz überwältigte mich, riss mich mit, und in ihren Armen weinte ich wie ein kleiner Junge. Wie sollten wir ohne Gökhan weiterleben?

Wen Gott liebt, den holt er früh zu sich. Ich hätte nicht ansatzweise aufwiegen können, was Gökhan ausmachte. Er war mein Fels, ich konnte mich in jedem Moment auf ihn verlassen. Nein, Gogo hat nicht zu dieser Welt gepasst. Egoismus, Kälte und Ignoranz – all das war ihm fremd. Mit seinem Tod wurde mir ein Arm abgerissen, und nun sollte ich mit nur einem Arm weiterleben. Am Stumpf, dort, wo etwas für immer fehlt, spürst du den pochenden, brennenden Schmerz umso mehr. Die Stelle wird sich nie anfühlen wie andere Teile deines Körpers. Sie wird auf ewig empfindlich sein, aufbrechen, nie verheilen.

Meine Eltern bekamen Beruhigungsspritzen, dann ließen uns der Arzt und die Sanitäter allein, für den Moment war hier nichts mehr zu tun. 8:30 Uhr. Zeit, die Info-Nummern der Polizei anzurufen. Jetzt würden wir erfahren, wo sich der Leichnam meines Bruders befand. Baba, der bis dahin geschwiegen hatte, sagte mit leiser, aber fester Stimme: »Geh los und hol deinen Bruder, wir werden ihn in der Heimat begraben.« Gogo hatte uns einmal gesagt, dass er irgendwann nach einem langen Leben »im Paradies« beerdigt werden wollte, wie er es nannte. Uns allen war klar gewesen, dass er damit Tahir meinte. Wo unsere Eltern zur Welt gekommen waren, wollte er eins mit der Erde werden. Mehr, als ihm diesen Wunsch zu erfüllen, konnte ich nicht mehr für ihn tun.

Im Islam ist es so geregelt, dass der Tote am besten innerhalb eines Tages begraben wird. Jemand, der abends oder nachts gestorben ist, somit direkt am nächsten Morgen. Da der Leichnam meines Bruders noch in die Türkei überführt werden musste, gab es neben all diesem Wahnsinn auch noch einen krassen zeitlichen Druck, damit wir die Beerdigung zumindest am Mittag des nächsten Tages vollziehen konnten. Alles musste jetzt schnell gehen. So schwer es auch war, riss ich mich zusammen und fokussierte mich darauf, der Pflicht gegenüber Gogo nachzukommen. Alle Reserven, die ich hatte, bündelte ich, um meinem Bruder einen angemessenen Abschied zu schenken. Und dieses Ziel vor Augen zu haben, half mir, mich nicht gänzlich in der Trauer aufzulösen.

Ich rief die erste der beiden Nummern an. »Wo ist die Leiche meines Bruders?«, fragte ich die Frau am Telefon. Wie absurd diese Worte klangen, wie fremd meine Stimme. In der Hand ein Kugelschreiber, an dessen Knopf ich nervös herumdrückte, bereit, die Adresse zu notieren. Doch zu meinem Entsetzen wusste sie nichts über den Aufbewahrungsort der Toten. Sie würde sich melden, sobald es Neuigkeiten gab.

»Sie können gerne später wieder anrufen.«

Bei der anderen Telefonnummer das gleiche Spiel. Ich war fassungslos. Mein Bruder war umgebracht worden, und die Polizei wusste nicht, wohin man seinen toten Körper gebracht hatte? Ich verstand die Welt nicht mehr. Zu diesem Zeitpunkt konnte ich nicht wissen, dass dies nur der Anfang einer nicht enden wollenden Reihe von Katastrophen und Skandalen werden sollte und das Gefühl der Machtlosigkeit nur noch wachsen würde. Jedes Mal, wenn ich dachte, schlimmer kann es nicht werden, wurde ich schmerzhaft eines Besseren belehrt.

Die Enge in unserer Drei-Zimmer-Wohnung setzte uns allen zu. Der Verlust füllte jeden Quadratmeter, und aus allen Winkeln schrie uns Gökhans Abwesenheit ins Gesicht. Seine grüne Zahnbürste im Bad, seine Turnschuhe im Flur, das unbenutzte Bett neben dem von Mert. Ich sah Gesichter um mich herum, die plötzlich viel älter wirkten. Hüsna verlor immer wieder komplett die Fassung. Der gemeinsame Akt des Trauerns hat eine große Bedeutung für uns, denn man fühlt sich aufgefangen, teilt das Leid mit den anderen. Aber es waren einfach zu viele Menschen, jeder hätte auch ein wenig Raum für seine persönliche Trauer gebraucht. So entschieden wir, dass die Frauen bei meiner Mutter bleiben, wir Männer in den Kulturverein AYDD gehen würden, um dort die Beileidsbekundungen entgegenzunehmen. Es waren viele, sehr viele. Nach und nach sollten über dreihundert Menschen dorthin kommen, um mit uns um Gökhan zu trauern.

Wir beteten gemeinsam. Dann riefen wir erneut die Nummer aus der Polizeihalle an, doch dort wusste nach wie vor niemand etwas. Wir beteten wieder. Wir weinten. Riefen die Nummer an. Nichts. Wir sprachen mit Menschen, die uns ihr Mitgefühl ausdrücken wollten. Wir beteten. Riefen wieder die Nummer an. Nach wie vor nichts Neues. Dann hielten wir die Untätigkeit nicht mehr aus, fuhren auf der Suche nach Gökhans Leichnam alle Krankenhäuser in Hanau, Frankfurt und Offenbach ab. Auch an dem Lidl-Parkplatz, wo noch alles abgesperrt war und Polizeiautos standen, kamen wir vorbei. Wir hielten nicht an. An unsere Lieben erinnerten hier doch nur die Blutspuren auf dem Boden – so glaubten wir.

Wo es wehtut

Einen Tag nach der Tat berichtete die Presse, dass es sich um einen rechtsextremen Anschlag handelte. Ein Rassist hatte meinen Bruder hingerichtet. Aus den Medien erfuhren wir auch, dass der Täter ganz in der Nähe gelebt hatte, mitten in Kesselstadt. Er war unser Nachbar. Unbegreiflich. Mexiko erkannte ihn sogar auf dem Foto, das nun im Netz kursierte. Er hatte einmal Pizza an ihn geliefert, Freunde von uns hatten in Kindertagen mit ihm Fußball gespielt oder ihn mal im Supermarkt gesehen. Und war er nicht sogar hin und wieder im Kiosk gewesen? Jetzt lief dieser Mann mit einer 9-mm-Pistole herum und mordete: Neun Menschen, die in seinen Augen nicht zu Deutschland gehörten, hatte er getötet, dieser feige Rassist. Außerdem hatte er seine pflegebedürftige Mutter und sich selbst nach der Tat in seinem Elternhaus umgebracht, den Vater am Leben gelassen.

Ich wollte nicht glauben, dass so etwas hier passieren konnte. Ausgerechnet in Hanau, wo Menschen aus mehr als hundertfünfzig Nationen zusammenleben. Besonders in Kesselstadt war es multikulturell. Über rechten Terror haben wir uns kaum Gedanken gemacht. *Fühlt euch nirgendwo sicher, denn ihr seid es nicht, ich treffe euch da, wo es am meisten wehtut.* Das war die klare Message des Täters.

Doch wirklich beschäftigen konnte ich mich erst mal nicht damit, was seine Tat für dieses Land und für alle, die darin leben, bedeutete. Ich funktionierte wie ein Roboter. Die Presse stürmte den Verein. Tageszeitungen, Boulevard, Radio, deutsches, türkisches und russisches Fernsehen. Plötzlich waren sie einfach da. Überall Journalisten, Kameras, Mikrofone. Ich stand unter Schock und gab permanent Interviews. Dass das gesamte Land meine Worte hören würde, war mir nicht bewusst. Bis zu diesem Tag hatte sich niemand groß dafür interessiert, was wir zu sagen hatten. Und auf einmal wollte jeder irgendetwas von uns.

Hanau sah plötzlich aus wie ein riesiger Friedhof. An den Tatorten legten die Trauernden Blumen, Kerzen und Porträts der Opfer ab, in Kulturvereinen und Bars kamen Menschen zusammen, um persönliche Erinnerungen an die Getöteten auszutauschen. Bilder der Opfer wurden in den sozialen Medien geteilt. Endlich einmal sollte es nicht an erster Stelle um den Täter gehen, sondern um jene, die er aus dem Leben gerissen hatte. Bei Demonstrationen, Kundgebungen und Trauermärschen wurden die Namen der Toten voller Wut und Trauer gemeinsam gerufen.

Die Anteilnahme der türkischen Gemeinschaft war riesig. Aus allen Bundesländern kamen die Leute, teilweise sogar mit Bussen, um uns beizustehen. Vertreter von Yurtdışı Türkler ve Akraba Topluluklar Başkanlığı (YTB), dem Präsidium für Auslandstürken und verwandte Gemeinschaften, waren direkt nach dem Terroranschlag mit dem Vorsitzenden Abdullah Eren und seiner Crew nach Hanau gekommen. Sie besuchten uns zu Hause, halfen im März bei der Organisation der offiziellen Trauerfeier und der Leichenüberführung in die Türkei. Auch der Botschafter der Türkischen Republik in Deutschland, Ali Kemal Aydın, reiste direkt aus Berlin an und stand uns zur Seite. Später lud er alle Familien nach Berlin in die Botschaft ein, hörte uns zu, bot uns seine Unterstützung an. Genau wie der türkische Generalkonsul von Frankfurt, Burak Karartı, und später dessen Nachfolger, Erdem Tunçer, der uns inzwischen seit Jahren begleitet.

Zur Trauerkundgebung am 20. Februar kam auch Frank-Walter Steinmeier. Eine Selbstverständlichkeit, die bisher keine gewesen war. Nach den Brandanschlägen von Mölln und Solingen hatte sich kein Staatsoberhaupt die Mühe gemacht, an den Tatorten aufzutauchen. Dass man die Opferfamilien nun ins Rathaus einlud, um den Bundespräsidenten zu treffen, war zumindest ein positives Signal. Er wurde von seiner Frau begleitet, zeigte sich menschlich und nahbar und sprach uns Angehörigen sein Beileid aus.

Der damalige Bundesinnenminister Horst Seehofer war ebenfalls da, außerdem Volker Bouffier, zu der Zeit noch Ministerpräsident von Hessen. Bei der Trauerkundgebung, zu der sich mehrere Tausend Menschen auf dem Marktplatz versammelten, richteten sie neben Oberbürgermeister Claus Kaminsky das Wort an die Menge. Es war auch das erste Mal, dass alle Angehörigen zusammensaßen und ich erfuhr, dass alle, genau wie wir, ihre toten Kinder suchten. Schon bei diesem Treffen ließen wir die Politiker wissen, dass wir keine Ruhe geben würden, bis jeder, der bei diesem Mord die Finger im Spiel hatte, bestraft und alles lückenlos aufgeklärt wäre.

Besonders dem Innenminister von Hessen Peter Beuth hätten wir das ebenfalls gern persönlich gesagt. Er schaute zwar einmal pflichtschuldig vorbei, aber er war nicht da für uns, gab uns keine Gelegenheit, mit ihm zu sprechen. Was konnte es in diesen Tagen Dringlicheres geben für den Staatsminister dieses Bundeslandes? Oder gehörte Hanau in seinen Augen nicht zu Hessen, sondern zur Türkei? In wenigen Minuten waren neun Menschen aus rassistischen Motiven erschossen worden, etwas Vergleichbares hatte es seit 1945 nicht in Deutschland gegeben. Doch er bemühte sich nur kurz her, für seine politische Show. Deutlicher konnte man seine Haltung eigentlich nicht zum Ausdruck bringen. Wie wenig ihn die Belange von Menschen mit Migrationsgeschichte tatsächlich interessierten, sollte er aber noch eindrucksvoller unter Beweis stellen.

Die Wut darüber kam erst später. In den ersten Tagen ging es noch nicht um den großen Kampf gegen Rassismus, um gesellschaftliche Fragen und politische Konsequenzen. Mein Bruder lebte nicht mehr. Nun nahm ich alles wie durch einen Schleier wahr, als hätte ich meinen Körper verlassen, stand völlig neben mir und hörte mir selbst beim Reden zu. Doch bei all dem hatte ich nur den einen Gedanken, ich wollte wissen, wo Gökhan ist.

Als wäre es nicht genug

Er hatte die ganze Zeit im Kiosk gelegen – während wir verzweifelt nach ihm suchten. Davon erfuhren wir zwei Tage später, über die Nummer, die ich in den vergangenen Stunden unendlich viele Male angerufen hatte. Bis zum Abend des 20. Februar hätte man die Leichen dort gelassen, um Spuren zu sichern, hieß es. Einfach so. Fast einen ganzen Tag.

»Was für eine Spurensicherung soll das sein?«, brüllte ich ins Telefon. »Irgendwann, wenn ihr fertig seid, nehmt ihr sie mit, oder was?« Außer blinder Wut spürte ich nichts mehr. »Sind sie etwa nicht tot genug? Wollt ihr sie noch mal verrecken lassen?«

Die Nachricht, die mir in gestelztem Behördendeutsch übermittelt wurde, brachte mich fast um. Hätte ich gewusst, dass sie Gökhan in seinem Blut liegen ließen, ich hätte nicht im Verein gewartet, sondern vor Ort, hätte dort für ihn gebetet, wäre zumindest in seiner Nähe gewesen. Die Seele spürt doch, ob Abi da ist. Einfach dasitzen und weinen, das wäre so wichtig gewesen. Diesen Teufel in mir bekomme ich nicht mehr raus. Dass wir ihn allein gelassen haben, ist durch nichts wiedergutzumachen. Möge er uns vergeben!

Er sei nun in der Rechtsmedizin, hatte die Frau am Telefon gesagt, wo genau, das wüsste sie nicht. Es war nicht anders, als bei der Hotline irgendeines Handyanbieters anzurufen, keiner hatte einen Plan. Aber hier ging es nicht um eine neue SIM-Karte, sondern um Tote. Lebten wir nicht in Deutschland, wo alles so perfekt geregelt ist? Die haben uns fertiggemacht. Warum wurde er nicht freigegeben? Wieso konnten wir ihn nicht auf unsere religiöse Art beisetzen? Ich kam mir verhöhnt und betrogen vor. Dein Bruder wird getötet, die Polizei hat ihn mitgenommen, aber sie sagen dir nicht, wohin sie ihn gebracht haben. Auch die Familien der anderen Opfer wussten nichts. Neun Leichen, und niemand sagte uns, wo sie waren.

Fünf Tage lang haben sie es uns verschwiegen. Fünf Tage lang ließen sie uns anrufen. Ohne eine Information. Nahmen uns damit die Möglichkeit, zu trauern. Weil wir nur damit beschäftigt waren, Steine aus dem Weg zu räumen. So wie wir es bis heute jeden Tag tun. Wir ringen um Respekt und um Aufklärung. Jeden Tag. Der Zorn auf die Behörden und den Staat brennt manchmal jedes andere Gefühl nieder.

In den Tagen der Ungewissheit rannte ich herum wie ein Zombie. Die Bilder aus den unheilvollen Stunden der Tatnacht liefen wie ein Katastrophenfilm in Dauerschleife in mir ab. Die Schreie in der Turnhalle. Die Tränen meiner Mutter. Und das Foto vom Tatort, das Kemal mir inzwischen gezeigt hatte. Er war als einer der Ersten am Kiosk eingetroffen, noch bevor man alles abgesperrt hatte. Das Bild zeigt den Tresen, auf dem noch die Teller mit Nudeln und Pizza stehen, geöffnete Getränkedosen. Einschusslöcher an der Wand und in einem Spielautomaten. Patronenhülsen und ein Projektil liegen herum, Plastikflaschen mit Apfelschorle, die die Getroffenen wohl im Fallen aus den Regalen gerissen hatten. Überall Glasscherben. Mein Bruder in seiner rot-schwarzen Trainingsjacke auf dem Boden, sein Körper zwischen zwei Spielautomaten und dem Regal mit den Zigaretten. Getrocknetes Blut an seinem Mund, sein Puma-T-Shirt blutdurchtränkt. Vor ihm die Leiche von Mercedes. An ihrer Wange sieht man verschmierte Pasta-Soße. Ferhats lebloser Körper ist auf der anderen Seite des Tresens zu erahnen.

Ich wollte es sehen, dieses Foto, ich musste es sehen, sonst hätte ich es nicht glauben können. Doch bis heute ist es, als würde mein Gedächtnis angestrengt versuchen, es immer wieder ganz nach unten in den Stapel der inneren Bildern zu sortieren, aber es liegt jedes Mal wieder obenauf. Lässt sich nicht wegschieben. Liegt ganz oben und scheint zu sagen: Ertrag es!

Am Sonntag nach der Tat ein Trauermarsch und eine Kundgebung im Gedenken an die Opfer. Die Demonstranten wollten, dass die Angehörigen sprechen. Wir hielten Bilder von Gökhan hoch. Mein Vater im Rollstuhl neben mir, eine Decke auf seinen Knien, darunter eine Wärmflasche, um seinen ausgemergelten Körper zu wärmen. Und jedes Mal, wenn der Name seines Sohnes fiel, verzerrte sich sein Gesicht.

Dann stand er auf und ergriff das Mikro. »Bleib sitzen, Behçet, du bist zu schwach«, raunte ihm jemand aus dem Hintergrund zu. Aber Baba war ein Mann, der die Form wahrte, selbst in einem solchen Moment. Er reichte mir seine rote Wärmflasche. Jetzt war er kein Schwerkranker mehr, kein traumatisierter Vater, sondern wieder das starke Vorbild der Gemeinschaft, das er stets gewesen war. Die Art und Weise, wie Baba diese Rede hielt, so ruhig und besonnen, sagte alles über ihn. Er drängte seine Emotionen beiseite, den Zorn und den

Schmerz, drückte sich gewählt und förmlich aus, sprach auf Türkisch allen seine Dankbarkeit aus, die in diesen schweren Stunden unseren Schmerz teilten.

Ich empfand so viel Stolz und Bewunderung für meinen Vater, für seine Größe und seine Haltung, in diesem Moment vor allem an die zu denken, die uns auffingen und unterstützten. Doch auch wenn ich mir oft gewünscht hätte, wie er zu sein, bin ich doch ganz anders: impulsiver, lauter, emotionaler. Auch wenn ich sah, wie all diese Menschen sich für uns einsetzten, war das vorherrschende Gefühl in diesen Stunden nicht Dankbarkeit, sondern Wut. Es war bewegend, die anderen Angehörigen über die Toten sprechen zu hören. Doch es klang für mich so, als seien unsere Brüder und unsere Schwester bei einem Autounfall ums Leben gekommen oder eines natürlichen Todes gestorben. Niemand sprach darüber, was diese Tat mit strukturellem Rassismus zu tun hatte. Darüber, dass man diese Dinge geschehen ließ. Es machte mich sauer, dass sogar manche der eigenen Landsleute nicht die deutlichen Worte fanden, die ich mir gewünscht hätte. Eigentlich hatte ich nicht vorgehabt, etwas zu sagen, doch während die anderen redeten, hatte sich ein Gewitter in mir zusammengebraut, das sich einfach entladen musste. Ich übernahm das Mikrofon aus der Hand meines Vaters. Alles, was sich in mir angestaut hatte, haute ich raus. Ich begann leise, doch ich wurde lauter.

»Passt auf euch auf, gebt auf euch acht, es wird mit Hanau nicht enden! Solange die AfD weiter gefördert wird, müssen wir in Angst leben. Passt auf eure Kinder auf, wir leben sehr gefährlich. Wir sind im Stich gelassen worden. Und schuld ist die Politik. Wie kann ein Land zulassen, dass so eine Partei gegründet wird? Ich muss es einfach loswerden, sonst werde ich keine Ruhe haben. Und was am meisten wehtut, ist: Die AfD, die Nazis, werden mit unseren Steuergeldern gefördert, Mann! Wir bringen uns mit unserem eigenen Geld um. Das kann doch nicht sein. Es wird nicht aufhören, passt auf euch auf, es wird noch schlimmer!«

Andere auf der Bühne versuchten, mich zu beruhigen, aber es war nicht der Moment, ruhig zu sein, sondern die Dinge beim Namen zu nennen, Klartext zu sprechen. »Der Einzige, der die Wahrheit gesagt hat!«, rief jemand aus der Menge. »Endlich mal kein Blabla!« Meine Wut erreichte die Leute und riss sie mit, es wurde geklatscht und gepfiffen. Auch wenn ich es selbst noch nicht wusste: Mein Kampf gegen den Rassismus hat hier begonnen, als ich nicht mehr den Mund halten und geduckt gehen wollte, sondern die Wahrheit über den Hanauer Marktplatz schleuderte. Und bevor ich überhaupt Abschied hatte nehmen können.

Bevor man uns darüber informierte, wo Gökhans Leiche war, kamen seine Sachen. Genauso, wie man sie ihm abgenommen hatte. Es waren zwar nur materielle Dinge, aber dennoch ein erster Kontakt zu meinem verstorbenen Bruder. Mert und ich packten alles einzeln aus und glichen es mit der mitgelieferten Liste ab, für jedes Stück ein Haken. Erst die Bürokratie, dann die Emotionen. Die Liste sollten wir später zurückschicken, damit auch alles seine Ordnung hatte. Tagelang nicht zu wissen, wo sich die Leiche befand, war okay, aber bloß auf dem Formular nichts verkehrt machen!

Man hatte ihm die Sachen vom Leib geschnitten. Die Schere war exakt in der Mitte durch den Markennamen in Weiß auf seinem schwarzen Lieblings-T-Shirt gegangen und hatte ihn in zwei Silben zerteilt. *Pu-ma.* Die Kleidung war voll von getrocknetem, krustigem Blut. Die Trainingsjacke von Nike in Schwarz und Rot, die blaue Jeans. Dann noch die Autoschlüssel. Das zerkratzte Handy mit dem Foto unserer Eltern als Hintergrundbild, Baba noch mit vollem Haar und Schnauzer, Mama mit einem bunten Kopftuch. Ein grünes Feuerzeug, zwei Zwanzig-Cent-Münzen.

All diese leblosen Dinge, viele davon kaputt. So wie er selbst, mein geliebter Bruder! Meine Mutter hat die Sachen bis heute nicht gesehen, ich habe sie im Keller versteckt, dort, wo sie niemals nachschauen wird. Ich schaffe es nicht, sie ihr zu zeigen. Jedes davon erzählt eine Geschichte. Nur einmal habe ich sie an diesem Tag in den Händen gehalten, vergrub mein Gesicht in seiner Trainingsjacke, atmete seinen Duft, der sich mit etwas Metallischem mischte. Ob er noch da ist, Gökhans Geruch, wenn ich sie wieder aus der Tüte nehme? Auch Jahre nach der Tat fehlt mir dazu die Kraft. Ich habe solche Angst, dass der Geruch sich verflüchtigt haben könnte, die Sachen nicht mehr nach ihm riechen, sondern nur noch nach feuchtem Keller. Es ist meine größte Furcht: dass seine Erinnerung verblasst.

Am selben Abend endlich der Anruf, auf den wir seit fünf endlosen Tagen hin fieberten. Mustafa vom islamischen Beerdigungsinstitut rief an, wir könnten Gökhan im Universitätsklinikum Frankfurt abholen. Doch es folgte gleich der nächste Schock: »Die haben eine Autopsie gemacht, Bruder.« Eine Ewigkeit sagte man uns nicht, wo er war, und jetzt wurde eine Autopsie durchgeführt? Ich hatte geglaubt, so etwas würde nur gemacht, wenn die Todesursache unklar ist.

Im Beschluss des Bundesgerichtshofes hieß es: Die *Beschlagnahme des Leichnams des Gökhan Gültekin zum Zweck seiner Öffnung ist für die weiteren Ermittlungen von Bedeutung. Durch die erforderliche Öffnung des Leichnams soll die genaue Todesursache festgestellt werden. Auch können bei einer Leichenöffnung Feststellungen getroffen werden, die über die näheren Umstände des Tathergangs Aufschluss geben. Die Maßnahmen sind im Hinblick auf die Schwere der Verdachtsvorwürfe erforderlich und verhältnismäßig.*

Außerdem war dort zu lesen: *Angehörige des Getöteten wurden als Totensorgeberechtigte am 19. Februar 2020 angehört.*

Das war schlicht gelogen, wussten wir doch am 19. Februar noch nicht einmal, dass unsere Liebsten tot waren. Auch später fragte uns keiner nach unserem Einverständnis.

Eine abschließende Zustimmung zur Öffnung der Leiche liegt bislang nicht vor. Daher ist die Beschlagnahme erforderlich.

So wurde das also geregelt. Man holte sich die Zustimmung nicht bei den Angehörigen, sondern mithilfe irgendwelcher Paragrafen. Doch ich versuchte, mich zu beruhigen: Vielleicht war es ein Steckschuss gewesen, und die Kugel befand sich noch irgendwo in seinem Körper? Das könnte eine Erklärung sein. Dass man den Schusskanal untersuchten musste, auch im Hinblick auf die Schussrichtung und mögliche mehrere Täter, leuchtete mir ein. Ich stellte mich darauf ein, dass sie vielleicht ein paar kleinere Schnitte machen mussten, etwas Drastischeres erwartete ich jedoch nicht.

Die Totenwaschung

Wie oft waren wir auf dem Weg zum Snackshop in der Freigerichtsstraße hier vorbeigelaufen? Dort gab es – davon war Gogo überzeugt – die beste Linsensuppe in ganz Hanau. Das langgezogene Gebäude mit dem roten Ziegeldach hatten wir nur am Rande wahrgenommen. Das Krematorium des Hanauer Hauptfriedhofs. Dass Gökhan bald in einem Holzsarg hier ankommen würde, wäre uns natürlich nie in den Sinn gekommen. Es war später Abend und schon lange dunkel, als der schwarze Leichenwagen mit den abgehängten Fenstern davor hielt. Erst am nächsten Morgen würden wir die Leichenwäsche durchführen und das Totengebet sprechen, bevor der letzte Abschied und die Reise in die Heimat beginnen konnte.

»Mach den Sarg auf, Mustafa, ich muss Gökhan sehen.« Er öffnete den Deckel ein Stück weit. Mein Bruder war in zwei dicke, weiße Laken eingewickelt. Um sein Gesicht zu sehen, zog ich sie vorsichtig bis zum Kinn herunter. Gökhan in diesem Kasten, so unbegreiflich, so unendlich traurig. Doch es tröstete mich ein wenig, wie friedlich er aussah, als würde er nur schlafen, jeden Moment aufwachen und »Abi« sagen. Ich beugte mich zu ihm herunter, küsste ihn mehrmals auf die Stirn, küsste seine Augenlider, seine Wangen, strich ihm über den Kopf. Sein Gesicht, es war wie Licht. Aber eiskalt.

Es sollte der schwerste Gang unseres Lebens werden. Am nächsten Morgen trafen Mert, Kemal, Emrah – ein guter Freund von Gökhan aus unserem Heimatdorf in der Türkei – und ich uns vor dem Krematorium. Für mich sollte es die erste Totenwaschung sein. Die rituelle Leichenwäsche, auch bekannt als *Ghusl al-Mayyit,* spielt eine wichtige Rolle im islamischen Glauben. Sie wird von engen Familienmitgliedern durchgeführt, um dem Verstorbenen eine würdevolle Vorbereitung auf das Leben im Jenseits zu ermöglichen. Wir glauben an die Würde der menschlichen Seele und dass der Körper nach dem Tod mit Respekt behandelt werden sollte. Durch die rituelle Waschung wird diese Wertschätzung zum Ausdruck gebracht. Sie soll den Verstorbenen außerdem von seinen Sünden reinigen.

Rund fünfzig Leute kamen, um sich von Gökhan zu verabschieden. Neben meinen Eltern sahen die Verwandten und Freunde seinen Leichnam jetzt zum ersten Mal. Manche schluchzten laut und schrien ihren Schmerz hinaus, andere weinten still. Einige sprachen zu Gökhan, viele sahen ihn nur an, küssten ihn immer wieder. Besonders meine Mutter war kaum von ihm wegzubewegen. Dennoch musste ich den Abschied irgendwann schweren Herzens abbrechen, da wir unter enormem Zeitdruck standen.

Mittags sollte sein Sarg – zusammen mit den Särgen der Opfer Sedat Gürbüz und Fatih Saraçoğlu – zum Marktplatz gebracht werden, damit die türkische Gemeinschaft Abschied nehmen konnte. Nachmittags dann mit dem Flugzeug in die Türkei. »Wie lange werden wir für die Leichenwäsche brauchen?«, fragte ich Mustafa nervös. Ich war beruhigt, als er antwortete, es würde nur etwa eine halbe Stunde dauern. So würden wir alles noch rechtzeitig schaffen.

Bevor wir beginnen konnten, mussten wir zuerst den *Abdest* nehmen, eine rituelle Waschung im Islam, die vor dem Gebet durchgeführt wird. Er symbolisiert die spirituelle Reinigung und Vorbereitung auf die Kommunikation mit Allah. Vier Dinge sind hierbei »Farz«, also die Pflicht, es zu tun, der Rest ist »Sunnah« und steht für die Gepflogenheiten des Propheten Muhammed, Friede sei mit ihm. In spezifischer Abfolge werden dabei bestimmte Körperteile gereinigt und die Gläubigen auf den Zustand der rituellen Reinheit vorbereitet. Man beginnt mit den Worten »Bismillahi-r Rahmani-r Rahim«, im Namen Gottes, des Barmherzigen, des Gnädigen. Erst wuschen wir uns die Hände bis zu den Handgelenken. Dann spülten wir den Mund aus, zogen Wasser durch die Nase. Wir reinigten unsere Gesichter, von der Stirn bis zum Kinn und von Ohr zu Ohr, dann beide Arme nacheinander bis zu den Ellenbogen. Wir strichen mit den Händen Wasser auf einen Teil des Kopfes, dann mit dem kleinen Finger auf beide Ohren und den Bereich dahinter, mit drei Fingern auf den Nacken. Zum Abschluss wuschen wir uns gründlich die Füße, einschließlich der Knöchel. Äußerlich waren wir nun bereit, meinen Bruder für seine letzte Reise herzurichten.

Innerlich konnten wir es nicht sein, denn was uns erwartete, war nicht dafür bestimmt, von Menschenaugen gesehen zu werden. Nach diesem Anblick würden wir nicht mehr die sein, die wir bisher gewesen waren.

Zu viert hoben wir Gökhans schweren Körper aus dem Sarg und legten ihn auf den Musalla-Stein aus Marmor, auf dem die Toten bei der Beerdigungszeremonie traditionell aufgebahrt werden. Mustafa zog behutsam den *Kefen,* das Leichentuch, von Gökhans Körper. Ich hatte Mert und Kemal erklärt, dass eine Autopsie zur Untersuchung des Schusskanals gemacht worden war, aber das, was wir nun zu sehen bekamen, glich einer Leichenschändung.

Ich wünschte, ich müsste das, was von meinem Bruder übrig geblieben war und was ich bei dem Anblick fühlte, hier nicht beschreiben. Aber wie kann ich anders begreiflich machen, was man uns angetan hat? Warum wir keine Ruhe finden? Warum wir nicht aufhören werden, zornig zu sein? Ich streue absichtlich Salz in die Wunde. Nur die schockierende Realität wird uns weiterbringen. Denn für mich war es nicht weniger als ein zweiter Anschlag. Wenn die Erinnerungen hochkommen, möchte ich mich vor ihnen verstecken. Aber wir müssen dorthin blicken, wo es wehtut, auch wenn wir wegschauen wollen. Dass ich über die Dinge spreche, über die ich lieber für immer schweigen würde, dient nur dem einen Zweck, um zu zeigen: Das ist es, was solche Gewalttaten anrichten.

Arme, Beine, Hinterkopf, Rücken – Gökhans Körper war von oben bis unten aufgeschlitzt worden. Er sah aus wie eine Landkarte. Die Bahnen, die das Skalpell in sein Fleisch geschnitten hatte, waren mit groben Stichen zusammengenäht, zugetackert oder offen gelassen worden. Um seinen Bauch hatte man eine Klarsichtfolie gewickelt – wohl damit die notdürftig geflickten Schnitte nicht sofort wieder aufrissen. Nach einem ganzen Tag, den man ihn im Kiosk liegen gelassen hatte, war sein Leib aufgequollen, rötlich-violette Flecken überzogen seine Haut.

Wir sprachen nicht, aber ich sah das Entsetzen in den Augen der anderen, wenn ich ihren Blicken begegnete. Alle standen unter

Schock, alle kämpften mit sich, es kostete uns Überwindung, diesen kaputten Körper zu berühren. Wir legten ein Handtuch über seinen Intimbereich, begannen, ihn mit Lappen und Shampoo zu waschen. Es war schwierig. Überall offene Wunden, überall Nähte. Nur ganz vorsichtig konnten wir seine Haut abtupfen. Wir versuchten, irgendwie unsere Gedanken zu kontrollieren, ruhig zu bleiben, damit der Kreislauf nicht wegsackte. Uns auf die Suren zu konzentrieren, die wir leise sprachen. Halt in unseren Gebeten zu finden, während wir keine andere Wahl hatten, als uns dieser großen Aufgabe zu stellen – aus Respekt für meinen Bruder.

Angstvoll schauten wir zur Tür. Hätten die Menschen, die draußen warteten, gesehen, was man mit Gökhans Körper angerichtet hatte, wir hätten niemanden mehr beruhigen können. Vor allem meine Eltern nicht. Also hatten wir einen meiner Cousins fest vor die Tür positioniert wie einen Security-Mann – zum Schutz vor dem, was niemand je würde verarbeiten können. »Warum dauert das so lange?«, wollten die Wartenden wissen, die ungeduldiger wurden. Wir hatten keine Worte dafür.

Wenn ich heute den Duft von Rosenseife in die Nase bekomme, dann denke ich an den entstellten Leichnam meines Bruders. Wir schäumten ihn behutsam damit ein, doch jedes Mal, wenn wir Wasser über ihn gossen, kam aus den Nahtstellen wieder eine rosafarbene Flüssigkeit.

»Kein Blut am Leichentuch.« Das hatte der Imam uns gesagt. Aber so konnten wir die Leichenwäsche nicht zu Ende bringen. Die beiden Schusswunden an Kopf und Brust waren nicht richtig zugenäht worden, auch an der linken Flanke, dort, wo die Kugel ausgetreten war, klaffte ein Loch, aus dem Sekret sickerte. Immer wieder wuschen wir ihn, doch wenn wir ihn abtrocknen wollten, waren die Tücher erneut voller Flecken.

Ich wusste mir nicht anders zu helfen, als Mert loszuschicken, um im Supermarkt Watte zu kaufen, mit der wir die Öffnungen behutsam verschlossen. Fast drei Stunden hat die Tortur gedauert. Gott hat mir eine unbeschreibliche Kraft gegeben, das Grauen irgendwie auszuhalten. In diesem Moment habe ich keinen Hass gespürt, keine Angst, keinen Ekel, da war nichts als die Liebe zu meinem Bruder. Nie davor und nie danach habe ich etwas Brutaleres erlebt oder gesehen, auch nicht im Fernsehen oder im Kino. So eine Obduktion, das weiß ich jetzt, ist so, als ob du einen Toten noch mal umbringst. Mein Bruder wurde ein zweites Mal getötet. Das ist der K.-o.-Schlag, der endgültig nichts mehr von dir übrig lässt.

Fast dreieinhalb Stunden, so steht es im Obduktionsbericht des Universitätsklinikums Frankfurt, hatten sie gebraucht, bis sie mit ihm fertig waren. Dass man die beiden Schussverletzungen genau untersuchen musste, das verstehe ich. Und heute weiß ich, dass eine Obduktion zum Standardprozedere bei unnatürlichen Todesfällen gehört – aber so? Er hatte eine Kopfsteckschussverletzung mit Durchschuss der Ohrmuschel erlitten, dadurch ein offenes Schädelhirntrauma mit Verletzung des Kleinhirns, außerdem einen Herzdurchschuss. Jede der beiden Verletzungen hätte ausgereicht, um ihn zu töten. Aber warum musste man ihn komplett aufschneiden, sodass nichts mehr an den erinnerte, der er einmal gewesen war? Ist es verhältnismäßig, den Körper so zuzurichten, wenn die Todesursache klar ist, ebenso der Tathergang, und zudem der Täter feststeht? Was bringt so ein Gesetz? Das sind die großen Fragen, die uns nicht loslassen. Welche medizinischen Gründe gab es, die Leiche so zu behandeln? Die Würde des Menschen ist unantastbar – auch nach seinem Tod.

Diese Pathologen werden nicht gewusst haben, dass es bei uns eine Leichenwaschung gibt. Wir leben aber in einem Land mit über fünf Millionen Muslimen.[5] Moscheen gehören vielerorts zum Stadtbild. Also muss man auch den Familien ermöglichen, sich ihrer Religion entsprechend zu verabschieden – vor der Obduktion, solange der Tote noch aussieht wie ein Mensch. Der Gerichtsmediziner hat ihn komplett auseinandergenommen. Das macht man nicht mit einem Toten. Wie könnte es mir nicht den Schlaf rauben, wie soll ich je zur Normalität zurückkehren? So ein Ende hatte er nicht verdient.

Meine Anwältin Seda Başay-Yıldız, die bald an meiner Seite sein würde und bereits die Familie von Enver Şimşek – das erste Opfer des NSU – vertreten hatte, riet mir später dazu, mir die Bilder der Obduktion nicht anzuschauen. Aber ich dachte, es gehöre dazu, um komplett abschließen zu können. Du bist kein starker Mann, wenn du dir das nicht angucken kannst! Du musst wissen, was sie mit Gökhan gemacht haben, sonst findest du keine Ruhe! Doch es hat mit Stärke nichts zu tun, das weiß ich heute. »Lehre von den Leiden«, bedeutet der Begriff *Pathologie* wörtlich. Und das bedeutet er seither auch für mich.

Kaum etwas in meinem Leben bereue ich so sehr, wie nicht auf sie gehört zu haben. Wir reden von 693 Lichtbildern. Gogo, wie er tot dalag in seinem Blut. Gökhan im Leichenwagen. Wie seine Klamotten aufgeschnitten wurden. Wie er aufgeschnitten wurde. Ein Bild krasser als das andere. Finger, die in einem blutigen, weißen Gummihandschuh stecken und das Herz meines Bruders umschließen, das kriege ich nicht mehr raus. »Etwa von der Größe der Leichenfaust«, sei es gewesen, so wurde es vermerkt. 432 Gramm schwer. Neues Foto: Sein Gehirn, 1580 Gramm. Neues Foto. Lunge links, 510 Gramm. Neues Foto: Lunge rechts, 518 Gramm.

Die Gedanken daran verfolgen mich. Selten gelingt es mir, sie abzuschütteln. Auch vier Jahre danach gibt es Tage, an denen es mir hochkommt, wenn ich an der Metzgerei-Theke im Supermarkt vorbeilaufe. Wenn ich den Tod rieche. Wenn ich die Handschuhe sehe, die das rohe Fleisch auf die Waagschale klatschen. »Darf es noch etwas sein?« Nein, bitte nicht. Ich sehe die Organe meines toten Bruders vor mir. Die klaffenden Löcher in seinem Körper, so groß, dass ich mit der Hand hätte hineingreifen können. Der Geruch erinnert mich an die Stunden im Krematorium. Ich habe keinen Appetit. Wieder ein Tag, an dem es mir unmöglich ist, etwas zu essen.

Immer wieder kocht die Wut heiß in mir hoch. Diese Ignoranz, mit der solche Menschen ihre Arbeit machen. Dass du die Toten noch mal treten, ihnen noch mal eine geben musst. Warum? Vielleicht haben sie dabei über Fußball geredet, wie Timo Werner den Elfmeter im Champions-League-Achtelfinale gemacht hatte, am Abend des 19. Februar. 58. Minute. Da war Gökhan bereits tot. Wahrscheinlich wurden noch Witze gemacht. Und dann der Blick auf die Uhr: *Oh, gleich Feierabend, lass das mal sein mit dem übergenauen Zunähen, lieber schnell die Folie drum, man will ja zum Abendessen zu Hause sein!* Der Arzt hat seinen Job erledigt, aber ohne Seele. Wir sind doch immer noch Menschen. Für ihn ist ein Organ ein Organ. Ein Herz ein Herz. Aber wenn es deinem Bruder gehört, das tut weh. Einfach irgendwie zusammenkleben und zurückgeben? Der Gökhan war doch keine Nummer!

In den Augen der Pathologen war er aber wohl genau das. Sektionsnummer 145/20. Dass es Menschen gibt, die so mit einer Leiche umgehen, erschreckt mich.

Der Rassist dachte, Gökhan habe ihm den Job weggenommen, die Frau, ein gutes Leben. Und welchen Grund hatte der Mediziner, so zu handeln? Nach meinem Eindruck hat der Pathologe seine Arbeit nicht besonders sorgfältig gemacht – sonst hätte er keine Klarsichtfolie benutzt, auch wenn er selbst bestreitet, eine solche verwendet zu haben. Und man hätte mir nicht achtzehn Monate nach der Tat eine Kühlbox voller Gewebeteile ausgehändigt, die ich im eigenen Kühlschrank neben den Lebensmitteln zwischenlagern musste, bis ich sie zur Bestattung in die Türkei fliegen konnte. Ich fand es unmenschlich. Irgendwo im Kleingedruckten soll gestanden haben, dass die Familien die restlichen Teile entweder zurückbekommen oder man diese dann mit der Erlaubnis der Familie vernichtet. Aber aufgeklärt hatte uns darüber natürlich niemand. Und so ging ich von einigen kleinen Proben aus. Doch es war so viel, dass ich den Kühlbehälter am Flughafen einchecken musste. Ein Stück Leber, ein Stück Herz, ein Stück Hirn, ein Stück Lunge. Blut und Speichel in Plastikröhrchen. Natürlich hätte ich das alles hochoffiziell abwickeln und dafür noch mal fünftausend Euro hinlegen können. Doch die hatte ich nicht. Und so setzte ich darauf, dass niemand den Inhalt kontrollieren würde. Zu verlieren hatte ich sowieso nichts mehr. Im Dorf angekommen, mussten wir das halbe Grab erneut ausheben, um all das zu beerdigen, was man ihm aus dem Leib gerissen hatte.

Mir bereiten die Menschen Sorgen, die Leichen derartig zurichten. Die Obduktionsbilder auf dem Rechner meiner Anwältin erzählen von ihrer Kälte. Vielleicht ist das alles Paranoia in meinem Kopf, aber die Gedanken sind jetzt da.

Kapitel 11
Rekonstruktion des Horrors

Der 19. Februar hatte alles in Stücke gerissen. Das Resultat sahen wir auf dem Marmortisch, wo die nackte Leiche meines Bruders lag. Doch was wirklich passiert war, erfuhren wir erst viel später. Wir, die Angehörigen und Überlebenden, sind bis heute damit beschäftigt, die Teile dieses riesigen Puzzles zusammenzusetzen. Doch einige davon fehlten oder wurden zurückgehalten, andere schienen gar nicht hineinzupassen, manche sind niemals aufgetaucht. Weil viele das komplette Bild überhaupt nicht sehen wollen. Und bis heute ist vieles ungeklärt.

Wenn ein Verbrechen begangen wird, sichert die Polizei den Tatort und führt die Ermittlungen durch. Normalerweise. Doch wenn Behörden oder Polizei teilweise selbst in eine Straftat verwickelt sind, diese nicht verhindert haben oder gravierende Fehler gemacht wurden, ist eine objektive oder lückenlose Aufklärung nicht möglich. Für die Opfer gibt es dann keine Gerechtigkeit. In solchen Fällen sind sie gezwungen, selbst öffentlichen Druck auszuüben. So war es auch beim Anschlag von Hanau. Hatten wir anfangs den großmütigen Versprechen geglaubt, man würde alles tun, um den Dingen auf den Grund zu gehen, wurde uns mit jedem Tag bewusster, dass es kaum einen politischen Willen gab, rassistische Straftaten wirklich aufzuklären. Die betroffenen Familien hatten keine andere Wahl, als selbst für die Gerechtigkeit zu kämpfen. Wir hätten die Kraft für unsere Trauer gebraucht, aber ohne Aufklärung und Konsequenzen können wir kein normales Leben führen. All das bleibt uns jedoch verwehrt, voraussichtlich für immer und ewig.

Es wäre Aufgabe der Polizei gewesen, den Fall aufzuklären, sie war uns Antworten schuldig. Und es wäre im Interesse der gesamten Gesellschaft gewesen, diese zu finden. Vieles, was wir heute über den Täter, den Tathergang und die Versäumnisse von Staat und Polizei wissen, haben wir selbst herausgefunden, oder es wurde durch engagierte Journalisten aufgedeckt. Details und Zusammenhänge kamen durch den Austausch untereinander ans Licht, umfangreiche Recherchen haben wir selbst angestoßen.

Weil uns die Mittel fehlten, beauftragten wir mithilfe unserer Anwältin Seda Başay-Yıldız das unabhängige Londoner Ermittlungsinstitut Forensic Architecture und dessen Schwesteragentur Forensis in Berlin, den Terroranschlag zu untersuchen. In einer Zeitleiste sowie in Videorekonstruktionen gelang es, den Ablauf der Tatnacht extrem detailliert zu rekonstruieren. Die Analyse macht die Fehler und Versäumnisse in diesem Fall so deutlich und unbestreitbar, dass es jeden erschüttern muss, der geglaubt hat, die deutsche Polizei würde sich um die Sicherheit aller Bürger kümmern.

Dass Rassismus bei Ermittlungen oft eine Rolle spielt und manch ein Polizist Hinterbliebene mit Migrationshintergrund anders behandelt, ganz egal, ob sie einen deutschen Pass haben oder nicht, ist keine vage Vermutung. Natürlich darf man nicht pauschalisieren, die meisten Beamten machen sicher korrekt ihre Arbeit. Aber die Erfahrungen, die wir in Hanau gemacht haben, lassen sich nicht verleugnen. So sehr es auch wehtut: Was hier dokumentiert wird, sind Tatsachen, vor denen niemand die Augen verschließen kann.

Die Idee hinter der Arbeit von Forensic Architecture ist es, mit künstlerischen, bildwissenschaftlichen und investigativ-journalistischen Mitteln sowie den Stimmen der Betroffenen eine Gegenerzählung zur staatlichen und behördlichen Darstellung zu liefern, Sichtbarkeit für die Opfer rassistischer Gewalt zu schaffen und deren Rechte zu stärken. Mit Hilfe hoch entwickelter Technologien wie Geomapping, Fernerkundung und 3-D-Modellierung werden objektive Tatsachen über Missstände gesammelt. Dadurch können Zusammenhänge und Spuren sichtbar gemacht werden, die für die Öffentlichkeit sonst nicht wahrnehmbar sind. So hat das Institut bereits einen Film gedreht, in dem der Mord an Halit Yozgat rekonstruiert wird, dem neunten Opfer des NSU, weil die Rolle des Staates dabei nicht eindeutig geklärt wurde. In diesem Film werden die Thesen der Polizei klar widerlegt.

Wenn ich nun den Tathergang beschreibe, dann basiert er im Wesentlichen auf der beeindruckenden Recherche von Forensic Architecture sowie den Details, die vor allem Angehörige, Anwälte und die Medien herausgefunden haben. Alles fügte sich jedoch erst nach und nach ineinander. Manches kam erst Jahre nach der Tat ans Licht, manches wird es vielleicht nie.

19. Februar 2020

Es ist ein nasskalter, grauer Wintertag, sechs Grad sind es in Hanau im Durchschnitt. Es ist das Datum, an dem der Mann, der es nicht wert ist, dass wir uns an seinen Namen erinnern, vollendet, was in seinem Gehirn und seiner kalten Seele über einen langen Zeitraum zu monströser Größe gewachsen sein muss, ohne dass jemand eingeschritten ist. Er hatte einen gewöhnlichen Namen, ein Gesicht, das man sofort wieder vergisst. In diesem Buch werde ich seinen Namen nicht erwähnen, er hat keine Relevanz. Wir wollen uns an die Toten erinnern, nicht an die, die töten. Und trotzdem müssen wir über ihn sprechen. Wenn es auch auf die Frage »Warum?« keine Antwort gibt, dann zumindest darauf, wer so etwas tut.

Es ist bereits dunkel, als der Rassist seine schwarze BMW-Limousine 430i auf einem Behindertenparkplatz vor der Postbankfiliale in der Hanauer Innenstadt abstellt. Die dritte Parkbucht von rechts, nördlicher Fahrstreifen stadtauswärts, hat er zum Parken des Fluchtautos vorgesehen. Doch sie ist belegt. Auf Tatortskizzen, die man später im Kellerzimmer seines Elternhauses findet, ist alles akribisch vermerkt. »Wie ein Business-Plan rechten Terrors«, nennt es Dietrich Brants in seiner Feature-Serie *Die Lücke von Hanau.*[6] Die Orte, an denen er zuschlagen will – Spielotheken, Shisha-Bars, ein Kiosk, ein Kebab-Grill, eine Sports-Bar, alle haben türkische Inhaber – hat er vorher auskundschaftet, die geplante Zahl der Opfer in seinen Notizen vermerkt. Mit vierzig Toten rechnet er insgesamt.

Eine Streife hält und fordert ihn auf, sein Auto umzuparken. Seine Personalien werden aufgenommen. Auf dem Foto, das die Polizei zur Anzeige der Ordnungswidrigkeit macht, ist auf dem Beifahrersitz der Rucksack zu sehen, der später im Haus des Täters gefunden wird. Er enthält Munition und Magazine für die halb automatischen Waffen, die er sich zwölf Tage vor der Tat beim Waffenhändler seines Vertrauens für einen Monat lang ausgeliehen hat. Rechtmäßig per Waffenbesitzkarte. Eine »Sportpistole mit mehr Präzision« hat er dort angeblich angefragt. Ausgehändigt wurde ihm eine Česká 75 Shadow 2 Single Action. Auch wenn der NSU einen anderen Waffentyp benutzte, so war es dennoch dieselbe Marke. Ein Merkmal für rechten Terror. Eine zweite Großkalibrige mit schneller Schussfolge nahm er außerdem mit: SIG Sauer P226. Vierzig Menschen zu töten – er hatte Großes vor. »Nervös, aber nicht aggressiv«,[7] habe der Mann gewirkt, sagten die Beamten aus, die ihn wegen des Falschparkens ansprachen. Kein Grund, sein Auto zu durchsuchen.

Ohne richterlichen Beschluss hätten sie es auch nicht gedurft, es sei denn, sie wären von Gefahr im Verzug ausgegangen. Aber offensichtlich vermuteten sie nichts Gefährliches. Der Inhalt des Rucksacks blieb unbemerkt. Seltsam. Bei Menschen mit Migrationsgeschichte wird so etwas gern zum Anlass genommen, Autos und Insassen komplett auseinanderzunehmen. Aber dieser Mann schien nicht dem Bild zu entsprechen, bei dem die Beamten sofort schwere Verbrechen vermuten – wie bei uns so oft. Dreihundert Schuss Munition hatte er dabei. Was er kurz danach damit anrichten würde, konnte natürlich keiner ahnen. Aber hier hätte man sich mal eine jener Kontrollen gewünscht, die bei Migranten häufig völlig willkürlich durchgeführt werden. Sie hätte an diesem Tag Menschenleben gerettet.

Vor dem Café und Bar La Votre raucht der Neonazi, blaue Jeans und olivgrüner Parka, noch eine Zigarette, läuft auf und ab, späht durch die Frontscheibe, zieht sich Handschuhe an. Um 21:55 Uhr geht er rein, schießt mit der Česká auf den Mann hinter dem Tresen. Der greift noch nach der Bierflasche vor ihm, um sie auf den Angreifer zu werfen. Zu spät. Er wird von vier Schüssen getroffen und verblutet.

Der Name des ersten Opfers ist **Kaloyan Toshkov Velkov**, er wurde dreiunddreißig Jahre alt. Erst zwei Jahre zuvor ist er aus Bulgarien nach Deutschland gekommen. Durch seine Arbeit hier wollte er seine Frau und seinen Sohn, die er zurücklassen musste, finanziell unterstützen. Zuvor fuhr er als Lkw-Fahrer nach Syrien und in den Irak. Seine Cousine Vaska Zlateva erinnert sich an ihn als glücklichen Menschen, der gerne in Deutschland gelebt hat: »Kaloyan hat immer alle gegrüßt, hat mit den Leuten gelacht. Er wollte hierbleiben, er wollte gut Deutsch lernen, vielleicht irgendwann den Job wechseln und mehr Geld verdienen. Sich selbstständig machen.« Am Abend des Anschlags hat er seinem Sohn noch eine Winterjacke nach Bulgarien geschickt.[8]

Als der Täter die Bar verlässt, schießt er unvermittelt auf zwei Männer, die sich draußen auf dem Gehweg unterhalten und eine Zigarette rauchen. Er trifft einen von ihnen.

Fatih Saraçoğlu wird von drei Kugeln getroffen, eine durchbohrt sein Herz. Fatih wurde im türkischen İskilip in der Provinz Çorum geboren und ist in Regensburg groß geworden. Drei Jahre zuvor ist er nach Hanau gezogen, um sich als Kammerjäger selbstständig zu machen. Er ist vierunddreißig Jahre alt, als er ermordet wird. Erst vor ein paar Jahren hat er seine Mutter verloren, unterstützte seither seinen Vater, wo er nur konnte. »Tag und Nacht waren wir zusammen«, sagt seine Freundin Diana Sokoli. Die beiden stammen aus dem gleichen Viertel von Regensburg, in Hanau begegneten sie sich zufällig wieder, wurden ein Paar. »Fatih war mein bester Freund, meine Familie, mein Ein und Alles.« Kurz bevor er starb, schickte er ihr noch eine WhatsApp: »Komme bald heim, mein Leben.« Mit Herz-Emojis.[9]

Der Rassist steuert jetzt zielgerichtet die Midnight Bar an, zwei Hausnummern weiter auf derselben Straßenseite. Er öffnet die Tür der Shisha-Bar, bleibt im Türrahmen stehen, ein Fuß drinnen, ein Fuß draußen. Von hier aus zielt er, ein paar Personen halten sich in der Bar auf, er feuert mehrere Schüsse ab, tötet den Inhaber mit einem Kopfschuss.

Als **Sedat Gürbüz** stirbt, ist er neunundzwanzig Jahre alt. Er lebte bei seinen Eltern in Dietzenbach, wo er auch geboren und aufgewachsen ist und viele Jahre im Verein Fußball spielte. Er war Besitzer der Bar Midnight – ein eigener Laden, das war sein großes Ziel gewesen. »Er hatte Träume. Er hatte Pläne. Seine Freundin kommt uns jede Woche besuchen, seit Sedat tot ist. Sie wollten heiraten und eine Familie gründen«, so seine Mutter Emiş Gürbüz. Sie sagt, sie hasse Deutschland inzwischen, dieses Land, in das ihr Vater vor fünfzig Jahren als Gastarbeiter kam:[10] »Wenn der Mörder ihn gekannt hätte, dann hätte er ihn niemals umbringen können. Die waren keine Fremden, haben sie gesagt, aber sie waren doch Fremde. Warum sind sie ermordet worden, wenn sie keine Fremden wären?«[11] Während sie jeden Tag um ihren Sohn weint, verliert die Familie, die ursprünglich aus Hatay stammt, bei dem Jahrhundert-Erdbeben in der Türkei im Februar 2023 auch noch viele Verwandte und Freunde.

Mustafa Tunç arbeitet gerade nebenan im Wettbüro Tipwin, rechts vom Midnight. Als er die Schüsse hört, will er raus, die Tür öffnet sich automatisch und er steht dem Attentäter gegenüber. »Er zielte genau auf meine Brust«, erinnert er sich. Zweimal richtet der Mörder seine Waffe auf ihn. Doch er drückt nicht ab. Mustafa fragt sich noch immer, warum. »Ich sehe nicht aus wie ein Ausländer, ich habe blaue Augen und blonde Haare. Hat er mich deshalb verschont?«[12] Der Täter spricht ihn an, vielleicht, um herauszufinden, ob er einen Akzent hat: »Ist was?« Doch Tunç ist starr vor Angst und bringt kein Wort heraus. Der Täter flüchtet, merkt offenbar, dass ihn jemand beobachtet. Eine Überwachungskamera zeichnet auf, wie er aus dem Lauf heraus siebenmal auf den silberfarbenen Mercedes von Vili-Viorel Păun schießt. Der legt den Rückwärtsgang ein und beginnt, dem Täter auf dem Weg zu seinem Auto zu folgen, hindert ihn am Ausparken, indem er sich direkt davor stellt. Nach etwa dreißig Sekunden macht er jedoch Platz. Es heißt, der Täter soll in seine Richtung gezielt haben, sodass er ihm den Weg frei machen musste. Doch er verfolgt ihn weiter, 2,4 Kilometer bis zum Kurt-Schumacher-Platz in Kesselstadt, versucht während der Fahrt dreimal, einen Notruf über die 110 abzusetzen. Niemand antwortet. Am Lidl-Parkplatz angekommen, bremst der schwarze BMW den silbernen Mercedes aus, der Täter steigt mit der SIG Sauer P226 in der Hand aus, fünfzehn Patronen Magazinkapazität. Er läuft auf das Auto zu und erschießt den Fahrer aus kurzer Distanz von vorn durch die Windschutzscheibe, mit drei Schüssen in Kopf, Brust und Schulter.

Vili-Viorel Păun stirbt mit nur zweiundzwanzig Jahren bei dem Versuch, den Täter daran zu hindern, weiter zu morden. Sein Vater Niculescu Păun denkt in der Tatnacht noch: Vielleicht ist Vili mit einer Frau unterwegs und kommt deshalb nicht nach Hause. Später fährt er zur Arbeit ins Lager, Whiskey auf Paletten packen, erst am Nachmittag des nächsten Tages erfährt er, dass sein Sohn nicht mehr am Leben ist. Als Sechzehnjähriger kam Vili-Viorel aus Rumänien nach Deutschland, weil seine Mutter krank war und sich hier behandeln lassen musste. Und blieb. Um seine Familie zu unterstützen, stellte er seine Ausbildung als Fliesenleger zurück und arbeitete als Paketzusteller bei Amazon. Seine Mutter Iulia Păun erzählt über ihn: »Vili konnte viele Sprachen, Italienisch, Französisch, Spanisch. Er wollte eigentlich studieren«. Er war ihr einziges Kind.[13] Am 20. Februar 2023, einen Tag nach dem dritten Jahrestag des Anschlags, adoptieren Vilis Eltern einen Waisenjungen aus Rumänien, der direkt nach seiner

Geburt verlassen wurde. Sie ziehen ihn im Gedenken an ihren verstorbenen Sohn liebevoll groß, wie sie es auch bei ihrem leiblichen Kind getan haben.

Auf den Videoaufzeichnungen vom Kiosk sieht man, wie der Täter reinkommt. Kim Schröder erinnert sich an die Worte, mit denen er den Laden betritt: »Ich kann nicht mehr leben. Ich bring mich um und jetzt bring ich euch um.« In sechs Sekunden schießt er fünfmal. Mein Bruder wird in Herz und Kopf getroffen. Mercedes Kierpacz wird zweimal getroffen, eine Kugel durchtrennt ihre Halsschlagader. Eine Kugel trifft Ferhat Unvar, sie durchdringt seine Leber, seine Niere, seine Wirbelsäule. Mit letzter Kraft robbt er hinter den Tresen, greift in seiner Hosentasche nach seinem Handy, aber schafft es nicht mehr, Hilfe zu rufen.

Ferhat Unvar ist dreiundzwanzig Jahre alt, hat gerade seine Lehre als Heizungs- und Gasinstallateur abgeschlossen und war dabei, eine eigene Firma zu gründen. Seine Mutter Serpil Unvar erzählt über ihren Sohn: »In der Schule mochte Ferhat Mathematik. Zu Hause hat er sehr viel gelesen. Er hat sich für die Welt interessiert, für Menschen. Wenn er schon alle Bücher gelesen hatte, die wir zu Hause hatten, hat er auch noch im Lexikon geblättert. So einer war er.« Serpil Unvar wurde im Südosten der Türkei in Mardin geboren, heiratete den Sohn kurdischer Straßenbauer aus Hanau. Sie bekamen vier Kinder. Als sie sich von dem Mann trennte, wurde Ferhat für seinen kleinen Bruder Mirza zum Vater. Vier Jahre bevor er erschossen wurde, postete er auf Facebook eine Songzeile aus dem Lied »Kranke Welt« des Rappers Pillath: »1945 schrie ein Land ›Mit uns nie wieder!‹ Plötzlich gibt's die AfD, besorgte Bürger und Pegida.«[14]

Die fünfunddreißigjährige **Mercedes Kierpacz** war Mutter von zwei Kindern. Ihr Vater Filip Goman beschreibt sie als fürsorglichen Menschen: »Sie hat sich immer um alle gekümmert, sie wollte immer wissen, wer was macht, wo wer ist, warum jemand nicht zum Essen kam.« Filip Goman ist der Sohn polnischer Roma aus Kattowitz. Seine Großeltern wurden im KZ ermordet, er zog in den Sechzigerjahren im Wohnwagen mit seinen Eltern durchs Land. Er besuchte nie eine Schule, machte als Teppichhändler ein kleines Vermögen. Die Gomans lebten in einer Villa und machten Urlaub in Monte Carlo. Mehrmals hat Filip Goman alles verloren und sich sein Leben neu aufgebaut. In dieser Nacht wartet er zwanzig Stunden vor dem Lidl-Parkplatz. Nach Abschluss der Spurensicherung führt ein Polizist ihn zu Mercedes. Er ist der Einzige, der sein Kind vor der Obduktion noch sieht.[15]

Auf einem Tatortfoto liegt mein Bruder **Gökhan Gültekin** leblos neben Mercedes. Die Videokamera hat den Moment seines Todes eingefangen. Man hört nicht, was gesprochen wird, aber man sieht, wie er lacht, er wirft den Kopf in den Nacken, typisch für ihn, wenn er aus vollem Halse lachte. Dann sinkt sein Kopf langsam wieder herunter, das Lächeln zieht sich über sein Gesicht. Und genau in dem Moment, als sein Kopf wieder in die neutrale Position kommt, trifft ihn die Kugel, durchdringt seine Ohrmuschel, bleibt in seinem Kopf stecken und verletzt ihn tödlich.

Kim Schröder hat den Täter gesehen, diesen »Typen mit den Psycho-Augen«. Hasserfüllt, aber auch verängstigt habe er ausgesehen. Sie beobachtet, wie er die Waffe hochnimmt und ihre Freunde kaltblütig und ohne Zögern erschießt. Kim reagiert instinktiv, sie flieht im Zickzack, um ihm zu entkommen, so wie sie es in Filmen gesehen hat. Sie duckt sich, läuft um ihr Leben und um das ihres ungeborenen Kindes, während die getroffenen Körper hinter ihr auf den Boden schlagen. In Todesangst krabbelt sie unter die Kasse, schlingt die Arme um ihren Bauch, sucht hinter Kabeln und Mülleimern verzweifelt Schutz – und muss den letzten Atemzug ihrer Freundin miterleben: »Zwischen mir und Mercedes war nur noch die Trennwand der Theke. Ich hörte, wie sie qualvoll einen Seelenschrei von sich gab, die Seele vom Körper ging, wie ein lautes, ächzendes Atmen. Mercedes war die Lauteste von allen, in diesem Moment war sie leise.« Die Schritte entfernen sich, dann kommen Schüsse aus der Arena Bar.

Der Neonazi befindet sich inzwischen in der angrenzenden Bar, die vom selben Eingangsbereich abgeht, schießt zuerst auf Ibrahim Akkuş, er ist Mitte sechzig, trägt aufgrund seines Diabetes eine Beinprothese. »Ich sagte: ›Was ist hier los?‹ Er drehte sich um und schoss auf mich. Ich bin hingefallen, mein Fuß war in zwei Teile gespalten. Die Jungs sind in Richtung Theke gerannt, er ist ihnen nachgegangen und schoss auf sie alle.«[16]

Die Freunde Hamza Kurtović, Muhammed Nur Beyazkendir, Piter Bilal Minnemann und die beiden Hashemi-Brüder Etris und Nesar, die sich zu Fußball und Pizza getroffen haben, flüchten sich in den hinteren Teil der Bar, aus dem es jedoch keine Fluchtmöglichkeit gibt. Sie verstecken sich hinter einer Säule, einige schaffen es hinter den Tresen, sie werfen sich übereinander. Der Täter folgt ihnen und schießt über die Theke, elf Sekunden hält er sich in der Arena Bar auf, sechzehn Schüsse gibt er ab. Alle werden getroffen, nur Piter Bilal Minnemann nicht. Zwei Menschen sterben: Hamza Kurtović treffen zwei Kugeln in Oberarm und Hinterkopf, doch sein Herz schlägt weiter. Erst um 0:35 Uhr wird er in einer Unfallklinik in Frankfurt für tot erklärt. Nesar Hashemi bohren sich zwei Geschosse durch den Rücken, treffen sein Herz, seine Hauptschlagader, Magen und Leber.

Hamza Kenan Kurtović war gerade zweiundzwanzig Jahre alt. Er hat seine Berufsausbildung als Fachlagerist im Juni 2019 abgeschlossen. Drei Wochen vor seiner Ermordung begann er einen neuen Job. Bis zur Rente wolle er dort arbeiten, sagte er zu seinen Eltern, so gut gefiel es ihm dort. Hamza hat im Sommer vor dem Attentat seine Flugangst überwunden und schmiedete Reisepläne, er wollte die Welt entdecken. »Mein Bruder hat uns zum Lachen gebracht, war hilfsbereit und einfühlsam. Ihm war wichtig, dass es uns, seinen Liebsten, gut geht. Aber auch Menschen, die er nicht kannte, waren ihm wichtig, so hat er sein erstes Azubi-Gehalt für Menschen in Not gespendet«, erzählt seine Schwester Ajla Kurtović über ihn. Seine Familie stammt aus dem bosnischen Prijedor.[17]

Said Nesar Hashemi wurde nur einundzwanzig Jahre alt, war gelernter Maschinen- und Anlagenführer. Im nächsten Jahr wollte er seine Weiterbildung zum staatlich geprüften Techniker abschließen. »Hanau ist unsere Heimat. Auch mein Bruder hat diese Stadt geliebt«, sagt seine Schwester Saida Hashemi. Am Tag des Anschlags ließ er sich noch in Frankfurt die Zahl *454*, die letzten drei Ziffern der Postleitzahl von Hanau-Kesselstadt 63454, auf den Arm tätowieren. »Er hatte immer ein offenes Ohr, wenn sich zwei stritten, ging er dazwischen und schlichtete«, blickt sein Bruder Said Etris Hashemi zurück. Der Vater, Schichtführer beim Reifenhersteller Dunlop, kam in den Achtzigern aus Kabul, holte seine Frau nach, sie bekamen fünf Kinder, die es einmal besser haben sollten.[18]

Als der Rassist alle getötet zu haben glaubt, geht er zurück und schießt weiter auf den am Boden liegenden Akkus, bis sein Magazin leer ist. Der überlebt schwer verletzt. Seit dem Anschlag sitzt er im Rollstuhl. »Man denkt bei uns in der Türkei, Deutschland sei das Land der Heiligen. Das, was ich in Deutschland gesehen habe, möge Allah niemandem zeigen.«[19]

»Das Schlimmste war: Keiner hat geschrien, man hat nur Rennen gehört, und dann Stille«, erinnert sich Kim Schröder an das, was sie von ihrem Versteck aus mitbekommt. Sie springt aus dem Ladenfenster zur Straßenseite, schlägt sich die Schienbeine auf, als sie hart gegen das Lüftungsgitter knallt, um sie herum fliehende Menschen. Wer ist Opfer? Wer ist Täter? Wie viele sind es? Sie versteckt sich im Gebüsch, traut sich kaum zu atmen, dann rennt sie los und will vorbeifahrende Autos anhalten: »Da ist ein Amokläufer, der hat meine Freunde umgebracht.« Niemand hält an, niemand öffnet die Autotür.

Etris Hashemi ist an Hals und Schulter getroffen worden. Muhammed Nur Beyazkendir an der Schulter. Sie versuchen gegenseitig, ihre Wunden zuzuhalten. »Ich spüre meine Zunge nicht mehr, ich kann nicht atmen«, sagt Etris. »Lasst uns die Schahāda sprechen«, das Glaubensbekenntnis, das jeder Muslim bei seinem letzten Atemzug ablegen soll, sofern er noch die Kraft dazu hat. Doch keiner antwortet.

Etris Hashemi ist der ältere Bruder von Nesar. Nachdem der Täter weg ist, läuft er angeschossen durch den Kiosk, sieht die Toten am Boden liegen, schafft es ins Freie, lehnt sich an den silbernen Mercedes auf dem Parkplatz. Als die Polizei eintrifft, fragt sie den Schwerverletzten zunächst nach seinem Ausweis. Ordnung muss sein, Leben retten kann man ja später noch. Die Beamten scheinen nervös, ihre Hände zittern. Etris, der Mann, dem eine Kugel im Kiefer steckt, versucht, die zu beruhigen, die eigentlich ihn beruhigen sollten: »Alles wird gut, kommen Sie runter. Es ist wichtig, dass Sie jetzt die Wunde zuhalten. Ich erkläre Ihnen, was passiert ist.«

Sanitäter kommen und legen ihn auf eine Trage. Als sich ein Auto dem Tatort nähert, ruft jemand vom Balkon: »Der Täter kommt zurück!« Etris liegt angeschossen mit freiem Oberkörper auf der Trage, zitternd vor Kälte. Er erinnert sich: »Da waren Autos, da waren große Steine, um sich irgendwo in Sicherheit zu bringen. Was die Rettungskräfte gemacht haben, ist, meine Trage Richtung Arena Bar zu drehen und sich hinter mir zu verstecken. Ich war dann der Schutzschild gewesen. Da denkt man doch, man ist im falschen Film.«[20]

Niemand hat mit so einem Anschlag gerechnet, niemand ist darauf vorbereitet, alle scheinen maßlos überfordert. Das ist verständlich. Auch, dass die Sanitäter ihr Leben schützen müssen, um anderen weiter helfen zu können. Aber sich hinter jemandem zu verstecken, der um sein Leben kämpft? Das ist unbegreiflich. Zwei Tage wird Etris im künstlichen Koma liegen, als er aufwacht, schreibt er »Nesar?« auf ein Blatt Papier. Die Eltern schaffen es nicht, ihm die Wahrheit zu sagen.

Muhammed Nur Beyazkendir wird von allen nur »Momo« genannt. Die Kugel, die ihn trifft, verfehlt seine Wirbelsäule lediglich um einen Zentimeter. Sie kann nicht entfernt werden, die Gefahr einer Lähmung wäre zu groß. Als er nach seiner Operation aufwacht, meldet sich der türkische Präsident Recep Tayyip Erdoğan per Videocall, um zu erfahren, wie es ihm geht. Überall wird darüber berichtet, Momo ist das erste Gesicht, das auch die türkische Community mit dem Anschlag verbindet. Bis heute ist er jedoch durch seine Verletzung stark beeinträchtigt, bei Wärme und Kälte spürt er die Kugel und den Schmerz.

Die Stunden danach

Schnell macht es in Hanau die Runde, dass etwas Schlimmes passiert ist. Kemal Koçak, mein bester Freund und Inhaber des Kiosks, ist als einer der Ersten am Tatort, noch ist nichts abgesperrt. Er packt einen der eintreffenden Polizisten bei den Schultern und zeigt auf die Körper am Boden: »Guck nach, ob die noch leben!« Dreizehn Minuten nachdem der Mörder den Kiosk betreten hat, macht Kemal das Foto vom Tatort, das er uns später zeigen wird.

Wie auf den Aufzeichnungen der Kameras zu sehen ist, schauen die Polizisten nicht hinter die Theke, wo Ferhat liegt. Später steigt ein Polizist mehrfach über ihn und versucht, seinen Körper mit einem Regenschirm zu verdecken. Die Polizei ist verpflichtet, noch vor dem Eintreffen von Rettungskräften Erste Hilfe zu leisten, doch er bückt sich nicht, um die Vitalzeichen zu kontrollieren. Sonst hätte er festgestellt, dass Ferhat noch lebte. Drei Wochen nach der Tat bekommt Ferhats Mutter Serpil von der Stadt die Sterbeurkunde ihres Sohnes. Da liest sie das erste Mal seine offizielle Todeszeit: 3:10 Uhr. Kann das wirklich stimmen? Wie lange hat ihr Sohn tatsächlich gelitten?

Schon nach den Schüssen in der Innenstadt haben Zeugen der Polizei das Kennzeichen des Täterfahrzeugs mitgeteilt, daher ist die Adresse bekannt. Kurz vor 22:30 Uhr taucht ein Helikopter am Himmel auf, die Hubschrauber-Aufnahmen zeigen den geparkten BMW des Attentäters vor seiner Garage in der Helmholtzstraße, er scheint in sein Elternhaus zurückgekehrt zu sein. Ein Zufallstreffer, wie die Untersuchung von Forensic Architecture offenlegt. Denn niemand hat den Piloten die Adresse mitgeteilt, sie kreisen planlos über der Gegend um den Tatort, ohne konkreten Auftrag. Sie hätten das Haus überwachen und sicherstellen müssen, dass er es nicht unbeobachtet verlässt und weitere Menschen gefährdet. Nur weil es sich so nah am Tatort befindet, ist das Täterhaus überhaupt für vierzehn Minuten auf den Aufnahmen des Helikopters zu sehen, weniger als zehn Prozent der Flugdauer.

Was sich nach der Rückkehr des Täters in seinem Elternhaus abspielt, ist unklar. Denn die Polizei hat das Haus in dieser Nacht über weite Strecken weder überwacht noch umstellt. Drei Polizei-Einheiten waren damit beauftragt, das Haus und einen potenziellen Fluchtweg zu sichern. Doch sie waren teils falsch positioniert oder haben ihren Standort verlassen. Laut Gutachten hätte der Attentäter zwischen 23:21 Uhr und 0:25 Uhr, also mehr als eine Stunde lang, das Haus unbemerkt verlassen können. In dieser Zeit hatte niemand die Vordertür oder die Hintertür zum Garten im Auge.[21] Erst ganze fünf Stunden nach Eintreffen der Beamten, gegen drei Uhr morgens, stürmt das SEK das Täterhaus.

Und ich frage mich: Wie lange hätte es gedauert, bis Sondereinheiten meine Wohnung gestürmt, mich in Handschellen gelegt und mir das Leben zur Hölle gemacht hätten, wäre ich der Tatverdächtige gewesen? Ich denke, jeder kennt die Antwort. Wieso ließ man sich bei dem Neonazi so viel Zeit? Wollte man ihm Gelegenheit geben, abzuhauen oder sich umzubringen, damit es später keinen Strafprozess geben würde, der Millionen an Steuergeldern kosten würde und in dem Dinge ans Licht kommen könnten, die man lieber unter den Teppich kehrt?

Als das SEK endlich das Haus stürmt, treffen die Beamten auf den damals zweiundsiebzigjährigen Vater des Täters. Der setzt daraufhin zwei Notrufe an 110 ab, in denen er einen Terroranschlag meldet, eine Detonation, bei der die Tür seines Hauses eingefallen sei. Er hat offenbar mehr Erfolg als Vili, denn es nimmt sogar jemand ab. Als die Beamten reinkommen, steht er im Flur und ahmt Schießbewegungen nach. Er behauptet, um 20 Uhr ins Bett gegangen und erst wach geworden zu sein, als seine Tür gewaltsam geöffnet wurde. Zwei Zeuginnen wollen ihn jedoch noch danach vor der Garage gesehen haben, er soll damit beschäftigt gewesen sein, mit der Taschenlampe ins Auto des Sohnes zu leuchten. Gut möglich also, dass er mit ihm kommuniziert und von den Morden gewusst hat. Vieles deutet daraufhin, dass der Vater nicht die Wahrheit sagt.

Denn zwischen 23:24 Uhr und 23:36 Uhr in der Nacht des Anschlags wird im Haus des Täters im oberen Stockwerk ein Computer benutzt, der im Raum neben dem Schlafzimmer des Vaters steht. Wer es auch war, er hat ungefähr fünfzigmal die Website des Mörders aufgerufen.

Im Pflegebett im Wohnzimmer liegt die Leiche der Mutter, getötet mit zwei Kopfschüssen. Laut einer Analyse, die Forensic Architecture mit Waffenexperten durchgeführt hat, wäre die Lautstärke dieser Schüsse mit der eines Flugzeugtriebwerks aus nächster Nähe vergleichbar, denn die Tatwaffe war nicht mit einem Schalldämpfer versehen. Schwer zu glauben, dass der Vater die Schüsse in dem kleinen Reihenhaus nicht gehört haben will. Auch keiner der anwesenden Einsatzkräfte will etwas mitbekommen haben. Da auch bei der Bestimmung des Todeszeitpunktes der Mutter gravierende Fehler unterlaufen sind, wissen wir nicht, wann sie gestorben ist. Über die Beziehung zu ihr und warum ihr Sohn sie tötete, gibt es keine Informationen.

Erst eine Stunde nach der Stürmung entdecken die Beamten im Keller den Leichnam des Täters – in einem kleinen Haus mit vier Zimmern! An der rechten Schläfe ist eine Stanzmarke zu sehen, typisch für einen aufgesetzten Schuss. Man geht von einem Suizid aus. Beim Vater wird jedoch erst am nächsten Morgen, also mehrere Stunden danach, eine Schmauchspuren-Analyse gemacht, um zu überprüfen, ob er eine Waffe benutzt hat. Waren diese Beweise überhaupt noch verwertbar? Ein Notarzt entscheidet, den Mann zur Untersuchung in die Psychiatrie eines Krankenhauses einzuweisen. Leider ist er nicht für immer dort weggesperrt worden.

Kapitel 12
Die Kette des Versagens

»Wir haben in all unserem Schmerz immer wieder gesagt, laut und leise und mit all der Unterschiedlichkeit unserer Stimmen: Wir brauchen lückenlose Aufklärung!«[22]

Das hat Piter Bilal Minnemann, der den Anschlag in der Arena Bar körperlich unverletzt überlebt hat, in einer Rede gesagt. Doch da der Mörder tot war und es somit keinen Strafprozess geben würde, blieben wir mit unseren Fragen allein zurück, auf die wir so dringend Antworten brauchten, um zumindest ein bisschen Frieden zu finden. Was wir in den ersten Tagen nach den Morden erlebten, stand jedoch sinnbildlich für eine Kette behördlichen Versagens, die lange vor der Tat ihren Anfang nahm und sich immer noch weiter fortsetzt. Die Politik schien kein großes Interesse daran zu haben, einen der schlimmsten rassistisch motivierten Terroranschläge der deutschen Nachkriegsgeschichte aufzuklären. Ein Inferno, bei dem ein rechtsextremer Terrorist in wenigen Minuten so viele Menschen tötete, wie der NSU in sechs Jahren. Längst richtet sich unsere Wut nicht mehr nur gegen den Täter. Sondern gegen alle, die wegschauen und vertuschen.

Von »exzellenter Polizeiarbeit« sprach Hessens Innenminister Peter Beuth nach dem Anschlag. Der Polizeieinsatz sowie die Betreuung der Angehörigen in und nach der Tatnacht seien quasi optimal verlaufen. Ein Schlag ins Gesicht für alle, die diesen Albtraum miterlebt haben. Eine Verhöhnung jener, die nicht nur geliebte Menschen verloren haben, sondern zusätzlich von der unsensiblen, rohen und respektlosen Behandlung durch viele Einsatzkräfte traumatisiert worden sind. Diejenigen unter ihnen, die sich menschlich verhielten, die helfen wollten, die selbst erschüttert waren, wissen, dass sie hier nicht gemeint sind. Leider waren sie jedoch die Ausnahme. Von den meisten wurden wir wie rechtlose Objekte staatlicher Ermittlungen behandelt: Nervt gefälligst nicht rum und geht aus dem Weg!

Ich glaube allerdings nicht, dass wir es waren, die ihnen dabei im Weg standen, ihre Arbeit vernünftig zu machen, sondern sie selbst mit ihrer Gleichgültigkeit und ihren Vorurteilen.

Nach der Tat werden den Familien die Sachen der Toten ausgehändigt. Niculescu Păun, dem Vater von Vili, der den Täter zu stoppen versuchte, wird etwas übergeben, das für ihn wie eine »McDonald's-Tüte in XXL« aussieht. Als er sich den Inhalt zu Hause anschaut, bemerkt er, dass es gar nicht die Sachen seines Sohnes sind. »Tut uns leid, wir haben da etwas verwechselt und Ihnen die Sachen von Hashemi mitgegeben«, lautet die lapidare Antwort. Von Sorgfalt keine Rede.

Wie können Institutionen und Behörden, die sonst jeden falsch gesetzten Punkt als Schwerverbrechen ahnden, solche Fehler unterlaufen? Wenn es um Menschenleben geht, würde man doch zumindest zweimal hingucken. Mit jedem Hammerschlag, der auf uns niederging, wurde unser Zorn größer und das Vertrauen in die Ermittlungsarbeit schmolz.

Als Niculescu die richtigen Sachen und später auch das Handy seines Sohnes bekommt, sieht er sich die letzten Anrufe durch. Dreimal hat Vili den Notruf gewählt, doch die Nummern sind rot markiert. Er hat offenbar niemanden erreicht. Hat man so etwas jemals gehört oder sich auch nur ansatzweise vorstellen können, dass es in Deutschland möglich ist? Man ist in Not, ruft die Polizei an, und keiner geht ran?

Das war einer von vielen Skandalen, die nur ans Licht kamen, weil wir Angehörigen es selbst herausfanden. Wahrscheinlich waren Vilis fehlgeschlagene Anrufe bei der Polizeistation Hanau 1 nicht die einzigen in dieser Nacht. Mehrere Überlebende und Augenzeugen gaben an, dass ihre Anrufe ebenfalls unbeantwortet blieben. Warum? Weil nur eine der zwei Notrufleitungen überhaupt besetzt war und jene, die nicht entgegengenommen wurden, gar nicht umgeleitet wurden. Vili wählte die 110, während er dem Täter hinterherfuhr. Wäre er durchgekommen, hätte ihm die Polizei wahrscheinlich geraten, die Verfolgung des Täters einzustellen. Dadurch hätte er den Anschlag überlebt. Auch die Menschen im Kiosk und in der Arena Bar hätten zumindest eine Überlebenschance gehabt. Denn die Polizei war, nachdem sie schließlich alarmiert wurde, innerhalb von drei Minuten am Kurt-Schumacher-Platz. Möglicherweise wäre sie zeitgleich mit dem Täter dort eingetroffen und hätte ihn aufhalten können.

»Er hat alles verloren. Hat sein Leben verloren. Hat seine Zukunft verloren«, sagt Vilis Vater. »Ich weine – I'm crying – um seine Zukunft. Für seine Liebe. Schuld ist die Polizei. Der Notruf, darum ist mein Sohn gestorben.«[23]

Als er am späten Abend des 20. Februar am Tatort ankam, habe er zwei Polizisten gehört, wie sie über seinen getöteten Sohn sprachen. Einer habe etwas darüber gesagt, dass »Zigeuner und Zivilcourage« ja nicht zusammenpassen würden. Dass Niculescu danebenstand und sie hören konnte, kam ihnen offenbar nicht in den Sinn. »Ich habe den Sinn dahinter nicht verstanden. Ich wusste damals noch nicht, dass mein Sohn den Täter verfolgt hatte.«[24]

Später stellt Niculescu Anzeige gegen die Polizei wegen fahrlässiger Tötung. Erfolglos. Im Einstellungsbescheid scheint die Staatsanwaltschaft Hanau Vili sogar eine Mitschuld an seinem Mord zu geben, da er sich selbst in Gefahr begeben hat. Aber was bleibt einem anderes übrig, wenn keiner hilft? Die Polizistin, die an dem Abend die Anrufe entgegennahm, hat einfach nur ihre Arbeit gemacht. Aber die Politik trägt eine Mitschuld. Denn das Problem war seit Jahren bekannt.

Der damalige hessische Landespolizeipräsident Roland Ullmann will von dem fehlenden Notrufüberlauf, dass also Anrufe nicht weitergeleitet wurden, nichts gewusst haben. Das sind die Dinge, die uns verzweifeln lassen. Zu wissen, dass unsere Liebsten gestorben sind, weil mal wieder irgendwo gespart wurde oder behördliche Prozesse eine Ewigkeit dauern.

Egal, wie die Staatsanwaltschaft sich herauswinden will: In meinem Herzen hat Vili einen besonderen Platz, denn er wollte den Neonazi stoppen, hat also versucht, Gökhans Leben und das der anderen zu schützen. Posthum hat das Land Hessen ihm eine Medaille für seine Zivilcourage verliehen. An dem Ort, an dem er starb, steht heute ein weißes Marmorkreuz mit der Inschrift: *Dieses Kreuz wird errichtet im Namen Jesus Christus für den Helden Vili-Viorel Păun.*

Kaum hatten wir eine Schocknachricht verdaut, folgte schon die nächste. Bald kam ans Licht, dass es in der Arena Bar keinen Fluchtweg gab, der Menschen in Gefahrensituationen das Leben retten würde. Etwa dann, wenn ein Rechtsextremer mit Verfolgungswahn und geladener Wumme reinkam. Im Tatortbericht steht, dass der Notausgang der Arena Bar nicht zu öffnen gewesen sei. Die jungen Männer sind also in eine Sackgasse geflohen, weil es schlicht keine andere Möglichkeit gab. Und wenn man sich die Videoaufnahmen ansieht, dann wird klar: Sie wussten das.

Said Etris Hashemi sieht den Täter, wie er mit gezogener Waffe durch den Vorraum in den Kiosk nebenan geht. Doch als er Sekunden später die Arena Bar betritt, macht keiner der Männer Anstalten, in Richtung Notausgang zu entkommen. Sie rennen in den hinteren Teil des Schankbereichs, von wo es kein Entrinnen gibt. Als Stammgäste ist ihnen bewusst, dass der Notausgang standardmäßig dicht ist.

Auch das Ordnungsamt stellte 2013 und 2017 bei seinen Kontrollen fest, dass die Tür abgeschlossen war. Dauernde Überwachung und Razzien durch die Polizei könnten ein Grund dafür gewesen sein, warum der Betreiber den Ausgang routinemäßig abschloss. Es soll sogar auf behördliche Anordnung so gehandhabt worden sein, damit bei einer Drogenkontrolle niemand abhauen konnte.

Eine genaue Untersuchung nach dem Anschlag lehnte die Staatsanwaltschaft jedoch ab, weder die Polizei noch der Betreiber wurden angeklagt. Begründung: Es sei unmöglich, eindeutig zu klären, ob die Gruppe überhaupt genug Zeit gehabt hätte, um durch den Notausgang zu entkommen. Für Forensic Architecture war es jedoch nicht unmöglich. Sie untersuchten genau diese Behauptung mithilfe der Überwachungsaufnahmen aus der Arena Bar. Dabei stellte sich heraus, dass die Gäste der Bar neun Sekunden hatten, um zu entkommen. Wären sie in dieser Zeit zum Notausgang gelaufen und wäre dieser nicht abgeschlossen gewesen, hätten alle fünf der Gruppe höchstwahrscheinlich überlebt.

Nicht bloß ein irrer Einzeltäter

Wann so eine Tat ihren Anfang nimmt, lässt sich schwer genau festmachen. Der Inhalt des Bücherregals in dem unscheinbaren Reihenhaus in Hanau-Kesselstadt erzählt jedoch etwas darüber, auf welchem Nährboden eine terroristische Gesinnung gedeihen kann. *Geschichte der Waffen SS. Reden des Führers. Deutschland schafft sich ab* von Thilo Sarrazin. In einem Umfeld, in dem solche Bücher als wertvolle Lektüre missverstanden werden, ist der Rassist, der meinen Bruder abgeknallt hat, groß geworden.

Seine Eltern gehören zur Mittelschicht, aus dem Jungen soll mal was werden. Schüleraustausch in Florida. Abitur. Banklehre. Studium der Betriebswirtschaftslehre in Bayreuth. Er will hoch hinaus, kommt aber nicht an, er gehört zu den schlechtesten seines Jahrgangs, scheitert an seinen eigenen Ansprüchen. Mit den Frauen läuft gar nichts, mit dreiundvierzig Jahren hat er nie eine Freundin gehabt. »Ich wollte das Beste haben oder gar nichts«, erklärt er selbst in seinem Manifest die Tatsache, dass er bei Frauen nicht landen kann. Er bezahlt sie stattdessen für ihre Dienste. Einmal soll er einer Sexarbeiterin bei einem Hausbesuch BDSM-Utensilien und ein Drehbuch präsentiert haben, an dessen Ende eine Frau stirbt. Verängstigt schreibt sie von der Toilette einem Freund, er möge die Polizei alarmieren. Als die Beamten eintreffen, interessieren sie sich aber nur dafür, ob die Frau rechtmäßig der Prostitution nachgeht und der spätere Attentäter gegen das Betäubungsmittelgesetz verstoßen haben könnte – obwohl sie angibt, er habe sie mit einem Messer und einem Gewehr bedroht. Niemand scheint ihr zu glauben. In einer späteren Vernehmung sagt sie aus, einer der Polizeibeamten habe sinngemäß gesagt: »Ja, sollen wir denn das ganze Haus nach Waffen absuchen?«[25] Leider haben sie es nicht getan.

Rund zwanzig Jahre vor dem Anschlag verliert der Vater des Täters seinen Job als Niederlassungsleiter. Die Finanzierung des Reihenhauses ist plötzlich in Gefahr und damit das Bild von der Familie, die es geschafft hat. Es wächst ein Gefühl von sozialer Benachteiligung. Die anderen sind schuld an der Misere, die mit den schwarzen Haaren, die uns die Jobs wegnehmen! Nach langer Arbeitslosigkeit arbeitet der Vater bei einem Gemüsehändler, weil seine Rente nicht reicht. Und als der Täter ein Jahr vor der Tat seinen Job als Kundenberater bei dem Preisvergleichsportal Check24 in München los ist und seine Mutter schwer an Parkinson erkrankt, schlagen Frust und Gefühle des eigenen Versagens offenbar immer mehr in Aggression um. Von seinen hohen Zielen ist nichts geblieben außer eine auf Hochglanz polierte BMW-Limousine. Er zieht zurück in sein Elternhaus, hockt ohne Aufgabe und Perspektive in seinem Kellerzimmer – und schmiedet Pläne, Menschen zu töten.[26]

Vater und Sohn verstricken sich zunehmend in Verschwörungstheorien. Psychologen sprechen bei diesem geteilten Wahn von einer Folie à deux, bei der ein psychisch gesunder Mensch das Wahnsystems eines psychisch Erkrankten übernimmt. Wobei unklar ist, wer hier wen mit seiner Paranoia ansteckt. Offenbar glauben sie, der Vater sei Opfer einer Kündigung geworden, die durch einen Geheimdienst hervorgerufen wurde. In seinem Manifest (Dateiname: »Begründung«), das der Täter vor den Morden auf seiner Website veröffentlicht, gibt er an, bereits als kleines Kind abgehört worden zu sein. Agenten würden in seine Gedankenwelt eindringen und Ideen stehlen, Drehbücher für die Fortsetzung von *Basic Instinct* oder die Serie *Prison Break* seien in seinem Hirn entstanden und von einflussreichen Leuten aus Hollywood umgesetzt worden. Wie weit sein Verfolgungswahn gediehen ist, zeigt sich auch in einem Video, das er bei YouTube hochlädt. Dort fantasiert er auf Englisch, die USA stünden unter der Kontrolle von Geheimgesellschaften. Es gebe militärische Untergrundbasen, in denen dem Teufel gehuldigt und Kinder missbraucht und getötet würden.

Ist er ein »psychotischer Amokläufer«, wie es die AfD so gern darstellt, um die Wähler nicht zu verschrecken? Auch wenn man gegen Ausländer hetzt, rechte Ideologien verbreitet und das Volk vor der »multikulturellen Revolution, die die Geschichte unseres Volkes jetzt beenden soll«,[27] warnt, wie Thüringens AfD-Fraktionschef Björn Höcke, möchte man schließlich nichts mit denen zu tun haben, die das »Problem« mit zu viel Übereifer angehen. Tut man so, als wären es durchgeknallte Einzeltäter, die Menschen aus rechtsextremen Motiven sterben lassen, dann weist man auch gleich die politische Verantwortung von sich. Es ist aber fatal, nur den wirren Geisteskranken sehen zu wollen, denn der sendete eine klare nationalsozialistische Botschaft. Hanau war kein unpolitischer Amoklauf eines Durchgedrehten, sondern rechter Terror eines Rassisten, der durchgedreht ist. Sein Verfolgungswahn ist typisch für viele Rechtsextremisten, die denken, wenn der Staat es nicht hinkriegt, dann leisten wir eben selbst Widerstand und nehmen die Dinge in die Hand – auch mit Waffen.

Am Abend vor der Tat soll sich der Neonazi noch gemütlich eine Rede von Björn Höcke reingezogen haben, auf der zweihundertsten Pegida-Demonstration in Dresden. Das wurde bei der Abfrage der Internetseiten klar, nachdem sein Rechner beschlagnahmt worden war.[28] Zur Einstimmung? Sagen wir mal so: Abgebracht hat sie ihn von seiner Tat jedenfalls nicht. Das Internet war für ihn ohnehin eine Quelle der Inspiration und spielte eine entscheidende Rolle bei seiner Radikalisierung. Hier suchte er nicht nur nach SS-Orden und -Uniformen, er besuchte auch Seiten der rechtsextremen Alt-Right-Bewegung aus den USA oder schaute sich ein Video von Martin Sellner an, dem Chefideologen der völkisch orientierten Identitären Bewegung.[29]

Ob Wahn oder Wirklichkeit, wissen wir nicht, aber in seinem vierundzwanzig Seiten langen Pamphlet, überschrieben mit »Botschaft an das gesamte deutsche Volk«, behauptet der Täter, während seiner Lehre in einer Bank einen Überfall mitbekommen zu haben. Als Zeuge habe er Karteikarten von mehreren Hundert Verdächtigen durchgesehen, zu neunzig Prozent seien es »Nicht-Deutsche« gewesen. Sie waren »hauptsächlich Südländer, sprich Türken und Nordafrikaner«.

»Diese Menschen sind äußerlich instinktiv abzulehnen und haben sich zudem in der Historie nicht als leistungsfähig erwiesen.« Er nennt mehr als zwanzig Staaten, von Marokko über Israel und die Türkei bis zu den Philippinen. Die meisten »Rassen und Kulturen« sieht er als »destruktiv – vor allem der Islam«. Muslimisch geprägte Länder leisteten keinen Beitrag zur ideellen Fortschrittlichkeit der Menschheit. Als Lösung schlägt er die Totalvernichtung der in seinen Augen wertlosen Völker vor, durch eine »grobe Säuberung« müssten diese ausgelöscht werden. Auch die toleranten Deutschen, die zu ignorant seien, alle straffälligen Ausländer »außer Landes zu schicken«, müssten eliminiert werden. Gleichzeitig überhöht er das deutsche Volk, durch welches angeblich das »Beste und Schönste« der Welt entstehe. Gedankengut, das schreckliche Erinnerungen an den Urvater des massenhaften Völkermordes weckt: Adolf Hitler.

Lange vor der Tat, im Jahr 2002 in Bayreuth, erstattet der Täter erstmalig Anzeige, weil er sich beschattet fühlt, daraufhin weist man ihn ein und stellt eine paranoide Schizophrenie fest. Sein Vater setzt sich massiv für die Entlassung seines Sohnes aus der Psychiatrie ein und erreicht damit, dass keine weitere Behandlung stattfindet. Drei weitere Strafanzeigen stellt der Sohn wegen Verdachts auf illegale Bespitzelung bei der Staatsanwaltschaft Hanau. Niemand reagiert.

2012 wird er Mitglied beim Schützenverein Diana Bergen-Enkheim e. V. in Frankfurt am Main. Bei der Waffenbehörde in Linsengericht stellt man ihm im April 2013 eine Waffenbesitzkarte aus. Im Jahr vor der Tat wird seine Waffenerlaubnis ohne Zuverlässigkeitsprüfung verlängert und sogar auf eine europäische Feuerwaffenerlaubnis erweitert.[30]

Obwohl er die persönliche Eignung, Waffen zu besitzen, durch seine psychische Erkrankung natürlich nicht hat. Dieselbe Behörde hat übrigens auch dem bekennenden Rassisten eine Waffenerlaubnis erteilt, der im Juli 2019 Bilal M. in Wächtersbach zu töten versucht. Der aus Eritrea stammende Mann ist nach Deutschland gekommen, weil er es für ein sicheres Land hielt. Der Täter kündigt zuvor in seiner Stammkneipe an, dass er einen Geflüchteten abknallen will und schießt am helllichten Tag aus dem Auto heraus auf sein Opfer. Bilal

M. überlebt schwer verletzt. Danach will er nur noch weg, sucht einen neuen Ort zum Leben, der multikultureller und offener ist, an dem er und seine Familie geschützt sind. Er zieht nach Hanau, etwa eine halbe Stunde entfernt von Wächtersbach – ausgerechnet dorthin, wo ein paar Monate später die schlimmsten rechtsmotivierten Gewaltfantasien traurige Wirklichkeit werden.

Gerade erst war in Hessen ein rassistischer Mordversuch passiert, und man lernte rein gar nichts daraus? Auch hier war der Täter im Schützenverein und hatte die Tatwaffe legal in seinem Besitz.

Der Ignoranz der Behörden ist es zu verdanken, dass der Attentäter von Hanau sich mitsamt seiner unbehandelten Schizophrenie optimal auf seinen Massenmord vorbereiten kann. Laut Medienberichten hat er an Schießtrainings in der Slowakei teilgenommen und mit Ex-Elite-Soldaten an seiner Treffsicherheit gearbeitet, um möglichst viele Leben auszulöschen. Einmal wird er offenbar gleich zu Beginn vom Training ausgeschlossen, das zweite Mal nach einer Stunde. Er muss in irgendeiner Weise aufgefallen sein, doch eine Meldung macht keiner.[31] Die verheerenden Folgen kennen wir.

Mehr als fünf Millionen Schusswaffen sind laut Waffenregister bundesweit offiziell registriert. Bei dem Gedanken, wie viele sich in den Händen von Neonazis befinden, könnte ich durchdrehen. Wahrscheinlich wäre der Rassist auch ohne Erlaubnis an Waffen gekommen und hätte gemordet. Aber wäre es nur eine Kettensäge gewesen, dann hätte er Gökhan vielleicht einen Arm abgesägt, aber es nicht geschafft, neun Menschen zu töten und viele weitere schwer zu verletzten.

Fünfzehn Wochen vor der Tat kontaktiert der Täter erneut den Generalbundesanwalt. *Wirre Verschwörungstheorien*, vermerkt die Behörde. Wieder keine Überprüfung, kein Abgleich mit den Daten zum Waffenbesitz. Er versucht es wieder. Fast als wollte er sagen: Haltet mich auf! Doch die Strafanzeige wird abgelehnt. Die Generalbundesanwaltschaft betont immer wieder, dass die letzte Anzeige des Täters im November 2019 nicht die rassistischen Vernichtungsfantasien enthielt, die in seinem finalen Schreiben im Februar 2020 auftauchen. Das stimmt. Aber wäre es nicht trotzdem nötig gewesen, zu überprüfen, ob er gefährlich ist? Man bekäme jeden Tag Hunderte solcher Mails, da könne man nicht jeder einzelnen nachgehen, lautete die Erklärung, die wir bekamen.

Sollte uns die Tatsache, dass man potenzielle Mörder einfach ignorierte, etwa beruhigen? Sechs Tage vor der Tat waren alle Videos und Dateien des Täters online im Netz zu finden, inklusive seines rassistischen Traktats. Ist das nicht absurd? Früher haben Verbrecher alles getan, um nicht enttarnt zu werden, heutzutage machen sie sogar Werbung. Sie buhlen darum, unbedingt erkannt zu werden, und angeblich kriegt niemand etwas mit. Bis auf Datum und Uhrzeit hat er alles bekannt gegeben. Und trotzdem ist es allen scheißegal. So ist es ihm wahrscheinlich sein ganzes Leben lang gegangen: Keine Sau interessierte sich für ihn, bis er seinen Hass nicht mehr unterdrücken konnte.

Der Neonazi will offenbar, dass man seine Tat versteht, sprüht den Namen seiner Website an mehrere Orte, auch auf die Straße am Durchgang zum JUZ k-town in Kesselstadt. Ich bin überzeugt, dass das finale Massaker dort stattfinden sollte, aber weil er den Behindertenparkplatz blockierte und Vili ihn später am Ausparken hinderte, schaffte er es nicht rechtzeitig. Um 22 Uhr macht das JUZ dicht, dann laufen eine Menge Jugendliche gleichzeitig heraus, es war sicher sein Ziel, hier ein noch viel größeres Blutbad anzurichten.

Schon ein Jahr zuvor bedroht am helllichten Tag ein mit Schnellfeuergewehr bewaffneter Mann im Tarnanzug dort Teenager. Als er aufgefordert wird abzuhauen, habe der Mann gesagt: »Verpisst euch, ihr scheiß Kanaken. Hier wird es Tote geben.« Doch die Jugendlichen werden von der Polizei nicht ernst genommen. Weil der Täter nicht aufzufinden ist, droht die Polizei ihnen sogar, den Einsatz selbst bezahlen zu müssen. Die Verbindung zwischen dem Vorfall und dem Attentäter wird erst geknüpft, als bei ihm nach dem Anschlag Gegenstände und Kleidungsstücke gefunden werden, auf die die Beschreibung der Jugendlichen passt. In Kesselstadt zweifelt sowieso niemand daran, dass er es war – niemand, bis auf einen.

Familienbande

Welche Rolle spielt der Vater bei dem Anschlag? Wusste er, was sein Sohn plante? War er Anstifter, Mitwisser, Unterstützer? Das ist eine der drängendsten Fragen, die uns Angehörige umtreibt. Damit überhaupt ermittelt wird, erstatteten wir Anzeige gegen ihn wegen Beihilfe zum mehrfachen Mord. Die Ermittlungen wurden jedoch eingestellt.

Offenbar haben die beiden ein spezielles, inniges Verhältnis. Der Vater scheint dominant zu sein, spricht bei Behördenterminen für seinen Sohn, handelt per Vollmacht in seinem Namen. Die beiden teilen sich die Pflege der Mutter, der Vater führt für den Sohn zweihundertfünfzig Verfahren gegen Behörden – dennoch will er nichts davon gewusst haben, dass sein Sohn Waffen besitzt und an Schießübungen teilnimmt. Wirklich? Das ist so was von lebensfremd. Dass er die rechten Ideologien seines Nachwuchses teilt, ist unbestritten. Wie nah sich die beiden in ihrem rassistischen Weltbild sind, zeigt sich in vielen Anzeigen, die der Vater bereits vor der Tat erstattet. Schon zweieinhalb Jahre vorher verlangt er im Bürgerbüro, nur von deutschen Mitarbeitern betreut zu werden. Er fragt, ob man hier in der Ausländerbehörde sei. Zur gleichen Zeit stellt er einen Antrag auf einen Schutzhund – wegen der »problematischen Zahl an ausländischen Bürgern«.[32] Aus demselben Jahr stammen Fotos von der Arena Bar auf der Kamera des Vaters, die er für einen Drogenumschlagplatz hält.

Für ihn ist sein Sohn kein Massenmörder, sondern unschuldig. In einem Brief, den der Senior nach den Morden an den Magistrat von Hanau schickt, schreibt er, seine Familie sei Opfer einer geheim agierenden Organisation geworden. Ein als sein Sohn verkleideter Agent habe die Morde begangen. Die totale Verleugnung, die Umkehr der Schuld. Nachdem sein eigenes Kind so viele Menschen hingerichtet hat, traut er sich noch, solche absurden Lügen in die Welt zu setzen.

Als die Leiche seines Sohnes verbrannt und die Asche über dem Meer ausgeschüttet wird, damit sein Grab nicht zur Pilgerstätte für Rechte wird, stellt er Anzeige wegen Störung der Totenruhe. Er fordert die Waffen seines Sohnes zurück und dass dessen Website wieder freigeschaltet wird, auf der er rassistische und verschwörungstheoretische Gedanken verbreitet hat. Er beantragt die »Entfernung sämtlicher in den öffentlichen Raum gestellter Volksverhetzungen« – Gedenkstätten, Bilder der Opfer, Beflaggung am Tatort. Er erstattet Anzeige gegen Bürgermeister Claus Kaminsky, weil der sagte: »Die Opfer waren keine Fremden.« Am Rande einer Mahnwache vor seinem Haus beleidigt er Teilnehmende der Kundgebung als »wilde Fremde«. Mehrfach wurde er wegen Beleidigung verurteilt.

Wie sehr er den Glauben verinnerlicht hat, selbst Opfer zu sein, zeigt die Tatsache, dass er das Reihenhaus nie verlassen hat. Als hielte er an der Illusion einer glücklichen Familie fest, die mutwillig von außen zerstört wurde. Dabei hat sie sich aus dem Inneren heraus selbst zersetzt. Bis heute wohnt der Mann in dem Haus, in dem sein Sohn seine Frau und sich selbst tötete, nachdem er mordend durch die Stadt gezogen war. Unvorstellbar. Und anstatt sich aus Scham und Schuld zu verschanzen, geht er mit seinem Schäferhund in der Nachbarschaft spazieren, sitzt auf der Parkbank am Kurt-Schumacher-Platz, beschimpft und beleidigt Leute, terrorisiert Hinterbliebene.

Er ist geblieben, während die meisten Angehörigen weggezogen sind. Weil sie es nicht ertragen können, ihn beim Einkaufen an der Supermarktkasse treffen zu müssen.

Am Haus des Täters kamen wir fast täglich auf dem Nachhauseweg vorbei. In unserer Wohnung, in der wir einmal glücklich gewesen waren, quälten uns nicht nur die Erinnerungen, vom Balkon aus konnten wir sogar das Hochhaus sehen, in dem Gogos Leben endete. Der Psychologe, der meine Mutter betreute, sagte, sie würde hier kaputtgehen, wenn sie gezwungen wäre zu bleiben. Wir mussten hier weg.

Türkische Familien aus verschiedenen deutschen Städten und sogar aus Frankreich, die davon mitbekommen hatten, boten uns an, kostenlos bei ihnen unterzukommen. Aber wir wollten in Hanau bleiben, trotz allem war es noch immer unser Zuhause. Wir würden uns nicht vertreiben lassen. Ich war hier geboren, und jede Ecke war eine Erinnerung, hier waren mein Vater und Gogo überall herumgelaufen.

So sehr ich auch eine Abneigung gegen diesen Ort entwickelt hatte, so hatte ich auch eine starke emotionale Bindung zu dieser Stadt.

Über zehn Monate suchten wir, bis wir endlich etwas fanden, viel kleiner und teurer, als wir es uns eigentlich leisten konnten. Doch nur in einer neuen Umgebung konnten wir so etwas wie einen Neuanfang schaffen. Kein einziges Möbelstück haben wir mitgenommen, wir mussten alles loslassen, es hätte sonst zu sehr wehgetan. Nur unsere Kleidung, Unterlagen und Geschirr packten wir ein. Für eine neue Einrichtung fehlten uns die Mittel. So zogen wir in eine leere Wohnung – ein Spiegel dessen, wie es in uns aussah.

Nur Hamzas Familie, die Kurtovićs, und Serpil Unvar, die Mutter von Ferhat, sind in ihren Wohnungen geblieben. Wenn Serpil aus ihrem Küchenfenster schaut, sieht sie das Täterhaus, in dem die Jalousien meist geschlossen sind. Mitgefühl empfindet der Vater des Mörders offenbar nicht. Im Gegenteil. Er lässt keine Gelegenheit aus, mit dem Schmerz und der Angst der Angehörigen zu spielen und allen das Gefühl zu geben, dass in Kesselstadt niemand sicher ist. Mehrmals stand er mit seinem Hund vor ihrem Küchenfenster, einmal hat er Serpil vor ihrem Haus direkt angesprochen. »Warum bist du nach Deutschland gekommen? Warum kannst du dir als Kurdin dieses Haus leisten? Was arbeitest du?«, attackierte er sie. Und setzte noch eine Drohung nach: »Ich finde es heraus!« Obwohl er sich ihr inzwischen nicht weiter als auf dreißig Meter nähern darf, taucht er regelmäßig bei ihr auf, steht dann mit seiner reinrassigen Töle minutenlang vor ihrem Haus und starrt. Eine offensichtliche Bedrohung. Die aber juristisch gesehen keine ist. Er verbreitet Angst und Schrecken auf subtile Art. Eine Zeit lang stand eine Streife vor Serpils Haus. Die Behörden sagen, sie tun alles, was in ihrer Macht steht, aber wegsperren könnten sie ihn nicht. Einmal sollte er für siebzig Tage in den Knast, weil er eine Geldstrafe nicht bezahlt hatte. Doch nach einem Tag kam er wieder frei, hatte die offenen Forderungen dann doch beglichen. Es war uns nicht einmal vergönnt, ein paar Wochen Ruhe vor ihm zu haben und durchzuatmen.

Wie ist es möglich, dass der Vater eines Massenmörders, der

offenbar sogar stolz auf die Taten seines Sohnes ist, die Angehörigen verhöhnt, bedroht und terrorisiert? Das macht mich fassungslos. Wir müssen unsere Wohnungen verlassen, während jemand, den wir als eine tickende Zeitbombe wahrnehmen, unbehelligt durch die Gegend läuft. Am Zaun der Grundschule soll er immer wieder kleine Kinder ansprechen, natürlich nicht die, die für ihn deutsch aussehen: »Es wird noch was Schlimmeres passieren!« Und: »Du wirst schon sehen …« Ein Betretungsverbot für Kitas und Schulen wurde angeordnet. Doch um ihn als Gefährder einzustufen und somit überwachen oder ihm Fußfesseln anlegen zu dürfen, müsste er noch konkretere Drohungen aussprechen. Oder gewalttätig werden. Checkt ihr es erst, wenn es zu spät ist? Reicht es denn nicht? Wie sollen wir Angehörigen nicht das Gefühl haben, dass sich niemand für uns interessiert? Wieso macht man dieselben Fehler, die man beim Sohn gemacht hat, gleich wieder? Wie kann es sein, dass niemand etwas gelernt hat, dass es keine Konsequenzen gibt?

Drei Wochen nach der Tat kehrt der Vater aus der Psychiatrie, in die er unmittelbar nach der Tat wegen eines Schocks gekommen war, zurück in das Haus, in dem alles nach Tod und Zerstörung riecht. Für ihn eine »Gedenkstätte«. Zu seinem Schutz stellt man ihm vierundzwanzig Stunden am Tag eine Streife vor die Tür. Damit wir, die um unsere Toten trauern, ihm nichts tun. Die Angehörigen und mehrere Überlebende werden von der Polizei kontaktiert. Man fordert uns auf, keine Straftaten zu begehen und den Vater des Täters »in Ruhe zu lassen«. Gefährderansprache nennt man das, wenn jemand, der für andere zur Gefahr werden kann, darauf hingewiesen wird, dass die Polizei diese Gefahr im Blick hat. Man sieht uns, die Opfer, anscheinend als Bedrohung.

Zu Gefährdetenansprachen nach Bekanntwerden der bedrohlichen Haltung des Vaters kommt es hingegen nie. Keiner fragt uns, ob wir Schutz brauchen – obwohl ein Psychiater dem Senior eine wahnhafte Störung mit »Kampfparanoia« und »Querulantenwahn«[33] plus rechtsextremes Gedankengut bescheinigt. Da läuft ein Neonazi an unseren Fenstern vorbei, dessen Sohn unsere Kinder, Brüder und Schwestern abgeknallt hat, und wir werden zu potenziellen Tätern gemacht? Aber den Gefallen, auf seine Provokationen einzugehen, werden wir ihm niemals tun.

Das Interesse, uns zu schützen, scheint im Vergleich zu der Gefahr, die man in uns sieht, klein zu sein. Stattdessen ermittelt Interpol gegen die Familien der Opfer. Irgendwelchen Dreck müssen die doch am Stecken haben, wenn jemand sie tötet! Aber es gab rein gar nichts gegen uns zu finden. Ein weiterer Hinweis, in welche Richtung die Behörden ihren Blick richten, wenn es um Gefahreneinschätzungen geht. Ich kann mir gut vorstellen, was sie sagen: Die Ausländer regeln das sicher mal wieder auf ihre Weise! Deutscher Pass hin oder her, im Grunde sind das doch alles Kriminelle!

Dabei tragen die, die Straftaten begehen, manchmal selbst eine Uniform. Im Juni 2021 wird eine in Frankfurt am Main stationierte Einheit des hessischen SEK aufgelöst, nachdem bekannt wird, dass über neunzehn Mitglieder einer Chat-Gruppe angehören, in der sie rassistische und rechtsextreme Nachrichten austauschen.[34] Tage später bestätigt Innenminister Beuth – natürlich nur auf Druck der Angehörigen –, dass dreizehn der rechtsextremen Polizeibeamten in der Tatnacht am 19. Februar 2020 in Hanau im Einsatz waren.[35] Der Skandal kommt nur ans Licht, weil gegen einen SEK-Beamten wegen Kinderpornografie ermittelt wurde.

Widerwärtiger geht es sowieso schon nicht. Das muss man sich mal reinziehen: Während ein rechtsradikaler Extremist neun Menschen ermordet, rücken Neonazis an, um die Sache zu regeln. Das ist in etwa so, als ließe man einen Kinderschänder im Kindergarten arbeiten. Ist doch klar: Wenn Rechte gegen Rechte im Einsatz sind, dann muss geklärt werden, wie weit die Solidarität unter Faschisten reicht. Und was da zuerst kommt, das Berufsethos oder die Gesinnung. Gibt es einen Zusammenhang mit der Tatsache, dass es fünf Stunden bis zur Erstürmung des Täterhauses gedauert hat? Wollte man Beweise vernichten? Ihm die Gelegenheit geben, abzuhauen oder sich selbst zu töten? Wenn er überlebt hätte, dann gäbe es einen weiteren Zschäpe-Fall. Aber vielleicht hätte dieser Täter über mögliche Mitwisser ausgepackt: Hat ihn jemand gedeckt, finanziert, ausgebildet? Wie kann jemand, der keinen Job hat und zu seinen Eltern zieht, weil er sich die Miete in München nicht mehr leisten kann, Reisen in die USA bezahlen?

Nachdem herauskam, dass Faschisten beim SEK arbeiten, wurden sie einfach umverteilt und sind nun irgendwo anders im Dienst und können dort ihren Hass verbreiten. Wieder einmal gab es keine Konsequenzen. Auch für den Vater nicht. Im Dezember 2021 hat der Generalbundesanwalt die Ermittlungen gegen ihn eingestellt, da man keine Beweise für eine Tatbeteiligung oder Anstiftung finden konnte – oder wollte.

Opfer zweiter Klasse

Wäre das alles genauso gelaufen, wenn der Täter ein Türke und die neun Opfer Deutsche gewesen wären? Wäre die Behandlung gleichermaßen katastrophal und geringschätzig gewesen? Schon am Tatort war die Polizei auf Abwehr eingestellt: genervt, ängstlich oder aggressiv. Mein Eindruck war, dass die Einsatzkräfte uns als potenzielle Täter angesehen haben. Und dieser Eindruck sollte sich immer wieder bestätigen. Wir erlebten Anfeindungen, Rassismus und Vernachlässigung.

Als die Beamten am Tatort ankommen, schauen sie nicht nach, ob die Menschen, die dort in ihrem Blut liegen, noch leben.

Ferhats Mutter Serpil erzählt: »Immer wieder habe ich mir vorgestellt, wie es Ferhat am Ende gegangen ist. Er war ganz alleine. Es ist zweimal ein Polizist über meinen Sohn gestiegen, um das Fenster abzuschirmen. Aber er hat sich nicht zu meinem Sohn gebeugt, um zu prüfen, ob er noch Puls hat oder Hilfe braucht. Keiner hat nach ihm gesehen. Er blieb allein. Ich kann Ihnen das Gefühl nicht beschreiben. Mein Kind ist allein geblieben. Er blieb allein, obwohl Polizisten dort waren.«[36]

Ferhat wird im Kiosk kurz nach 22 Uhr angeschossen. »Ich brenne, ich brenne«, sollen seine letzten Worte gewesen sein. Die Überwachungskameras zeigen, dass er noch lebt, sich hinter die Theke zu retten versucht. Frühestens um 22:24 Uhr überprüfen Rettungskräfte seine Lebenszeichen, sein Tod wird jedoch erst um 3:10 Uhr offiziell festgestellt. Kann das wirklich sein, oder ist auch diese Information falsch wie so vieles andere?

Auch nach Kaloyan Velkov sieht unendliche dreißig Minuten lang niemand, obwohl die Polizei vier Minuten nachdem er getroffen zu Boden fällt, am Tatort ist. Doch das Innere der Bar wird lange nicht untersucht, und bis man hinter die Theke sieht, ihn findet und seinen Puls misst, vergehen weitere Minuten.

Filip Goman, der Vater von Mercedes Kierpacz, wartet die ganze Nacht mit seiner Familie auf dem Parkplatz vor der Arena Bar darauf, seine Tochter sehen zu dürfen, bevor die Polizei den Tatort freigibt. Dabei wird sein Wagen von SEK-Kräften umstellt, die Waffen auf ihre Köpfe richten und sie auffordern, mit gehobenen Händen auszusteigen. Erst als ein Polizeibeamter ihnen mitteilt, dass es sich um Angehörige handelt, lassen sie von ihnen ab. Filip Goman erzählt über diesen Moment: »Wissen Sie, was die gesagt haben? ›Falscher Alarm.‹ Nicht: ›Entschuldigung, es tut mir leid, Herr Goman, was passiert ist, wir haben nicht gewusst, dass Sie das sind.‹ ›Falscher Alarm. Abrücken!‹ Dann sind die ins Auto gestiegen und weggefahren.«[37] Sind die Beamten nicht gekommen, um den faschistischen Terror zu beenden, statt ihn fortzuführen?

Es gibt viele solcher Beispiele. Piter Bilal Minnemann, der den Anschlag überlebt hat und zusehen musste, wie seine Freunde starben, wird aufgefordert, zu Fuß zur nächsten Polizeistation zu laufen, um seine Zeugenaussage zu machen. Unter Schock. Zwei Kilometer. Während niemand weiß, ob der Täter nicht noch frei herumläuft. Nach dem Anschlag lässt er sich das Datum tätowieren, an dem sein altes Leben endete, und ein anderes begann: *19.02.2020*

Vilis Eltern geben am 20. Februar bei der Polizei eine Vermisstenanzeige auf, da ihr Sohn nicht nach Hause gekommen ist. Das Auto, mit dem er den Täter verfolgt hat, war auf seinen Namen angemeldet, er hatte Ausweispapiere, Führerschein und Handy dabei, alles, was eine schnelle Identifikation möglich macht. Trotzdem gibt man ihnen keine Auskunft, verweist sie an eine andere Dienststelle. Erst dort teilt man ihnen mit, dass ihr Sohn getötet wurde. Wäre es nicht normal, dass jemand von der Polizei in der Nacht oder zumindest am frühen Morgen versucht, die Familie zu informieren? Keiner betreut sie nach der Todesnachricht, stattdessen schickt man sie allein nach Hause. Am Abend machen sie sich auf die Suche nach dem Kurt-Schumacher-Platz, um dort eine Kerze für ihren Sohn anzuzünden. Da ist Vilis Körper gerade zur Rechtsmedizin abtransportiert worden. Das Ehepaar trifft am Tatort weitere Angehörige, um von diesen zu erfahren, dass ihr Sohn den ganzen Tag lang tot in seinem Auto lag.

Doch es steigert sich weiter. Niculescu Păun muss seinen eigenen Namen in dem Obduktionsbericht lesen, auch sein Geburtsdatum. So als hätte man ihn obduziert und nicht seinen Sohn. Hätte es nicht auffallen müssen, dass der Mann, den man aufschnitt, nicht halb so alt war wie der, für den sie ihn hielten? Auch auf dem Totenschein von Gökhan ist ein Todeszeitpunkt eingetragen, der nicht mit dem Tathergang zusammenpasst. Das lässt uns an der Fähigkeit der ermittelnden Behörden zweifeln. Auch daran, ob der Mord an unseren Angehörigen mit dem nötigen Ernst verfolgt wird.

So wie es uns mit Gökhan nach der Obduktion geht, erleben es auch die anderen Familien. Niemandem wird die Gelegenheit gegeben, den Sohn, die Tochter, die Mutter oder den Bruder vor der Obduktion zu sehen. In den Berichten wird vermerkt, die Angehörigen seien nicht erreichbar gewesen oder angehört worden. Was aber nicht stimmte.

Mehrere Tage lang wird uns nicht gesagt, wo sich die Verstorbenen befinden. Familie Kurtović wird eine Woche lang belogen und vertröstet, bis die Familie die Leiche des Sohnes sehen darf. Im Autopsiebericht wird sein Aussehen als *orientalisch* beschrieben. »Dunkelblond, blauäugig, hellhäutig ist für die ›orientalisch-südländisch‹. Von einem Rassisten getötet und der Rassismus geht weiter!«,[38] sagt Armin Kurtović, der Vater. »Den Anblick werde ich nicht vergessen, so lange ich lebe. Ich gehe damit schlafen, und ich wache damit auf.

Nachts kommen diese Bilder in meinen Träumen, und dann wache ich auf. Die haben ihn so zugerichtet. Dieser Obduktionsbericht – wen interessiert es, wie schwer sein Gehirn war, sein Herz, seine Organe? Reicht es nicht, dass er tot ist? Aufgeschlitzt wie ein Tier von oben bis unten. Es ist meine Pflicht als Vater, als Muslim, meinen Sohn vor der Beerdigung zu waschen. Ich konnte es nicht. Ich habe geheult wie ein Kind.«[39]

Kapitel 13

Jeden Tag ein Abschied

Neun Menschen hat der Täter aus rassistischen Motiven aus dem Leben gerissen. Doch die Leidtragenden sind so viele mehr. Das Trauma wirkt nach und setzt sich in jeder einzelnen Familie, in jedem Freundeskreis der Verstorbenen fort. Wie eine Spirale, die immer größere Kreise um ihr Zentrum zieht. Und nicht alle überleben es.

Manuela hat am 20. Februar vergeblich auf Gökhan gewartet. Er war nicht, wie versprochen, zu ihr gekommen, um ihr das zweite Teil der Couch zu bringen. Die eine Hälfte stand nun in ihrem neuen Wohnzimmer und würde sie fortan an das erinnern, was unvollständig bleibt. Was fehlt. Diverse Nachrichten hatte sie ihm über WhatsApp geschrieben, ohne eine Reaktion. Anscheinend hatte er sie nicht einmal gelesen. *Zul. online gestern um 21:30*, stand unter seinem Profil. Was war da los? Hatte er etwa sein Handy verloren? Dann der Anruf ihres Bruders: »Ela, hast du das mitbekommen? In Hanau gab es eine Schießerei.« In den sozialen Medien kursierten schon Bilder der Toten. Auch das des Mannes, dessen Gesicht sie gerade mit der Nachricht zum Strahlen gebracht hatte, dass sie sein Kind erwartete.

Es konnte nicht sein, dass Gogo tot war. Sie weinte, sie schrie, sie schlug mit der blanken Faust auf das Gesicht ein, das sie vor sich im Spiegel sah. Die Splitter rissen ihre Haut auf. Wären ihr Bruder und ihr Sohn nicht gekommen, um sie festzuhalten, sie wäre mit dem Kopf gegen die Wand gelaufen.

Es tut mir im Herzen weh, dass ich in diesem Moment nicht bei ihr war. Ich hätte sie anrufen, ihr die Nachricht selbst überbringen müssen. Doch zu diesem Zeitpunkt waren wir uns noch nicht so nah wie zwei Menschen, die denselben Verlust spüren. Der Moment, in dem sie mit Gökhans Verlobungsfoto aus der Küche gekommen war, und alles, was darauf folgte, hatte einen Keil zwischen sie und meine Mutter getrieben – und damit auch zwischen uns alle. Wenn Gökhan und Manuela sich gesehen hatten, dann meist allein. Wir wussten, dass sie vor Kurzem wieder zusammengekommen waren, ein gemeinsames Treffen hatte es jedoch noch nicht gegeben. Darüber, dass sie bald Eltern sein würden, hatten sie kein Wort verloren.

Ich konnte in diesen Stunden an gar nichts anderes denken, als den toten Körper meines Bruders zu finden. Und für meine Eltern da zu sein. Mehr schaffte ich nicht. Noch einen Menschen, der Gökhan liebte, aufzufangen – das hätte ich nicht gekonnt. So war sie ganz allein nach Hanau gefahren, zwei Tage nach dem Anschlag, um zu begreifen, was überhaupt passiert war, um ihm nahe zu sein. Sie legte Blumen am ersten Tatort am Heumarkt nieder – wo er tatsächlich getötet worden war, das wusste sie zu diesem Zeitpunkt noch nicht. Wir trauerten für uns, sie trauerte für sich. Doch je mehr Zeit verging, desto öfter rief sie mich abends an und weinte. Gogo war plötzlich aus ihrem Leben verschwunden, und sie sehnte sich danach, sich mit seinen Leuten zu umgeben. »Çetin, sag ihm bitte an seinem Grab, dass ich jede Sekunde an ihn denke, ihn liebe und sehr vermisse«, bat sie mich. Nach seinem Tod kam sie jedes Wochenende nach Hanau und brachte Blumen zum Kiosk. Und Mama öffnete ihr Herz und ihre Arme für Ela. Wenn die beiden Frauen heute zusammensitzen, dann sehen sie sich oft Fotos auf ihrem Handy an. Der Fahrradausflug im Sommer, bei dem sie vergessen hatten, etwas zu Trinken mitzunehmen und fast umgekommen wären vor lauter Durst. Das Video, auf dem Gökhan mit den Kindern in Elas Wohnung Verstecken spielt. Gelächter und Lebensfreude. Die Aufnahmen zeigen Menschen, die einmal eine Familie hatten werden wollen.

Eine Hochzeit würde es nun nicht mehr geben. Keine gemeinsame Zukunft. Die Trauer drückte Manuela nieder. Nur wenige Tage nach der Nachricht von Gökhans Tod bekam sie heftige Krämpfe. Sie begann zu bluten – und spürte intuitiv, was sich später im Krankenhaus bestätigen sollte. Sie hatte das Kind verloren. Der Schock war für Körper und Seele zu viel gewesen. Der Rassist hatte ein weiteres Leben ausgelöscht. Das jüngste Opfer des 19. Februar 2020 war noch nicht mal geboren worden und hatte keinen einzigen Atemzug getan. Es war gerade erst dabei gewesen, sich auf das Leben vorzubereiten, im Bauch seiner Mutter zu wachsen und sich zu entwickeln. So klein, dass es noch nicht möglich war, im Ultraschall sein Geschlecht zu erkennen. Nun war es durch den Schmerz seiner Mutter gestorben.

Drei lange Jahre lang sollte Manuela dieses Geheimnis mit sich herumtragen. Und als sie es schließlich mit mir teilte, da war es, als hätte ich Gökhan ein weiteres Mal verloren. Wie tröstlich wäre es gewesen, was für ein Geschenk hätte es sein können, sein Kind spielen und lachen zu sehen, ihm von seinem Vater zu erzählen. Vielleicht hätte Gogos Lachen in diesem Menschen weitergelebt. Wären sie einander ähnlich gewesen? Wenn ich daran denke, sehe ich meinen Bruder als kleines Kind vor mir. So süß die Erinnerung, so hart die Erkenntnis, dass er nicht zurückkommt.

Für alle war sein Tod unbegreiflich. Jeder trauerte auf seine Weise, jeder versuchte, zurechtzukommen, irgendwie weiterzumachen – obwohl wir uns so unendlich verloren fühlten. Vor allem meinen Sohn Mert so zu sehen, war hart. Er aß kaum etwas, saß meist in seinem Zimmer und hing seinen dunklen Gedanken nach, reagierte aggressiv, wenn man ihn ansprach. »Ich habe meinen Onkel verloren, aber auch meine Träume und Ziele. Ich habe keine Zukunft mehr«, sagte er einmal zu mir. Neben ihm das Bett, das niemand mehr benutzte. Wenn er sich früher nach links gedreht hatte, dann sah er die Gestalt meines Bruders unter der Bettdecke. Jetzt war da niemand mehr. Das nahm ihn extrem mit. Drei Nächte schlief er dort allein, länger konnte ich es nicht mit ansehen. Dann entschied ich mich, zurück zu meinen Eltern zu ziehen und im Bett meines toten Bruders zu schlafen. Neben Mert. Ich vergrub meinen Kopf in Gökhans Kissen, es roch so vertraut nach ihm. Ich war derjenige, der hätte tot sein sollen, nicht er! Niemals würde ich Gogo ersetzen können. Aber so war zumindest jemand da, wenn Mert morgens die Augen aufschlug – in diesem Moment zwischen Traum und Wirklichkeit, in dem wir uns fragten, ob das alles tatsächlich mit uns passierte.

Doch es war real. Und nun galt es, Abschied zu nehmen. Drei Särge auf dem Marktplatz von Hanau. Ein Meer von Menschen. Wenn ich im Nachhinein die Bilder sehe, fühle ich unendliche Dankbarkeit für jeden, der gekommen ist, um sich von meinem Bruder zu verabschieden. Aber damals war ich wie ein Roboter: Beileid entgegennehmen, danke. Der Nächste, danke. Der Nächste ... Sechs Tage waren seit dem Anschlag vergangen, und nach dem Totengebet sollte Gökhans endgültige Reise in die Türkei beginnen. Mit dem Flugzeug von Frankfurt nach Istanbul, dann weiter nach Ağrı. Siebenunddreißig Familienmitglieder würden mit uns reisen. Fatih Saraçoğlu wurde ebenfalls in die Türkei geflogen, Sedat Gürbüz in Dietzenbach beigesetzt.

Auch Zivilisten, die bei Terroranschlägen unschuldig ihr Leben verlieren, gelten in der Türkei als Märtyrer. Deshalb wurde die türkische Flagge um die Särge geschlagen. Obwohl wir kurdischer Abstammung sind, war für uns klar: Wir gehören zum türkischen Volk und lieben unser Land. Behçet hatte sich immer für die Türkei eingesetzt, war loyal und glaubte fest daran, dass das Land in diesen schweren Stunden hinter uns stehen würde. Doch im deutschen Fernsehen echauffierte man sich darüber, dass Gökhans Sarg in eine türkische Fahne gehüllt war. Aber wer, wenn nicht man selbst, darf entscheiden, wie man sich identifiziert? Und wie konnte man so einen Bericht veröffentlichen, ohne recherchiert zu haben? Wir sind Kurden unter der türkischen Flagge und gehören ethnisch zu den türkischen Kurden. Also was sollte das? Auch mein Vater traf dieser TV-Beitrag sehr, und wir ließen uns sogar anwaltlich beraten, ob wir Anzeige erstatten sollten. Doch man prognostizierte uns, dass er unter »Meinungsfreiheit« laufen würde, auch wenn alles daran falsch war. Was uns am meisten betroffen machte: Ein Rassist tötete meinen Bruder, und man hatte nichts Besseres zu tun, als sich mit irgendwelchen Nebenschauplätzen aufzuhalten. Wie wenig Empathie hatten diese Journalisten, wie wenig Respekt angesichts unseres Leids? Wie sollten wir die Energie dafür aufbringen, auch noch diesen Kampf zu kämpfen?

Das Paradies und die Hölle auf Erden

Als das Flugzeug mit Gökhans Sarg in Ağrı landete, erwartete uns dort schon eine Menschenmenge. Mit einer Sondergenehmigung durften unsere Verwandten direkt zum Landeplatz kommen, empfingen uns gemeinsam mit einem Aufgebot an Politikern, Armee und Polizei. Auch Vertreter des Präsidiums für Auslandstürken und verwandte Gemeinschaften (YTB) waren wieder mit dabei. Gökhan erfuhr dieselbe Würdigung wie ein Soldat, der im Gefecht gefallen war. Damit hatte ich nicht gerechnet. Ich sah aus dem Fenster des Flugzeugs, und mir stiegen Tränen in die Augen. Nach all den Herabwürdigungen der letzten Tage war es ein Gefühl, als hätte man uns vom Boden aufgehoben.

Als wir die Maschine verließen und auf die Gangway traten, spürten wir die beißende Kälte, die unsere Gesichter taub machte und die Wimpern gefrieren ließ. Minus 25 Grad Celsius. Auf dem Flugfeld brach meine Mutter erneut zusammen. »Ich muss bei meinem Sohn sein, ein letztes Mal!« Unbedingt wollte sie hinten im Leichenwagen mitfahren – trotz der unfassbaren Kälte. Sie war nicht zu bändigen und schlug um sich, keiner konnte sie beruhigen. Bis sie sich nach langem Hin und Her mit dem Beifahrersitz zufriedengab.

Eine noch größere Menschenmenge empfing uns draußen vor dem Flughafengebäude, bereit, uns in die Provinz Tahir zu eskortieren. Zwei Wagen der *Jandarma* – ein paramilitärischer Verband in der Türkei – vor dem Leichenwagen, zwei dahinter. Weitere dreißig Autos fuhren mit uns die sechzig Kilometer vom Flughafen bis ins Dorf. Es war wie beim Staatsbankett des Präsidenten. Die Armee hatte alles für uns abgeriegelt, jede Straße, jede Kreuzung. Keine Ampel, an der wir hätten anhalten müssen. Alle anderen Autos mussten warten, die Soldaten salutierten, als wir vorbeifuhren, Momente der Gänsehaut, die man niemals vergisst. Angekommen in Tahir, wurde die Leiche im Sarg noch einmal zum Elternhaus meines Vaters gebracht. Gökhan sollte ein letztes Mal nach Hause kommen, bevor er begraben würde. Die Klagelaute fluteten wie eine Welle der Trauer über den Ort hinweg.

Wie es bei uns Tradition ist, sollten die Frauen mit meiner Mutter zu Hause bleiben, während die Männer Gökhan zu Grabe trugen. Doch kaum setzte sich der Leichenzug in Bewegung, mobilisierte Hüsna noch einmal all ihre Kräfte und rannte hinterher, obwohl ihr durch ihre Krankheit sonst nach zwei Schritten die Luft wegblieb. Wie soll man denjenigen loslassen, den man so sehr liebt? Wie akzeptieren, dass das Kind, das man geboren hat, vor einem stirbt? Meine Tanten und Cousinen konnten meine Mutter schließlich zurückhalten, redeten beruhigend auf sie ein und führten sie ins Haus.

Zum Friedhof führte ein holpriger Pfad etwa fünfhundert Meter den Berg hoch. Jeder Einzelne aus dem Dorf wollte den Sarg ein Stück weit tragen, die Leute drängten sich, um ihn bei seinem letzten Gang zu begleiten. Sogar ich als Gogos Bruder war kurz in der Menge verschwunden. Bei aller Traurigkeit gab es mir auch ein warmes Gefühl. Hier ist die Familie, hier ist meine Heimat. Ich spüre noch das Gewicht von Gökhans Sarg auf meiner Schulter, als wir durch den makellosen Schnee liefen, der über Nacht gefallen war.

Mert und ich stiegen in das eckige Loch, das in die gefrorene Erde geschlagen worden war, um seinen Leichnam zu betten: einen Meter dreißig tief, achtzig Zentimeter breit, zwei Meter lang. Die extreme Kälte schien von den Wänden abzustrahlen wie in einer Eiskammer. Mich schüttelte es. Hier sollte er nun ruhen. Mein geliebter Bruder. Die anderen hoben seinen Körper, den wir nach der Totenwaschung in ein weißes Leichentuch eingeschlagen hatten, aus dem Sarg und ließen ihn mithilfe von Leichentüchern behutsam in den Boden sinken. Sie reichten uns massive Steine, die wir um seinen Körper platzierten. Gemäß den Anweisungen des Imams drehte ich seinen Kopf leicht nach rechts in Richtung Mekka. Ich küsste das Leichentuch auf der Höhe seiner Stirn, sagte ihm, wie sehr ich ihn liebe und versprach ihm: »Gökhan, ich werde dich niemals allein lassen, dein Bruder ist an deiner Seite, ich werde für deine Gerechtigkeit kämpfen!« Ich war mir sicher, er spürt, dass ich da bin. Dann stieg ich aus seinem Grab und sah zu, wie mit jeder Schaufel Erde, die von den Trauernden auf seinen eingehüllten Leichnam geworfen wurde, mein Bruder ein Stück mehr verschwand.

Aus den Nachbardörfern kamen die Menschen, um uns ihr Mitgefühl auszudrücken und mit uns für Gökhan zu beten. Momente und Begegnungen voller Liebe, Menschlichkeit und Wärme. Bei meinem Vater rannen unaufhörlich leise Tränen, er war komplett in sich verschlossen, stand dennoch bei jedem Gast auf, begrüßte und verabschiedete ihn. Neun Tage lang nahmen wir Beileidsbekundungen entgegen. Dann war es Zeit für die Rückreise. Diese Fahrt im Auto zum Flughafen, die ersten Kilometer weg vom Dorf – nie war die Leere in mir größer als in diesen Momenten. Ein Zwischenstopp in Istanbul, der Flug nach Deutschland sollte erst am nächsten Tag gehen. Wir übernachteten bei einem Verwandten. Doch an Schlaf war nicht zu denken.

Bis zum Morgengrauen stehe ich an der geöffneten Balkontür, schaue auf das Lichtermeer der Stadt und den Verkehr, der nie ganz stillzustehen scheint, ich rauche und denke an Gökhan. Ein Zustand wie nach einem Messerstich. Man sieht sofort die klaffende Wunde und das austretende Blut, aber der Schmerz ist durch das Adrenalin gedämpft, er kommt noch nicht in seiner ganzen Brutalität an. Aber dann, wenn der Schock sich legt, umso gewaltiger. Ich halte mich am Türrahmen fest, um die Balance zu halten. Die kalte, klare Luft auf meiner Haut. Keine Kraft zu weinen. Nie habe ich mich einsamer gefühlt als in den ersten Stunden nach Gogos Beerdigung, auf der Reise zurück an den Ort, an dem er getötet worden ist. Alles löst sich auf, das Zeitgefühl verschwindet, es gibt keinen Takt, keinen Ton. Nur das dumpfe Pochen in mir, das in seinem erbarmungslosen Rhythmus abebbt und wieder anschwillt. Es wird bleiben, ist nun ein Teil von mir. Der Schmerz, so heißt es, ist unsere Verbindung zu denen, die nicht mehr da sind. Wie sollte er je weniger werden? Atmen. Schlucken. Stehen. Ich brauche meine ganze Kraft dafür. Wie geht ein Abschied, ohne sich verabschieden zu können?

Mit jedem Schritt, mit jeder Sekunde im Flugzeug entfernen wir uns weiter von ihm, obwohl er doch zu uns gehört. Ich sehe meine erschöpften Eltern, kann nichts machen, schäme mich zu atmen, alles tut mir weh. Das Leben geht weiter? Nein, nicht für uns. Menschen lachen, Kinder spielen, alles, was vorher normal war, kommt mir surreal vor, meine Wahrnehmung ist jetzt eine andere. Ich sitze im falschen Film, will weg, aber ich kann das Kino nicht verlassen, die Türen sind von außen verschlossen. Hier kommt keiner raus.

Zurück in Hanau blieb kein Raum für unsere Trauer. Die Stadt im Ausnahmezustand, Fernsehteams aus verschiedenen Ländern, Radio, Zeitungsleute und Security. Wie eine Marionette wurde ich an unsichtbaren Fäden geführt. Totale Fremdbestimmung. Ich befand mich wie in Trance, musste erinnert werden, auf die Toilette zu gehen, zu essen und zu trinken. Dauernd wurden wir Opferfamilien zu irgendwelchen öffentlichen Terminen geschleift. Zur Trauerfeier im Congress Park sollte die politische Elite des Landes anrücken, und die ganze Welt würde hinsehen. Mir war das scheißegal. Ich wollte weglaufen, aber wir mussten da sein und unser Gesicht zeigen – für Gökhan.

In einem Nebenraum neun Tische mit den Namen der Toten auf weißen Schildern, ein Pate oder eine Patin für jede Familie. Elke Büdenbender, die Frau von Frank-Walter Steinmeier, war unsere Patin. Ihre Anteilnahme schien echt. Sie sagte, ihr Mann würde alles dafür tun, um für Gerechtigkeit zu sorgen. Auch Angela Merkel, damals noch Bundeskanzlerin, kam zu unserem Tisch und sprach uns ihr Beileid aus. Ich konnte nichts erwidern. Dann gingen die Familien nacheinander mit ihren Paten auf die Bühne und legten weiße Rosen für die Opfer nieder. Ich schob meinen Vater im Rollstuhl. Das Foto, das wir damals in Eleşkirt für Gogos Verlobung hatten aufnehmen lassen, hielt er in seinen Händen, die ganz ruhig waren, während meine zitterten. Frau Büdenbender legte Baba ihre Hand auf die Schulter. Ich schwitzte. Und wusste nicht, ob ich dankbar für die Ehrung sein sollte oder einfach nur laut schreien wollte. Das Einzige, was mich hier tief berührt hatte, war die Rede von Kemal, nahezu der Einzige, der alle Opfer gekannt hatte. Er erzählte Anekdoten aus dem Kiosk, kleine Beobachtungen aus dem Alltag, die er mit den Toten verband – und die so viel stärker bewegten als jeder Auftritt irgendwelcher großen Staatsleute.

Sobald die Ansprachen vorbei waren, verabschiedete ich mich. Ich konnte nicht mehr. Als ich meinen Vater mit dem Rollstuhl rausschob, fragte mich ein Journalist, was ich davon hielte, dass der AfD-Chef von Hessen, Robert Lambrou, auch da war. Hätte ich gewusst, dass er in dem Saal hockt, wäre ich niemals gekommen. Niemand von uns. Was für eine Verhöhnung! Eklige AfD-Äußerungen kamen mir in den Sinn, in denen seine Leute unter anderem gegen Shisha-Bars hetzten, behaupteten, es seien Orte der »Vergiftungen« und »Vergewaltigungen«.[40] Der ganze islam- und ausländerfeindliche Bullshit. Wegen dieser Anfeindungen war es nur eine Frage der Zeit gewesen, bis solche und ähnliche Läden angegriffen wurden. Und jetzt saß der Typ hier und heuchelte Anteilnahme. Mir kam schon wieder das Kotzen.

Der Fels zerbricht

Nichts würde je wieder gut werden. Diese Gewissheit wurde mit jedem neuen Morgen größer. Meine Eltern hatten mit ihrem jüngsten Sohn auch ihren Lebenswillen begraben. Sie saßen einfach nur noch auf dem Sofa und blickten ins Leere. Mein Vater hatte buchstäblich seine Stimme verloren; bis auf ganz wenige Ausnahmen sprach er kein Wort mehr. Auch körperlich ging es ihm plötzlich schlechter.

Nachdem er uns einen Tag vor Gökhans Tod mit positiven Untersuchungsergebnissen überrascht hatte, schien er den Kampf nun aufzugeben, er hatte dem Krebs nichts mehr entgegenzusetzen und ließ ihn gewähren. Nun war ich derjenige, der meinen Vater alle zwei Tage zur Chemo ins Krankenhaus begleitete. Die Krankenschwestern, die Gogo alle gekannt und mitbekommen hatten, was passiert war, reagierten betroffen. Das tat mir alles so weh. Selbst an diesem Ort, an dem jeden Tag so viele Menschen ein- und ausgehen, hatte Gogo seine Spuren hinterlassen. Jeder hier erinnerte sich an ihn, jeder hatte ihn gemocht. »Schau mal, da können wir sitzen und Kaffee trinken«, sagte Baba. »Dort saß ich immer mit Gökhan.« Ich sah ihn vor mir, wie er die Flure entlangläuft, mit den Schwestern und Pflegern seine Späße macht.

Überall, wo er war, da bin ich jetzt – für immer ohne ihn.

Inzwischen war zu allem Übel die Corona-Pandemie ausgebrochen, und Deutschland steuerte auf den ersten Lockdown zu, Kontakte sollten eingeschränkt werden, vor allem Menschen mit Vorerkrankungen seien gefährdet. Nun waren wir auch noch zu Hause eingesperrt, zusammen mit dem Schrecken des Anschlags und dem Tod, der in jedem Winkel auf uns lauerte. Ich musste zusehen, wie mein Vater vor meinen Augen zerschmolz. Es waren erst vier Wochen seit Gogos Tod vergangen, als er mit einem Schlaganfall ins Krankenhaus eingeliefert wurde. Es sah nicht gut aus. Einmal am Tag durften wir ihn für eine Stunde besuchen, mehr war nicht drin. Am dritten dann die Hiobsbotschaft des Arztes: »Es ist vorbei, jeden Moment kann es so weit sein.« Die Therapie-Möglichkeiten wären ausgeschöpft. Es war, als würde jedes seiner Worte an der Wand abprallen und mir mit voller Wucht ins Gesicht schlagen. Auch wenn ich wahrgenommen hatte, dass Baba jeden Tag schwächer geworden war, so war ich dennoch sicher gewesen, dass er es schafft. Er musste es schaffen. Gökhan hatten wir schon verloren. Und jetzt noch Behçet? Das konnten wir nicht verkraften. Mit wackeligen Beinen stand ich auf, versuchte, die Kontrolle zu bewahren. Lächelnd ging ich ins Zimmer meines Vaters zurück und küsste seine Hände: »Baba, ich habe mit dem Arzt gesprochen, alles ist gut, du darfst nach Hause.«

Ungewissheit wäre weniger schlimm gewesen als das Wissen, dass es nun definitiv vorbei war. Dieser Countdown, der rückwärts zählt, gleicht seelischer Folter. Ich muss meinen Vater nach Hause bringen, damit er nicht hier stirbt! Das war nun der einzige Gedanke, der mich antrieb. Die letzten Momente sollte er mit uns verbringen. Ein Pflegebett wurde in unserem Wohnzimmer aufgestellt, rund um die Uhr war eine Pflegekraft da, die ihn versorgte. In den wenigen Momenten, in denen er die Augen geöffnet hatte, lasen wir ihm leise aus dem Koran vor. Nach drei Tagen konnte er nicht mehr stehen und allein zur Toilette gehen. Er war inzwischen so ausgezehrt, dass ich ihn wie ein Kind auf meinen Armen trug.

Früher, als ich klein gewesen war, hatte mein Vater mich gewaschen. Jetzt, mit sechsundvierzig Jahren, sollte ich das Gleiche für ihn tun. Die Rollen hatten sich umgekehrt. Das war eine ganz neue Erfahrung und extrem hart für mich. Es kostete mich Überwindung. Aber in Extremsituationen schafft man vieles, was einem sonst undenkbar erscheint.

Und manchmal entstehen dann Momente, die uns für ewig verbinden. Die Duschkabine in unserer Wohnung. Mein Vater ist unbekleidet. Ich umschlinge seinen ausgemergelten Körper mit beiden Armen, während meine Tante ihm den Rücken wäscht. Längst hat er keine Kraft mehr in den Beinen, um selbst zu stehen. Ganz fest muss ich ihn umfassen, damit er mir nicht entgleitet, doch mein Pullover und meine Hose werden dabei nass. So funktioniert das nicht. Ich denke nicht lange nach, setze ihn vorsichtig auf dem Plastikhocker in der Dusche ab, während meine Tante ihn stützt. Dann ziehe ich mich bis auf die Unterhose aus und hebe ihn unter den Armen hoch, halte ihn in meiner Umarmung, während meine Tante ihn einseift. Meine nackte Brust an seiner, sein Kopf schwer auf meiner Schulter. Warmes Wasser läuft an unseren Körpern herab. Ein befremdliches Gefühl, eine Nähe, die ich so nicht kannte. Die Vater und Sohn sonst nicht haben. Aber heute denke ich: Gott wollte, dass ich genau diese Erfahrung mache. Und er wollte, dass Baba den Verlust seines Kindes noch fühlt, bevor er geht. Diesen warmen Körperkontakt zu ihm spüre ich heute noch, es ist ein Gefühl von Fürsorge und bedingungsloser Liebe.

Bald konnte Behçet nur noch künstlich ernährt werden. Manchmal lächelte er mich an, aber da war kein Erkennen mehr in seinem Blick, nur eine höfliche Freundlichkeit, die er sogar im Sterben beibehielt. Er wusste gar nicht, wer ich bin, hatte mich, seinen Sohn, vergessen. Ansonsten schaute er nur gedankenverloren auf den Koran-Vers, der in einem goldenen Rahmen gegenüber von seinem Bett hing. Er schien danach greifen zu wollen, doch seine Hände fassten ins Leere. »Dein Vater begibt sich langsam auf die Reise«, sagte Hüsna. »Er sieht schon die Engel, die wir nicht sehen können.« Sah er vielleicht sogar Gökhan, seinen geliebten jüngsten Sohn, dort auf der anderen Seite?

Am 28. März 2020 um zwei Uhr nachts hörte er auf zu atmen. Der

Notarzt stellte seinen Tod fest. Mama bückte sich zu meinem Vater, legte zärtlich ihr Gesicht an seins, spürte, dass er gegangen war. Sie ließ sich schwer in den Sessel neben ihm sinken und begann leise die Suren zu beten. Vollkommen anders, als ich sie sonst in solchen Situationen kannte, war sie dieses Mal ganz still, so als hätte sie resigniert vor all dem Schmerz, der sie endgültig überwältigte. Wie soll ein Mensch in der tiefsten Trauerphase einen weiteren Verlust verarbeiten?

Am nächsten Morgen rief der ehemalige Außenminister der Türkei, Mevlüt Çavuşoğlu, an. Ein kleiner Lichtblick in all der Düsternis. Ich hatte nicht damit gerechnet, seine warmen Worte über meinen Vater und seine Anteilnahme berührten mich. Auch Behçet hatte er nach Gökhans Tod angerufen, es war für ihn vielleicht der letzte aufmunternde Moment nach dem Anschlag gewesen.

Achtunddreißig Tage nach dem Tod seines Sohnes war unser Vater gegangen. Sein Ende hatte auch ihn getötet. Gökhan hatte Vater im Leben nie allein gelassen und Vater ihn im Tod nicht. Gogo hatte sich aufgeopfert für ihn. Und Behçet liebte ihn über alles. Nun war auch er nicht mehr da. Alles, was er gewollt hatte, war, seiner Familie ein besseres Leben zu bieten. Behçet schätzte Deutschland sehr, doch hier wurde ihm sein Sohn genommen.

War das der Lohn für all die Jahrzehnte, in denen er das Land mit aufgebaut hatte? Wäre er doch damals lieber zurück in unser Dorf gegangen, nachdem er das Geld für die zwei Ochsen zusammen hatte, dann wären beide noch am Leben: Gogo und Baba. Niemals hätte er geglaubt, dass hier so etwas passieren könnte. Wir dachten doch, wir gehörten dazu. Doch offenbar taten wir das nicht. Was war passiert mit unserer schönen Familie? Es war, als hätte jemand eine Bombe in unser Zuhause geworfen und die Tür geschlossen. Die Bombe war explodiert, und zurück blieben nichts als Trümmer und Chaos.

Nach Gogos Tod war unsere Wohnung vor Menschen schier übergequollen, doch knapp eine Woche bevor mein Vater starb, wurde der erste Lockdown ausgerufen. Es durfte nicht mal jemand zu uns kommen, um uns in unserer Trauer beizustehen. Natürlich würde man erwarten, dass die Nachbarn ein Auge zudrücken, wenn sie mitbekommen, dass der Mann aus der Nebenwohnung gerade erschossen wurde und sein Vater elendig an Krebs verendet ist. Noch dazu, wenn man nach seiner Gassi-Runde beobachtet hat, wie die mitgenommene Familie einen Sarg in den Leichenwagen trägt. Unsere Nachbarin von derselben Etage drückte ihre Anteilnahme jedoch ganz anders aus: Sie drohte uns, sofort die Polizei zu rufen, wenn wir uns nicht an die Corona-Maßnahmen halten. Während die ganze Welt fassungslos auf Hanau blickte, wir Briefe mitfühlender Mitmenschen erhielten, die uns wissen ließen, dass sie sich unendlich für das schämten, was passiert war, hatte sie nichts Besseres zu tun, als uns noch eine mitzugeben. Was für eine emphatische Frau, was für eine wundervolle Nachbarin! Sollte ich die Menschen, die meine Mutter zumindest ein bisschen aufbauten, mit ihr beteten und für sie kochten, etwa nicht reinlassen? Sie kamen trotzdem, unsere Freunde und Verwandten, aber wie in geheimer Mission, die Schuhe nahmen sie mit in die Wohnung, damit niemand Verdacht schöpfte. »Bitte weint leise, damit die Frau von nebenan uns nicht denunziert!«

Wir waren uns sicher, die Polizei würde schnell da sein, wenn eine Ordnungswidrigkeit einer Familie mit dem Namen Gültekin gemeldet worden wäre. Womöglich schneller, als wenn ein rechter Terrorist Menschen erschoss, deren Aussehen nicht in sein krankes Weltbild passten.

Auch mein Vater sollte in der Türkei beigesetzt werden. Aber mitzufliegen war wegen der Pandemie nun nicht mehr möglich. Sein Sarg wurde per Cargo-Flug transportiert und vom Flughafen mit dem Auto nach Eleşkirt und weiter nach Tahir gebracht. Im Dorf herrschte Ausgangssperre, doch einige nahe Verwandte durften zur Beisetzung kommen. Wenigstens das. Meine Cousine filmte die Ankunft des Sarges, und wir verfolgten alles von unserem Wohnzimmer in Kesselstadt aus live per Handy. An Gogos Geburtstag, am 31. März, wurde Baba direkt neben seinem Sohn beigesetzt. Strahlend blauer Himmel. Die türkische Flagge flatterte in Rot und Weiß am Grab von Gökhan. Im

Hintergrund die schneebedeckten Gipfel des Ararat. Auch im Dorf lag noch Schnee. Wir konnten die klare Luft fast riechen, auch wenn wir Tausende von Kilometern entfernt waren. »Schau mal, Gogo, dein Vater hat dich nicht vergessen und ist gekommen, um dir rechtzeitig zu gratulieren«, sagte meine Mutter schluchzend.

Zu sehen, wie die Menschen aus unserem Dorf hinter uns standen, war tröstlich. Seit Gogos Tod war ich öfter in der Türkei als je zuvor. Um an die Gräber zu gehen und die Nähe zu spüren. Es ist ein Gefühl von Nachhausekommen. Dort kann ich wieder frei atmen. Meine Verwandten, mein Dorf, meine Berge. Geborgenheit und Gemeinschaft. Ich schwöre es, sogar die Vögel dort zwitschern von Liebe, nicht von Hass.

Kapitel 14
Weiteratmen

Es sind die Überlebenden, die jeden Tag sterben. Mit jedem neuen Morgen. Jedes Mal, wenn sie den Namen der Toten hören, bei jeder Erinnerung an sie. Darüber, wie Menschen nach solchen Erfahrungen weitermachen, liest man selten. Viele funktionieren, aber was in ihrem Inneren abgeht, darüber wird kaum gesprochen. Genau deshalb werde ich davon erzählen. Auch wenn es Überwindung kostet, über die Dinge zu reden, die ich lieber mit niemandem teilen möchte.

Drei Jahre nach der Tat kann ich noch immer nicht schlafen. In der leisen Dunkelheit quälen mich die Gedanken, daran, was meine Augen gesehen, meine Ohren gehört haben. Und die sinnlose Frage, die mir keine Ruhe lässt: An welchem Punkt hätte ich etwas anders entscheiden können, sodass Gökhan nicht am 19. Februar in diesem Kiosk gewesen wäre? Wenn es mir doch irgendwann gelingt, einzuschlafen, dann kommen die Albträume. Meine Familie wird verfolgt. Schritte hinter mir auf dem Asphalt, sie werden schneller, lauter, sie nähern sich unaufhörlich. Wir wollen weglaufen, aber bewegen uns nicht von der Stelle, unsere Sohlen scheinen mit dem Boden verschmolzen zu sein.

Einmal träumte ich, dass ich in diesem Bus sitze, der uns in der Tatnacht zur Polizeisporthalle brachte. Ein Mann versteckt sich vor mir zwischen den Sitzreihen, ich laufe zu ihm und sehe, dass es Gogo ist. Heiße Tränen, die mir über die Wangen laufen, weckten mich. Nicht jedes Mal erinnere ich mich an das, was mich mit rasendem Herzen zu mir kommen lässt. Spätestens nach drei oder vier Stunden wache ich jede Nacht schweißgebadet auf, so viel Stress und Adrenalin im Körper, ich wechsle mein T-Shirt und lege mich wieder hin, wälze mich hin und her, versuche, mich auf die guten Dinge zu fokussieren, doch mein Geist überlistet mich. Selten schlafe ich tief, bin im Halbschlaf, bereit, aufzuspringen, mich und meine Lieben zu verteidigen, was auch passiert. Es erfordert große Anstrengung, nicht durchzudrehen.

Rückblick: Erst wenige Tage sind seit dem Tod meines Vaters vergangen, der Mann, mit dem Mama fünfundfünfzig Jahre lang verheiratet war, mich und meinen Bruder großgezogen hat, ist tot. Gestorben nur einen guten Monat nach seinem Kind. Die Psyche wird erstaunlich kreativ, wenn es darum geht, der Unerträglichkeit zu entfliehen. Hüsna weckt mich mitten in der Nacht aus meinen Albträumen, ich habe keine Orientierung, schaue benommen auf mein Handy, es ist vier Uhr morgens. Ein angstvoller Blick zu Mert. Alles gut, er ist da und schaut schlaftrunken auf seine Großmutter, die im Nachthemd in unserem Zimmer steht, mich fixiert und aufgebracht zu sich winkt. »Was ist los, Mama?« Sofort ist sie da, die Panik. Sie zieht mich ins Bad, fragt in scharfem Ton: »Was soll das Shampoo hier?« Sie zeigt auf die Stelle neben den Zahnputzbechern, an der ich es offenbar habe stehen lassen. Eine kleine, bläulich gefärbte Wasserlache hat es am Rand des Waschbeckens hinterlassen. Zu viel für Mama. »Ist das der Platz, an dem es stehen sollte? Das kann nicht dein Ernst sein, Çetin!«

So sieht unsere Realität aus seit dem 19. Februar: Mitten in der Nacht reißt mich meine Mutter aus dem Schlaf und versetzt mich in Todesangst, weil der Plastikbehälter mit dem Haarshampoo nicht dort steht, wo er ihrer Meinung nach hingehört. Penibel ordentlich und auf Sauberkeit bedacht war sie schon immer. Aber jetzt hat es Formen angenommen, die keiner mehr nachvollziehen kann. Keiner, der nicht weiß, wie es ist, wenn der Kummer einem den Verstand raubt. Nichts, was sie erfüllte, ist mehr da. Sie klammert sich an ihren Zwang, woran auch sonst? So als könnte sie mit akribisch geordneten Hygieneprodukten, die aufgereiht wie eine Kompanie Soldaten im Badezimmer strammstehen, in Ordnung bringen, was nie wieder in Ordnung kommen wird. Kein Haar darf herumliegen, kein Staubkorn, keine Fuge beim Putzen ausgelassen werden.

Allein schafft sie es aufgrund ihrer Lungenkrankheit nicht mehr, die Wohnung in einen Ort zu verwandeln, an dem alles steril und ihre Welt somit heil ist. Doch die Reinigungskräfte vom Pflegedienst wechseln im Wochentakt, werfen spätestens dann das Handtuch, wenn meine Mutter von ihnen verlangt, die Fensterdichtungen mit Wattestäbchen zu säubern. Niemand kann es ihr recht machen, weil eben nichts mehr richtig ist in unserer Familie. An dieser Aufgabe kann man nur scheitern. Wenn es doch mal jemand so hinbekommt, wie sie es sich vorstellt, dann strahlt Mama, als hätte sie vergessen, was passiert ist. Aber sobald sich neuer Staub bildet, Wasserflecken entstehen, Zahnpasta-Spritzer auf dem Spiegel sichtbar werden, bricht ihre Welt erneut zusammen. Ihre Psychologen sagen, sie versucht, das Geschehene durch das übermäßige Putzen zu verarbeiten. Manche Menschen fangen an zu trinken, Drogen und Psychopharmaka zu nehmen. Meine Mutter rettet sich in die Idee von perfekt polierten Badezimmerfliesen. Es gibt ihr Halt. Aber wenn sie mich nachts deswegen aufweckt, dann sicher auch, um sich zu vergewissern, ob ich noch lebe. Sie schreit mich an, weil ich etwas falsch gemacht habe, aber eigentlich fürchtet sie, mich auch noch zu verlieren. Wenn sie wüsste, wie gut ich sie verstehe. Auch ich schleiche mich jede Nacht in ihr Zimmer, trete an ihr Bett und schaue, ob sich ihr Oberkörper noch leicht auf und ab bewegt. Nur wenn ich weiß, dass sie atmet, finde ich wieder in den Schlaf.

Manchmal kommt meine Mutter im Morgengrauen in unser Zimmer und schreit einfach los: »Wie kannst du nur ruhig schlafen, während dein Bruder unter der kalten Erde liegt?« Mert und ich fahren erschrocken zusammen, stehen hastig auf und verlassen fluchtartig die Wohnung. Wir laufen dann ziellos umher, hocken uns irgendwo hin und warten ab. Wenn wir zurückkehren, erfinden wir Geschichten. Wir haben noch einen Antrag für Gökhan gestellt, behaupten wir, ein Formular ausgefüllt, nur damit sie denkt: Die haben sich gekümmert, etwas gemacht für mein totes Kind! Eine Lüge für ein klein wenig inneren Frieden.

Seit ich denken kann, hat Hüsna mit Herzblut und Freude für uns gekocht, es war ihre Art, ihre Liebe zu uns auszudrücken. Wenn es etwas zu feiern gab oder es einem von uns nicht gut ging, legte sie sofort los und bereitete die Gerichte zu, die wir am liebsten mochten. Ich sehe sie vor mir in der Küche, wie sie dynamisch Paprika und Zucchini schneidet, wie es aus den Pfannen dampft. Raus mit euch, Jungs! Niemand durfte sie stören. Was für ein schönes Gefühl, wenn man die Wohnungstür öffnete und einem direkt dieser Duft entgegenkam, der einem das Wasser im Mund zusammenlaufen ließ.

Seit dem Tag des Anschlags hat sie nie wieder Essen zubereitet. Sie ist wie gelähmt, so als bräuchte sie all ihre Reserven, nur um weiter zu atmen. Aber selbst das fällt ihr schwer. Für uns findet der 19. Februar jeden Tag statt, er geht nie vorbei. Seitdem Gökhan ermordet wurde, erlaube ich mir nicht mehr, Spaß zu haben. Wenn ich lache, dann verurteile ich mich sofort selbst: Wie kannst du Spaß haben, wenn dein Bruder tot ist? Schon als Kind habe ich es geliebt, ins Kino zu gehen, meine Lieblingsfilme schaute ich mir sogar mehrmals an. Nach der Tat war ich nie wieder zum Spaß im Kino. Es macht keine Freude mehr, und wenn es Freude machen würde, dann würde ich es mir genau deshalb verbieten. Früher war mir Sex wichtig, seit der Tat ist das vorbei, wer innerlich tot ist, spürt keine Leidenschaft mehr, keine Lust, kein Glück. Sich in einem Moment zu verlieren, wie kann das gehen, wenn dein Gehirn die Bilder des Horrors in Dauerschleife reproduziert?

Wir hätten alle Hilfe gebraucht, aber wir waren zu schwach, um sie uns zu holen. Um im Traumazentrum therapiert zu werden, hätten wir Anträge ausfüllen, Behördengänge machen, Fristen einhalten müssen. Das war undenkbar. Wir konnten nichts außer überleben. Also gab es eben keine Hilfe für uns. Anderen, die nach den Morden am Tatort waren, aber keine Angehörigen verloren hatten, hatte man Hilfen und Therapien genehmigt. Weil sie allein durch ihre Beobachtungen traumatisiert worden waren. Wir, die Familien der Opfer, sollten jedoch einfach irgendwie klarkommen und uns selbst therapieren.

Der rassistische Mord an meinem Bruder war wie ein Brandbeschleuniger und hinterließ nichts als Zerstörung. Auch meine Ehe ging kaputt. In den düsteren Stunden in der Sporthalle war meine damalige Frau noch mit mir gewesen, auch zu Gogos Beisetzung in der Türkei begleitete sie mich. Doch die Besuche bei meiner Mutter ertrug sie nicht. »Wer soll sonst mit uns dort sein, wenn nicht du?«, fragte ich. Aber sie kam nicht mehr. Dann, als mein Vater starb, war ich sicher, sie würde plötzlich wieder vor der Tür stehen und für uns da sein. Aber so war es nicht. Achtzehn Jahre lang war sie Teil dieser Familie gewesen, dann verschwand sie einfach, in einem Moment, in dem es darauf ankam und man sich auf den anderen verließ. Auch wenn es oft schwierig zwischen uns war, hätte ich sie niemals allein gelassen, wenn ihr so etwas passiert wäre.

Es ist eine schier endlose Reihe an Katastrophen, die wir Angehörige von Terroropfern erleben. Es hört einfach nicht auf. Seit Gökhans Tod kann ich nicht mehr arbeiten. Nachts bin ich wach, tagsüber so erschlagen, dass ich nicht mehr denken, mich auf nichts konzentrieren kann. Meine Selbstständigkeit ging ein zweites Mal den Bach runter. Unsere Ersparnisse schmolzen dahin. Die Bestattungskosten, die Flüge in die Türkei, die fehlenden Einkünfte. Der 19. Februar war für unsere Familie ein finanzieller Knock-out. Der Anschlag mit all seinen Folgen hat uns komplett in den Ruin getrieben. Wie eine Lawine, die uns überrollte. Und wir konnten uns nicht mehr daraus befreien.

Warten

Sieben Monate nach der Tat wurden die Opferfamilien ins Schloss Bellevue nach Berlin eingeladen, dem Amtssitz des Bundespräsidenten. Ich ging in Begleitung meine Mutter. »Wir sind hier, um zu sagen: Herr Präsident, helfen Sie uns«, richtete Hüsna das Wort an Steinmeier. Wir versuchten, ihm, seiner Frau und dem damaligen Opfer-Beauftragten der Bundesregierung Prof. Dr. Edgar Franke klarzumachen, dass wir um unsere Existenzen bangten und auf Unterstützung angewiesen waren. Selten ist uns etwas so schwergefallen, wie darum zu bitten. Wir Gültekins waren finanziell nie vom Staat abhängig, haben unsere Steuern bezahlt. Und jetzt zwang uns dieser feige Anschlag nicht nur körperlich und mental in die Knie, er nahm uns auch alles, was wir zum Leben brauchten. Sollten wir, die Opfer, nun auch noch Opfer des Systems werden? In einem Sozialstaat musste es doch ein Konzept geben, um die Hinterbliebenen aufzufangen! Natürlich kann kein Geld der Welt jemals den Tod eines Menschen wiedergutmachen. Es wird den Verlust nicht aufwiegen. Aber es kann helfen, wieder Grund unter die Füße zu bekommen, wenn alles zwischen den Fingern zerrinnt.

Die Soforthilfe der Bundesrepublik Deutschland für Opfer von extremistischen Übergriffen hatten wir direkt bekommen. Nach dem Terroranschlag am Berliner Breitscheidplatz 2016, bei dem dreizehn Menschen starben, als der Terrorist Anis Amri mit einem Lkw in einen Weihnachtsmarkt raste, ist die Sache klar geregelt: Ehepartner, Kinder und Eltern von Terroropfern erhalten seitdem je dreißigtausend Euro Entschädigung, Geschwister jeweils fünfzehntausend Euro. Doch auch das konnte die finanziellen Einbußen nicht ansatzweise auffangen. Um außerdem Geld aus dem Hessischen Opferfonds für verletzte und traumatisierte Opfer schwerer Straftaten oder Hinterbliebene zu erhalten, mussten wir fast zwei Jahre kämpfen, obwohl man uns schnelle und unkomplizierte Hilfe versprochen hatte. Warum wurde es uns so schwer gemacht?

Corona-Soforthilfen in Milliardenhöhe wurden unbürokratisch gezahlt, aber hier war es offenbar etwas anderes. Wir mussten die Presse mobilisieren, Druck auf die Behörden ausüben, uns dafür beleidigen lassen. Als die *BILD*-Zeitung fast zwei Jahre nach dem Anschlag unter dem Titel *Die vergessenen Familien von Hanau*[41] darüber berichtete, dass wir noch immer keine Entschädigung vom Bundesland Hessen erhalten hatten, wurden wir im Internet übelst beschimpft, als Bettler bezeichnet, die es gewohnt waren, die Hand aufzuhalten. Nur deswegen lebten wir ja schließlich in Deutschland, weil wir alle

Sozialschmarotzer waren. Und jetzt wollten wir aus dem Tod unserer Angehörigen noch Profit schlagen. Wir sollten gefälligst arbeiten gehen! Es war unsäglich.

Dabei erinnerten wir lediglich das Land Hessen an sein Versprechen, kämpften für unser Recht – Gerechtigkeit würde es für uns ohnehin nie geben. Ich kann diesen Leuten, die gegen uns hetzten, nur wünschen, dass sie niemals so einen Schicksalsschlag erleben, wie wir ihn hinnehmen mussten. Sie verstehen rein gar nichts. Woher kommt so viel Hass? Wie kann man ernsthaft Neid und Missgunst empfinden gegenüber Menschen in unserer Situation? Ich habe nicht gesagt: Kommt und bringt meinen Bruder um! Ich habe das nicht gewollt, Mann.

Natürlich fühlt es sich schrecklich an, menschliche Tragödien in Summen übersetzen zu wollen, das Leid in hierarchische Stufen einzuteilen. Aber wir wären dankbar gewesen, mit dem Geld aus dem Opferfonds die größten Löcher stopfen zu können, nicht auch noch jeden Tag mit Existenznöten kämpfen zu müssen, wenn wir doch alle Energien brauchten, um nicht aufzugeben. Es mag nicht mehr viel gegeben haben, das wir zu verlieren hatten, aber mit der staatlichen Unterstützung hätten wir zumindest auf dem wenigen, was uns geblieben war, wieder aufbauen können. Wir befanden uns die ganze Zeit im freien Fall. Alle Ersparnisse waren bald aufgebraucht, von dem Geld, das ich zurückgelegt hatte, um eines Tages die Hochzeit meines Sohnes zu finanzieren, hatte ich zwei Grabsteine anfertigen lassen.

In dieser Trauer noch um solche Dinge zu streiten, hat uns alles gekostet. Wir zahlten auch mit unserer Gesundheit dafür. Wenn ich Bilder von mir vor dem 19. Februar sehe, dann wird mir bewusst, wie stark ich von einem Tag auf den anderen gealtert bin. Wenn ein nahestehender Mensch stirbt – so ist es in manchen Regionen der Türkei Tradition –, dann hört man für eine Weile auf, sich zu rasieren. Mein Bart, der vorher schwarz war, wuchs nun grau heraus. Ich stand vor dem Spiegel und war geschockt. Wie es in mir aussah, war mir nun deutlich ins Gesicht geschrieben. Auch als ich mich wieder hätte rasieren können, habe ich mich dagegen entschieden, weil mich mein melierter Bart jeden Morgen daran erinnern und anspornen soll, gegen Rassismus zu kämpfen. Die Kinder nennen mich jetzt »Nikolaus«. Zwölf Kilo habe ich abgenommen. Nachdem ich die Obduktionsbilder gesehen hatte, war mir für lange Zeit der Appetit vergangen. Wenn ich aß, dauerte es oft keine halbe Stunde, dann musste ich mich übergeben. Bis heute wird mir übel, wenn ich an die Fotos denke. Ich ernähre mich hauptsächlich von Kaffee, Tee und Zigaretten, ich gönne mir nichts, es ist, als würde ich mich dadurch selbst bestrafen.

Die Paranoia ist unser ständiger Begleiter geworden. Wir fühlen uns nirgendwo mehr sicher, nicht mal in der eigenen Wohnung, leben in dem Bewusstsein, dass es uns überall treffen kann. Wenn ich in einem Café ein Interview gebe, kommen mir diese Gedanken. Oder wenn ich mir beim Kiosk Zigaretten kaufe. Was hat der Typ da vorne unter seiner dicken Jacke? Starrt er mich an, oder bilde ich mir das ein? Was tun, wenn er gleich seine Knarre zieht? Früher war ich ein cooler, lockerer Vater, aber das ist vorbei. Ich rufe meinen Sohn dauernd an, bitte ihn, nicht zu spät nach Hause zu kommen – einen erwachsenen Mann! Das Gefühl ist neu, auch die Beklemmung in der Dunkelheit, die aufsteigende Panik, wenn jemand hinter dir läuft. Du weißt nie, ob er Freund oder Feind ist. Auch der rechtsradikale Rassist war unser Nachbar. Er sah nicht so aus, wie man sich einen Neonazi vorstellt, mit Glatze, Springerstiefeln und weißen Schnürsenkeln.

Mehr geht nicht, mehr halte ich nicht aus. Nach jedem neuen Schlag dachte ich das. Und dann passierte doch wieder etwas. Aber Gott lädt niemandem eine Last auf, die er nicht tragen kann. Wäre ich ein Stein, ich wäre schon in zig Teile zerbrochen. Doch ich bin aus Fleisch und Blut. Du atmest, und das Leben geht weiter. Es wird Tag und wieder Nacht, aber nichts ist mehr vollständig, nichts schmeckt mehr, nichts macht dir Freude. Auch wenn du nicht mehr existieren möchtest, du keinen Sinn mehr findest, so lässt dich irgendetwas weitermachen. Selbst nach all dem, was passiert ist, bleibt die Hoffnung, auch wieder gute Tage zu erleben. Verschiebt nichts, was euch erfüllt, sammelt so viele schöne Erinnerungen, wie ihr nur könnt! Denn irgendwann gibt es kein Morgen mehr. Ich glaube daran, dass alles, was passiert, Schicksal ist. Alles, was wir erleben und erleben müssen, ist vorbestimmt. Manche Begegnungen sind nur in den Himmel verschoben, wo wir alle uns eines Tages wieder begegnen und zusammen sein werden, für immer und ewig.

Jeden Tag versuche ich, meine Sehnsucht nach Gogo zu stillen. Auch nach dem Mord schrieb ich ihm noch Nachrichten über WhatsApp.

4. März 2020 (22:37 Uhr): *Iyi geceler Gökhan* ♥♥ (Gute Nacht, Gökhan)

5. März 2020 (07:32 Uhr): *Günaydın Gökhan* ♥♥ (Guten Morgen, Gökhan)

5. März 2020 (20:13 Uhr): *Iyi geceler Gökhan* ♥ *seni çok seviyorum bitanem* (Gute Nacht, Gökhan, ich liebe Dich sehr, mein Ein und Alles)

19. April 2020 (8:35 Uhr): *2ay – Nur içinde yat canım kardeşim* (Zwei Monate – schlafe im Licht, mein lieber Bruder)

Sein Handy vibrierte im Schrank meiner Mutter. Aber ich wollte es so, unser Chat sollte weiter ganz oben zu sehen sein. Damit er nicht entschwindet, mir nicht entgleitet.

Doch ich war nicht der Einzige, der den Verlust nicht akzeptieren konnte. Sein Freund Mexiko brachte es nicht übers Herz, seiner Tochter Ariya zu sagen, was passiert war. Einen Tag nach dem Anschlag wollte Gökhan das kleine Mädchen besuchen, um 16 Uhr, sie sollte nun endlich ihr Piano bekommen. Mit ihrer Plastikpuppe im Arm hatte sie eine halbe Ewigkeit an der Haustür gestanden und auf Gökhan gewartet – so lange, bis aus der fiebrigen Vorfreude bittere Enttäuschung geworden war. Mex schluckte seine Tränen herunter und schwieg. Morgen würde er es ihr sagen, heute schaffte er es noch nicht. Er machte sich selbst auf den Weg, holte das Klavier ab – und begann zu lügen. Weil die Wahrheit zu sehr weh tat.

Mexiko: »Schau, das hast du von deinem Onkel bekommen.«

Ariya: »Aber wo ist Gökhan Amca? Warum kommt er nicht?«

Mexiko: »Er musste dringend in die Türkei fliegen, Prinzessin, er wird bald heiraten und dann für immer dort bleiben.«

Sie war so traurig – obwohl sie noch nicht mal ahnte, dass sie ihn niemals wiedersehen würde. Sie weinte so bitterlich, dass Mexiko sein Vorhaben, mit ihr zu sprechen, auf nächste Woche verschob. Alles musste sich erst mal setzen.

»Baba, kaufst du mir Lahmacun?«, fragte sie schniefend. Nur das Lieblingsessen von Onkel Gökhan konnte sie jetzt trösten. Natürlich fuhr Mex direkt los und besorgte es für sie. Aber sie war am Boden zerstört. Noch konnte sie selbst nicht lesen, aber was, wenn sie trotzdem irgendetwas aufschnappte? In Hanau sprach niemand über etwas anderes als den Anschlag. Und natürlich nahm sie den Schatten wahr, der auf der Miene ihres Vaters lag. Er, der sonst so fröhlich war, lächelte nicht mehr.

Wochen später entdeckte sie Gökhans Bild, das zu seinem Andenken in der Innenstadt aufgehängt worden war, bei einem Spaziergang.

Ariya: »Papa, guck mal, Gökhan Amca!«

Mexiko: »Nein, nein, er ist es nicht, der sieht ihm nur ähnlich.«

Wie sollte man einem vierjährigen Mädchen erklären, dass ihr Onkel erschossen worden ist? Jeden Tag bettelte sie: »Ich will Gökhan sehen und seine Verlobte, sie sollen anrufen!« Wann würde sie bloß aufhören, nach ihm zu fragen? Ariya wollte nicht hinnehmen, dass er sich nicht meldete und auch nicht mehr mit Naschtüten vor der Tür stand. Sie war jedes Mal in seine Arme gesprungen, hatte sich an ihn geklammert und nicht mehr losgelassen.

Bis zur Vollendung dieses Buches, fast vier Jahre nach der Tat, hat Mex noch immer nicht den Mut gefunden, mit seiner Tochter zu sprechen. Sie lebt in ihrer Traumwelt, in einer Illusion. Längst hätte sie erfahren müssen, dass Gogo gestorben ist. Doch mit jedem Tag des Schweigens wird es schwerer, diese Welt zu zerstören, in der er in der Türkei wohnt und sich genauso auf ein Wiedersehen freut wie sie. Aber ich glaube fest daran: Auch wenn sie die Wahrheit eines Tages erfährt, in ihrer Seele wird er weiterleben.

Kapitel 15
Das Versprechen

Mir wäre es lieber, Gökhan hätte den Kampf gekämpft, den ich heute kämpfe. Er war der Stärkere von uns. Und er war ein besserer Mensch als ich. Dass Gott ihn zu sich geholt hat und nicht mich, das werde ich nie verstehen. Hätte der Rassist auch mich getötet, mir wäre vieles erspart geblieben.

»Çetin, du bist eigentlich längst tot, aber zu faul umzufallen.« Diesen Satz hat ein Psychologe, der mich nach dem Mord an meinem Bruder begleitete, zu mir gesagt. Er hatte recht. Nach der Tat war kaum noch Leben in mir. Es war leichter, nichts zu spüren, als das, was mich in Stücke zu reißen drohte. Dabei weiß ich, Gökhan möchte, dass ich als sein Abi auch an mich denke. Aber ich kann nur dann aufhören, mich selbst zu bestrafen, wenn ich für ihn und seine Gerechtigkeit kämpfe. Es hält mich am Leben. Das ist die Kraft, durch die ich es schaffe, nicht aufzugeben. Die mich davor rettet, von meinen Schuldgefühlen zerfressen zu werden. Wenn ich einen Tag lang nichts dafür getan habe, seinem Tod so etwas wie einen Sinn zu geben, vielleicht sogar noch ein paar schöne Stunden erlebt habe, kann man mich für den Rest der Woche wegschmeißen. Dann büße ich für den Verrat an meinem Bruder. Wie konnte ich es mir gut gehen lassen? Wie konnte ich lachen, während er unter der kalten Erde liegt? Mit diesem Gefühl komme ich nicht klar, ich möchte dann am liebsten selbst sterben.

Das, was noch lebendig ist in mir, ist die Wut. Darum kämpfe ich. Jeden Tag – auch wenn Gökhan dadurch nicht zurückkommt. Ich werde die Geschichte meines Bruders allen erzählen, es ist meine Pflicht und von nun an meine Berufung bis ans Ende meiner Tage, koste es, was es wolle. Er hätte das Gleiche für mich getan. So habe ich es ihm an seinem Grab versprochen, in der Eiseskälte in Tahir, die meine Finger schmerzen und mein Herz gefrieren ließ: »Gökhan, keine Sekunde vergeht ohne dich, dein großer Bruder wird immer mit dir sein, bis wir eines Tages wieder vereint sind.«

Ich leide, ich kämpfe, ich brenne. Und kein Wasser auf der Welt würde reichen, um diesen Brand zu löschen. Ich brülle weiter, bis alle mich hören, bis alle die Wahrheit kennen. Darüber, wie Rassismus unsere Gemeinschaft zersetzt. Wie er sich wie giftiger Schimmel ausbreitet, wenn man ihn nicht konsequent im Keim erstickt. Und darüber, was wirklich passiert ist in dieser verheerenden Nacht, die in unseren Köpfen niemals enden wird.

Kurz nach dem Anschlag gründete sich die Initiative 19. Februar Hanau, in der sich Angehörige, Überlebende und Unterstützer bis heute engagieren. Ein Safe Space für alle, die von dem Anschlag betroffen sind. Schon damals gaben wir uns ein Versprechen: Dass die Namen der Opfer, ihre Gesichter und ihre Geschichten nicht vergessen werden. Dass wir für eine lückenlose Aufklärung kämpfen. Dass wir Gerechtigkeit und Veränderung in dieser Gesellschaft, in den Strukturen und den Behörden einfordern. Wir werden nicht zulassen, dass die rassistischen Morde unter den Teppich gekehrt werden.

Nur Wochen nach der Tat wurde in der Nähe des ersten Tatorts eine Anlaufstelle errichtet, ein sozialer Raum, um gemeinsam zu reden, zu beraten, zu trauern und zu weinen. Um sich gegenseitig zu vergewissern, dass es keine Ruhe geben wird, bis diese Mordtat Konsequenzen hat. *#Saytheirnames* steht in Leuchtschrift über dem Laden, es ist ein lebendiger Ort für das Gedenken und die Organisation rund um die die vier großen Forderungen.

Erinnerung. Aufklärung. Gerechtigkeit. Konsequenzen.

Kein Vergessen

Tot sind wir erst, wenn man uns vergisst.

Diese Worte von Ferhat Unvar, die sich heute so lesen, als hätte er die Geschehnisse voraussehen können, waren genau das, was wir alle fühlten. Fortan würden sie auf Gedenkschildern stehen, bei Trauerfeiern und Kundgebungen für die Opfer. So lange wir leben, wollen wir alles dafür tun, dass sie in unserer Gesellschaft nicht vergessen werden. Wenn ich heute auf das zurückblicke, was wir alles geschafft haben, kann ich es selbst kaum glauben. Wie die Familien vom ersten Tag an gekämpft haben, obwohl sie kaum in der Lage waren, einen neuen Tag ohne ihre Kinder zu beginnen. Ich sehe Fotos, auf denen ich Interviews gebe, mit hohlen Augen und fahlem Gesicht. Videos, die mich auf einer Bühne zeigen, von der aus ich zu der Menge spreche. Meine Stimme ist laut und kraftvoll, dabei hätte ich doch eigentlich umfallen müssen. Wie konnte ich überhaupt da sein? Und am nächsten Tag auf einer anderen Gedenkveranstaltung? Quer durch das ganze Land und an manchen Tagen sogar bei drei verschiedenen Terminen? Wie konnte ich aufstehen, denken, existieren? Wie kann ein Mensch aus Fleisch und Blut das aushalten? Es gibt eine Kraft, die dich antreibt. Als würdest du auf einen Abgrund zulaufen und jedes Mal, wenn du hinunterzustürzen drohst, erscheint unter dir eine Brücke, die dich auffängt. Doch eigentlich befindest du dich im freien Fall.

Es gab nur einen einzigen Grund, weiterzumachen. Die Opfer lebendig zu halten, den Fokus nicht auf den Täter zu richten, wie es sonst häufig passiert. Das war unser Antrieb. Es gab Trauerkundgebungen, Märsche, Demonstrationen. Einen Monat nach der Tat wurde in der Nähe der Arena Bar gemeinsam an die Opfer erinnert, seitdem findet an jedem 19. eines Monats ein Gedenken statt: auf den Friedhöfen, an den Tatorten. Im Mai nach dem Anschlag errichtete die Initiative am Heumarkt und am Kurt-Schumacher-Platz zwei Gedenkstelen mit den Fotos der neun Opfer.

Als wir noch nicht einmal verstanden hatten, was es bedeutete, ohne die Menschen weiterzuleben, für die es sich zu leben lohnte, erfuhren wir von George Floyds Tod in Minneapolis. Am 25. Mai 2020 tötete der weiße Polizeibeamte Derek Chauvin bei der Festnahme den am Boden liegenden Afroamerikaner, indem er neun Minuten und neunundzwanzig Sekunden lang auf seinem Hals kniete und ihm die

Atemwege abdrückte, bis er starb. Neun Minuten und neunundzwanzig Sekunden. Was für eine unendlich lange Zeit.

Seit dem 19. Februar kann ich nicht anders, als alles in Relation zu setzen. Der Anschlag von Hanau dauerte sechs Minuten. Dieser Zeitraum ist jetzt der Vergleichswert für alles. In sechs Minuten kommt der Bus, noch sechs Minuten bis zu meinem Termin. Sechs Minuten. So lange hat es gedauert, neun Menschenleben auszulöschen. Über neun Minuten, einen Mann qualvoll ersticken zu lassen. Die Welt schrie auf, überall kamen Menschen zusammen, um ein Zeichen gegen Polizeigewalt und Rassismus zu setzen, die Bewegung *Black Lives Matter* kam ins Rollen. In Hanau bildete sich eine Menschenkette vom Heumarkt bis zum Marktplatz, alle knieten auf dem Boden, riefen »I can't breathe«, die Worte, die Floyd bis zu seinem Tod mehr als zwanzigmal verzweifelt wiederholt hatte. Tausende gingen in Deutschlands Großstädten auf die Straßen.

Wir alle waren geschockt, zeigten uns solidarisch – und hätten uns diese Energie, dieses Engagement auch für Hanau gewünscht. Im Sommer nach der Tat planten wir eine große Demo mit fünftausend Teilnehmenden, um ein deutliches Signal gegen rechten Terror zu setzen. Doch einen Tag vorher wurde sie wegen Corona abgesagt, obwohl bereits alles organisiert war und Tausende angereist waren. Was für eine Heuchelei! Es war okay, dass sich bundesweit Querdenker und Verschwörungstheoretiker zusammenrotteten, die COVID-19 für eine Erfindung des Systems hielten, glaubten, Bill Gates wolle die Menschheit mit Mikrochips ausstatten und sich an der Pandemie bereichern, oder dass die chinesische Regierung das Corona-Virus gezüchtet hatte, um Feinde auszuschalten. In mehreren Städten gab es Demos mit über zehntausend Teilnehmenden. Aber sorry, nicht für Hanau. Alles ging irgendwie, trotz hoher Inzidenzen, nur unsere Sache nicht. Trotzdem haben wir die Bitterkeit runtergeschluckt und eine große Welle gemacht, per Livestream zeigten wir die Reden der Betroffenen, denen Hunderttausende auf den Bildschirmen folgten.

Wir ließen uns nicht stummschalten. Und jeder kleine Erfolg im Kampf gegen das Vergessen war für uns ein Meilenstein. Opfer rechter Gewalt werden oft erst lange Zeit später als solche offiziell anerkannt und gewürdigt. Das würden wir in Hanau nicht zulassen. Am Kurt-Schumacher-Platz wurde ein Kreuz für Vili aufgestellt, ein Jahr darauf kam an gleicher Stelle ein Gedenkstein hinzu, auf dem steht: *»Vili-Viorel Păun hatte den Attentäter des 19. Februar 2020 auf eigene Faust verfolgt, um ihn aufzuhalten. Er versuchte zwischen 21.57 Uhr und 21.59 Uhr mehrmals vergeblich, einen Notruf bei der Polizei abzusetzen. Vili-Viorel Păun bezahlte seine Zivilcourage mit dem Leben.«*

Emiş und Selahattin Gürbüz, die Eltern von Sedat, kämpften um ein Ehrengrab und eine Gedenkstele in Dietzenbach, die schließlich am Roten Platz errichtet wurde. Kaloyan Velkov bekam eine Gedenktafel an seinem Wohnort Erlensee. Nach Fatih Saraçoğlu wurde in seiner türkischen Heimatstadt İskilip eine Straße benannt; nach Sedat Gürbüz in Antakya in der Türkei ein Park; nach Vili-Viorel Păun im rumänischen Giurgiu die Straße, in der er aufwuchs. Überall sollte man die Namen der Toten kennen.

Wer das Thema allerdings stoisch ignoriert, ist die Stadt Regensburg. Auch wenn Fatih Saraçoğlu kurz vor dem Anschlag nach Hanau gezogen war, so hat er doch sein ganzes Leben dort verbracht, auch seine Familie ist dort nach wie vor zu Hause. Seit bald vier Jahren kämpft sein Bruder Hayrettin Saraçoğlu darum, dass für Fatih in Regensburg ein Mahnmal errichtet wird. Er war das einzige Opfer aus Bayern. Der Rassist hat in Bayreuth studiert, in Bayern Schießtrainings gemacht und ursprünglich seine Anschläge sogar in Hof geplant, wo er Shisha-Bars ausgekundschaftet hat. Dennoch hat das Bundesland gar nicht auf Fatihs Tod reagiert, es gab nicht mal eine Gedenkfeier in seiner Heimatstadt. Für Hayrettin eine bittere Enttäuschung: »Deutschland ist so ein schönes Land, und es gibt hier viele gute Menschen. Aber ich sage es Ihnen ehrlich, es fühlt sich manchmal an, als habe dieses Land nichts aus seiner Geschichte gelernt. So wirkt es auf uns, wenn wir nicht verteidigt werden, wenn man uns nicht schützt. Ich fange schon an, mich zu fragen, ob Deutschland uns einfach loswerden will. Was wollen die machen? Uns alle umbringen?«[42]

Auch auf dem Hanauer Marktplatz, dort, wo eine Statue an die

Brüder Jacob und Wilhelm Grimm erinnert, sollte ein Denkmal für die neun Bürger dieser Stadt entstehen, die hier ihr Leben ließen. Es gab eine Ausschreibung, einen Wettbewerb, einen Beirat, Absprachen zwischen den Hinterbliebenen und Oberbürgermeister Claus Kaminsky, neunzehn Monate lang. Alle wollten ein Mahnmal, das an die Opfer des rassistischen Anschlags erinnert. Und doch gibt es nun: nichts. Die Stadtverordnetenversammlung war dagegen. Eine Mehrheit der Hanauer wolle zwar ein Denkmal, aber nicht an dieser Stelle. Nicht in der Mitte, im Herzen der Stadt. Man möchte nicht für immer mit dem Anschlag in Verbindung gebracht werden. Dass jemand heute ernsthaft zuerst an die Gebrüder Grimm denkt, wenn von Hanau die Rede ist, halte ich allerdings für ein Märchen.

Doch die Rückschläge ließen unser Engagement nur weiter wachsen. Wir konnten noch mehr schaffen! Wir vernetzten uns stärker mit anderen Initiativen von Betroffenen rechter Anschläge. Wir Angehörige aus Hanau besuchten Gedenkveranstaltungen in Halle, Berlin, Hamburg, Köln, München, Rostock, Mölln oder Duisburg. Viele weitere Städte folgten. Opfer anderer Anschläge kamen nach Hanau, um ihre Erfahrungen mit uns auszutauschen. Angehörige und Überlebende aus verschiedenen Städten saßen bei der Konferenz *NSU-Komplex auflösen* in Nürnberg zusammen auf der Bühne. Wir trafen Menschen, die das gleiche Schicksal teilen, und stellten mit Erschütterung fest, wie viele wir sind.

Zum ersten Jahrestag wurden Plakate mit den Namen und Gesichtern der Opfer gedruckt und in der Stadt tausendfach aufgehängt. Kundgebungen, Andachten und Schweigeminuten, unzählige Blumenkränze und ein Kerzenmeer an den Tatorten. Im ganzen Land erinnerten Menschen an die Opfer. Es war unfassbar, zu welcher Größe die Liebe zu den Verstorbenen uns wachsen ließ. Serpil Unvar gründete die Bildungsinitiative Ferhat Unvar, eine Anlaufstelle für alle, die rassistische Erfahrungen im Alltag und in der Schule machen. Kurz darauf wurde der Hamza-Kurtović-Preis für den Einsatz gegen Rassismus von Hamzas Familie ins Leben gerufen. Nach meinem Bruder Gökhan benannte man eine Schulbibliothek in unserem Dorf Tahir.

Organisiert durch YTB, wurden an zentralen Stellen in Ankara und Istanbul zwei große Gedenktafeln mit der klaren Botschaft *Nein zu Rassismus* aufgestellt, eine Stele informierte über das Anschlagsgeschehen, Einheimische und Touristen kamen, um ihre Gefühle und Gedanken in einem Kondolenzbuch niederzuschreiben.

Die Welle der Solidarität war mitreißend, damit hatten wir nicht gerechnet. Auch aus der Fußballszene kam viel Unterstützung. Peter Fischer, Fußball-Legende und damaliger Vorstand von Eintracht Frankfurt, der für seinen Kampf gegen Rechtsradikale und die AfD bekannt ist, war mehrmals in der Initiative, brachte uns, in Begleitung von zwei Spielern, Trikots mit, spendete im Namen seines Vereins. Beim Aufwärmen für ein Bundesliga-Spiel in der Saison 2020/2021 gegen den FC Bayern trugen die Kicker Longsleeves mit den Gesichtern und den Namen der Opfer. Sebastian Rode trug Gogos Shirt. Amin Younes hielt nach dem Siegtor gegen Bayern sein Spezialtrikot mit dem Porträtfoto von Fatih Saraçoğlu hoch. Was für eine krasse Geste – unbeschreiblich, dass er in diesem Moment des Jubels daran gedacht hatte! Auch der FC St. Pauli, ein bekanntermaßen linker Verein mit klarer Kampfansage gegen Neonazis, machte sich stark für uns, stellte der Initiative einen Tag lang seine Social-Media-Accounts zur Verfügung. Aber auch über die Grenzen Deutschlands hinweg wurde Hanau im Sport nicht vergessen. Tage nach dem Anschlag hielten die Teams von Beşiktaş Istanbul und Trabzonspor vor dem Spiel ein Banner mit der Aufschrift *#YeterArtık #EsReicht #HANAU* hoch, ebenso die Mannschaften bei einem der größten Fußballderbys der Welt, Fenerbahçe Istanbul gegen Galatasaray Istanbul.

Ertragt es!

Auch in der Kunst traten wir einiges los. In der Nähe des zweiten Tatortes entstand ein riesiges Gemälde des Hanauer Künstlers Marcel Walldorf: *Wir sind alle Brüderlein und Schwesterlein*. Dieser Spruch, der zu einem respektvollen Miteinander auffordert, zieht sich nun über die Fassade eines Hauses, das in der Presse anfangs fälschlicherweise als das des Täters bezeichnet wurde, weswegen es immer wieder mit Farbe und Sprüchen beschmiert worden war. Zum ersten Jahrestag entstand in Bruchköbel das Riesengemälde eines Kollektivs ohne Namen, ein Zusammenschluss von Künstlern und Aktivisten. *Niemals vergessen Hanau 19. Februar,* steht dort nun in Schwarz-Weiß über einer Weltkarte, um zu zeigen: Rassismus tötet – überall. Die Idee der Künstler war es, den Menschen den Raum zurückzugeben, der ihnen gewaltsam genommen wurde. Zwei weitere Murals, wie die Wandbilder heißen, widmete das Künstlerkollektiv den Opfern: *Fight Racism* und *Kein Vergeben, kein Vergessen: Hanau 19. Februar 2020.* Und unter der Friedensbrücke in Frankfurt am Main erinnert heute ein siebenundzwanzig Meter breites Bild an die Toten.

Die Message ist unmissverständlich: Niemand soll wegschauen, die Leute sollen das Unerträgliche ertragen. Wir sind viele, wir sind sichtbar. Hanau ist überall, wir sind überall! Wir bitten nicht um Gerechtigkeit. Wir erschüttern die Ungerechtigkeit! Gökhans Porträt auf dem Bild in Frankfurt ist letztendlich unser Buchcover geworden.

Nun sollten auch die Ergebnisse von Forensic Architecture einem größeren Publikum vorgestellt werden. Unter dem Titel *Three Doors* organisierte der Frankfurter Kunstverein vom 2. Juni bis zum 11. September 2022 eine Ausstellung, die dann ins Haus der Kulturen der Welt in Berlin weiterzog und sukzessive in verschiedenen Städten zu sehen ist. Im Zentrum stehen die Untersuchungen zum Hanau-Attentat. Aber auch eine neue Studie zum Fall Oury Jalloh, der 2005 in einer Zelle in Dessau verbrannte, wurde gezeigt. Der an Händen und Füßen Gefesselte habe sich und seine Matratze selbst angezündet, behaupteten die Beamten. Dabei spricht alles für Mord durch die Polizei. Da die Justiz es fünfzehn Jahre lang nicht schaffte, den Fall aufzuklären, hat ihn die Rechercheagentur akribisch untersucht.

Sechs Wochen lang gastierte die Ausstellung auch im Hanauer Rathaus, und wir Angehörigen führten die Besucher hindurch. Nicht alle Besucher hatten wahrhaben wollen, in welchem Ausmaß struktureller

Rassismus in unserem Land existiert und wie sehr er auf die Ermittlungen und den Umgang mit den Angehörigen abfärbt. Nach der Führung zeigten sich jedoch alle sichtlich betroffen angesichts der Wucht dieser schmerzlichen Realität. Die verwendeten Daten stammten aus den Ermittlungsakten, alles, was hier gezeigt wurde, war die Wahrheit. Die Politiker, die da waren, konnten es danach unmöglich weiter leugnen, auch wenn viele es dennoch versuchten.

Wir tun alles, damit das Feuer nicht erlischt. Und entfachen wahre Flächenbrände – manchmal, ohne es kommen zu sehen. Für zwei Tage benannten wir alle Straßennamen zwischen den beiden Tatorten um und widmeten sie den neun Opfern. Die Dresdener Straße in Kesselstadt wurde zur Gökhan-Gültekin-Straße. Ein Foto, auf dem ich auf einer Leiter stehe und das Schild überklebe, postete ich auf Instagram. Mir war es immer schon egal, ob die Leute gut finden, was ich mache. Kritik bekam ich sowieso ständig und von allen Seiten. Ich war zu laut, haute zu krasse Sachen raus, war nicht ordentlich genug angezogen, wenn ich bei der Politik-Elite eingeladen war. Das kratzte mich alles nicht. Doch nun wurde ich von Hasskommentaren überschwemmt. Warum? Weil ich für achtundvierzig Stunden einen verdammten Straßennamen im Gedenken an meinen verstorbenen Bruder änderte, sogar mit offizieller Genehmigung der Stadt. Das war heftig.

Das ist eine: Kehrt-in-euer-beschissenes-land-zurück-Straße

Würden die Deutschen jede Straße in Täternamen umbenennen, in der ausländische Gewalt/Morde/Straftaten stattfanden, gäbe es wohl kaum noch deutsche Straßennamen. Wie kann man nur so in die Opferrolle schlüpfen?!?

Strafanzeige ist raus

Nur ein kleiner Auszug der harmloseren Posts. 367 Kommentare waren es, und bis auf ein paar vereinzelte waren alle negativ. Was ist los mit euch, Mann? Warum seid ihr so verbittert? Vergesst bloß nicht, euren Waffenschein zu beantragen, um mal ein bisschen Druck abzulassen!

Wir sind die erste Opfergeneration rechter Gewalt, die das Internet und die sozialen Medien für sich nutzt. Dadurch haben wir eine riesige Plattform. Aber es gibt eben auch die Kehrseite. Ich weiß nicht, wie viele Hetznachrichten und klar formulierte Drohungen ich mittlerweile bekommen habe, wie viele mir wünschten, auch ich hätte eine Kugel abbekommen. Viele fanden es richtig toll, was der Täter gemacht hat. Schade bloß, dass es nur neun Opfer waren! Manche trauerten sogar, weil Hanau einen weiteren rechten Wähler verloren hatte. Für diese Leute ist er ein Held. Leider macht sich aber niemand die Mühe, solche Aussagen zurückzuverfolgen. Man darf sich im Netz aufführen wie Adolf höchstpersönlich, aber keiner tut was. Nur sehr selten werden diese Kommentare konsequent bestraft. Jeden Tag landen unzählige solcher Posts im Netz, die meisten sogar mit Bild, Klarnamen und Wohnort.

Man darf nicht vergessen, auch das Internet hat den 19. Februar möglich gemacht, es ist der Ort der Radikalisierung und Vernetzung. Früher kam man mit strammem Hitler-Gruß an den Stammtisch, damit jeder wusste, dass man in seiner Freizeit Jagd auf Türken macht. Heute teilt man seinen Menschenhass mit Millionen.

Es ist erschreckend, was Leute, die sich sonst nicht trauen, jemanden nach dem Weg zu fragen, an so einem Ort raushauen. All diese Hohlköpfe müssen endlich wegkommen von ihren kranken Gedanken der Marke: *Die Migranten chillen ihr leben, und wir müssen Pfandflaschen sammeln.* Es ist immer der gleiche rassistische Dreck. Aber ihr irrt euch. Wir sind nicht schuld an eurer Misere, euch nimmt keiner etwas weg. Es ist euer eigenes Versagen, euer Hass, der euer Leben kaputtmacht! Das Schlimme ist, dass solche Leute bei den Behörden durchkommen. Ich ziehe meine Kraft aus Gott, die Rassisten aus der Ignoranz der deutschen Behörden und der Politik.

Wie dumm muss man eigentlich sein, um ein Nazi zu sein? Die bringen sich alle selbst um. Wie kann man denn eine Ideologie gut finden, wenn am Ende der eigene Tod steht? Der Hanau-Rassist. Hitler. Göring. Nicht, dass es um einen von ihnen schade wäre. Doch so viel ekelhafte braune Brühe auch zu uns rüberschwappte, sie war nie stärker als die Welle der Solidarität für die Toten. Der Rapper Aksu schrieb den Song »Wo wart ihr?«, der zur Erinnerungshymne wurde. Konstantin Wecker widmete Vili-Viorel ein Lied. Aus allen möglichen Ländern kamen Videos mit bestärkenden Botschaften. Wir erhielten unendlich viele Briefe. Fuhren mit Hunderten von Radfahrern im Rahmen der *Sternfahrt für Hanau. Omas gegen Rechts* strickten für uns Masken. Zu den Jahrestagen kommen nach wie vor Tausende auf den Marktplatz in Hanau. Die Plakate mit den Gesichtern der Toten bilden dann eine Wand gegen das Vergessen. Menschen im ganzen Land zünden im Gedenken an sie Kerzen an, in Moscheen und Kirchen wird für die Opfer gebetet. Sie haben keine direkte Verbindung zu uns und spüren den Schmerz nicht am eigenen Körper, teilen ihn aber im Herzen. Das zu sehen und zu erleben, macht mich stolz. Wir haben unser Versprechen gehalten. Die Namen der Getöteten stehen heute für Widerstand gegen Rechtsextremismus.

Die Ermittler

Von Anfang an waren wir Angehörigen Opfer und Ermittler zugleich. In den ersten Tagen nach dem Anschlag lebten wir noch in der naiven Vorstellung, dass jetzt die Polizei kommt und alles Menschenmögliche tut, um den Fall aufzuklären. Obwohl bereits in den ersten Stunden nach dem Blutbad vieles dafürsprach, dass dies nicht passieren würde, sondern man hier noch weniger als Dienst nach Vorschrift zu leisten bereit war, vertrauten wir darauf, dass der Rechtsstaat die Sache regeln würde. Dafür war er schließlich da, und in Deutschland lief sicher alles mit der gewohnten Korrektheit. Bald wurde uns bewusst, wie sehr wir uns irrten. Ohne uns bewegte sich gar nichts. Wir mussten die Verantwortlichen in Politik und Behörden unter Druck setzen, damit überhaupt etwas passierte. In unserem Schmerz und unserer Trauer haben wir kontinuierlich öffentlich gesprochen. Wir knüpften Kontakte zu Journalisten, die das Thema sensibel und mit ehrlichem Interesse angingen, um die Kette des behördlichen Versagens sichtbar zu machen.

Niemals werde ich müde werden, an den Auftritt von Peter Beuth bei der Sondersitzung im Hessischen Landtag im Mai 2020 zu erinnern. Es war so absurd, dass ich nicht wusste, ob ich lachen oder weinen sollte. Er lobte die Betreuung der Opfer in der Tatnacht so in den Himmel, als hätte er völlig den Bezug zur Realität verloren oder schlicht etwas verwechselt. Sprach er wirklich von Hanau oder doch von der Betreuung der Alkoholopfer beim Kölner Karneval? Wie konnte man so arrogant und ignorant sein?

Als sich der Schock über seine Aussagen noch nicht mal ansatzweise gelegt hatte, präsentierte Niculescu Păun den Medienleuten das Handy seines Sohnes mit den fehlgeschlagenen Anrufen beim Notruf. Dieser Moment brachte alles ins Rollen, es war für uns wie ein Startschuss, um mit der Öffentlichkeitsarbeit richtig Gas zu geben. Denn wenn überhaupt etwas aufgedeckt werden würde, dann nur durch uns. Der Staat, daran zweifelten wir mit jedem Tag weniger, hatte kein Interesse an der Aufarbeitung. In den folgenden Wochen gaben wir am laufenden Band Interviews, waren bundesweit in der Presse. Völlig ungewollt wurden wir zu Personen des öffentlichen Lebens. Es war krass. Irgendwie mussten wir funktionieren, mitten in diesem Trauma, mit offenen Wunden. So als würde man nach einer schweren Operation direkt aufstehen und einen Marathon laufen. Nachts verfolgten uns die Bilder der entstellten Leichen, tagsüber redeten wir unentwegt mit Menschen, die uns fremd waren, über die schlimmsten Momente unseres Lebens.

Es war nie mein Wunsch, auf einer Bühne zu stehen, aber seit diesen Tagen tue ich es. Mein ganzes Leben widme ich dem Kampf gegen Rassismus, ich spreche in Bildungseinrichtungen, ich halte Vorträge, ich sitze mit hochrangigen Politikern zusammen, nehme an Gedenkveranstaltungen für Opfer rechter Gewalt teil. Viel lieber hätte ich mein altes Leben zurück. Mit dem Lkw unterwegs sein, mal ins Kino gehen, einfach mit Gökhan Zeit verbringen. Es war so viel schöner.

Dennoch werde ich meine Mission bis an mein Lebensende weiterführen. Es ist alles, was mir geblieben ist. Und was ich für Gogo tun kann, der alles für mich getan hat.

Nichts und niemand würde mich aufhalten. Es gäbe zu wenig Belege für ein Behördenversagen, hatte man erst abgewunken, als wir im Sommer nach dem Anschlag einen Untersuchungsausschuss forderten, um den Mord an unseren Angehörigen aufzuklären. Ein Jahr später stimmten in Wiesbaden alle Fraktionen – natürlich außer der AfD, die fand, der Ausschuss werde für einen »Kampf gegen rechts« instrumentalisiert – dafür. Wir hatten offenbar laut genug die Stimme erhoben. Selbst wer es gern gewollt hätte, konnte uns nicht überhören. Elf Angehörige legten Zeugnis ab, und alle zeichneten ein erschütterndes Bild vom Versagen der Behörden und der Polizei. Auch ich habe darüber gesprochen, wie geringschätzig man uns in der Tatnacht behandelte. Wir hatten sogar das erste Gutachten von Forensic Architecture im Gepäck, das belegt: Fünf Personen in der Arena Bar hätten überleben können, wäre der Notausgang nicht verschlossen gewesen. Auch Piter Bilal Minnemann, der den Anschlag unverletzt überlebt hatte, würde später aussagen, dass er kurz vor dem Attentat noch versucht hatte, den Raum durch den Notausgang zu verlassen, um eine Pizza zu holen, er jedoch verschlossen war. Obwohl Minnemann klargemacht hatte, dass alle hätten entkommen können, sah die Staatsanwaltschaft Hanau keinen Grund, das Verfahren wieder zu eröffnen.

Als der Untersuchungsausschuss erneut tagte, wurde das Notrufversagen verhandelt. Zwei Polizeibeamte sagten aus, davon ausgegangen zu sein, dass der Anruf an eine andere Polizeistation weitergeleitet wird, wenn ein Notruftelefon klingelt und sie wegen Überlastung nicht rangehen können. Sie wurden offenbar über Jahre nie darüber informiert, dass das nicht so war – und dann eben gar keiner antwortete.

Offenbar war auch bei den Sicherheitsbehörden die Realität seltsam verzerrt, denn sie behaupteten ebenfalls, dass alles gut gelaufen sei. Ich mag mir gar nicht ausdenken, wie es gewesen wäre, wenn es in ihren Augen schlecht lief. Hätte man dann den Notruf per Einwurfeinschreiben absetzen müssen? Polizeipräsident Roland Ullmann wollte angeblich nichts von dem fehlenden Notrufüberlauf gewusst haben. Was wirklich schwer zu glauben war, da er doch selbst abgesegnet und unterschrieben hatte, dass Hanau von der Zentralisierung des Notrufs ausgenommen bleiben sollte. Belangt wurde er natürlich nicht, er sollte kurz darauf fröhlich in Pension gehen, da wollte man vorher nicht noch das eigene Nest beschmutzen oder ihm womöglich den wohlverdienten Ruhestand vermiesen.

Die Bevölkerung wurde also wissentlich dem Risiko ausgesetzt, dass keiner antwortet, wenn jemand in Not ist – übrigens wurde hier zur Abwechslung mal nicht nach Herkunft unterschieden. Oder gab es für Deutsche eine andere Telefonnummer, die sie nicht an uns weitergeben sollten?

So grotesk wie das alles war, hatte beim dritten Termin eigentlich niemand von uns große Hoffnungen mehr. Doch obwohl wir gar nichts erwartet hatten, gelang es der Politik trotzdem, uns noch eine mitzugeben. Es ging um die Obduktionen, ein Thema, das uns so nachhaltig erschüttert hatte wie kaum ein anderes. Wenn auch keine Entschuldigung, würde vielleicht wenigstens eine Erklärung kommen? Nein. Stattdessen lobte der CDU-Abgeordnete Jörg Michael Müller das Vorgehen der Rechtsmediziner als »vorbildlich«.[43]

Wechselnde Zuständigkeiten mitten in der Tatnacht zwischen der Staatsanwaltschaft in Hanau und dem Generalbundesanwalt, fehlende Kommunikation mit den Hinterbliebenen, nicht einmal Klarheit unter den Beamten darüber, wer uns über was hätte informieren sollen. Fünf Tage hatte ich nach Gökhan gesucht, in allen Krankenhäusern. Niemand hatte mich gefragt, ob ich seine Leiche noch einmal sehen wolle, um mich von ihm zu verabschieden – bevor man sie aufschlitzte.

Vorbildlich?

Den Einsatzkräften könnten keine Fehler nachgewiesen werden, hieß es. Was nicht bedeutet, dass keine gemacht wurden. Nur wies wieder jeder die Verantwortung von sich. Die Angehörigen hätten Gelegenheit gehabt, von den Toten Abschied zu nehmen, sagte Dr. Constantin Lux vom Institut für Rechtsmedizin am Universitätsklinikum Frankfurt aus. Man habe dort den Wunsch der Opferfamilien mitbekommen, alles dafür vorbereitet und das Angebot an die Ermittlungsbeamten weitergegeben. Es sei aber niemand gekommen.[44] Wir waren also durch den Anblick der entstellten Leichen ein zweites Mal aufs Übelste traumatisiert worden, bloß weil man es nicht schaffte, eine Information weiterzugeben? Hätten wir davon gewusst, wir wären dort gewesen. Alle. Sofort. Und jetzt hörten wir, dass wir unsere Liebsten wirklich hätten sehen dürfen. Nichts auf der Welt hätte uns mehr bedeutet. Doch niemand informierte uns. Offenbar hinterfragte auch keiner, warum die Angehörigen, von denen man doch offenbar wusste, dass es ihr dringendster Wunsch war, die Verstorbenen zu sehen, einfach nicht auftauchten. Was haben die denn geglaubt, warum wir nicht kommen? Wir saßen sicher nicht gemütlich beim Essen zusammen, wir waren auch nicht in der Lage, unserer Arbeit nachzugehen. Wir taten nichts als nach den Toten zu suchen. Oder dachtet ihr, die Ausländer hätten sowieso nicht verstanden, was ihnen mitgeteilt wird? Selbst schuld, dann her mit Plastikhandschuhen und Skalpell, wir fangen schon mal an!

Ich sehe die Frischhaltefolie vor mir, die den notdürftig zusammengeflickten Körper meines Bruders zusammenhält. Meine Hände, die Watte in die klaffenden Wunden stopfen, das blutige Sekret, das herausläuft.

Vorbildlich?

Doch laut der Gerichtsmedizin litt ich anscheinend an Halluzinationen. Solche Folien würden nicht verwendet, hieß es. Es gäbe sie an ihrem Institut auch gar nicht. Dabei hat auch die Familie von Mercedes darüber berichtet, dass man bei der Leiche ihrer Tochter genauso vorgegangen war. Wieso der Körper meines Bruders in Folie eingewickelt gewesen sein soll, könne man sich nicht erklären. »Das ist absolut nichts, was wir machen würden im Institut«,[45] sagte Constantin Lux, der an sechs Obduktionen beteiligt war, auch an der meines Bruders. Alle Nähte seien dicht gewesen.

Demnach hatten ich und die drei anderen, die bei der Leichenwaschung dabei waren, sowie der Imam, der Gökhans Leichnam ebenfalls gesehen hatte und die Folie mit der Schere aufschnitt, uns das nur eingebildet – dabei wäre mein Gehirn gar nicht in der Lage gewesen, solche Horrorbilder zu produzieren. So viel Fantasie hatte ich nicht. Und hatten wir Hinterbliebenen in all dem Leid nichts Besseres zu tun, als irgendwelche Geschichten zu erfinden? Wieso sollten wir das machen? Auch wenn wir uns darüber wunderten, gingen wir anfangs davon aus, dass es zum Standard gehört, die Leichen so zu verpacken. Erst als wir später in der Initiative darüber sprachen, stießen wir darauf, dass man nur bei Mercedes und Gökhan so vorgegangen war, bei den anderen aber nicht. Da wurde uns klar, dass es absolut nicht üblich ist. Für mich ist die einzige Erklärung: Es wurde gemacht, weil man die Wunden nicht ordentlich zugenäht hatte.

Aber warum hatte man die Körper überhaupt so übel zerlegt? Auch dafür schuldete man uns eine Erklärung. Man arbeite nach modernsten wissenschaftlichen Methoden und habe nur die Eingriffe an den Leichen vorgenommen, die im Zuge der Wahrheitsfindung unbedingt nötig gewesen seien, hieß es aus der Rechtsmedizin. Oft seien Verletzungen, die etwas über den Verlauf eines Verbrechens aussagten, von außen nicht sichtbar. Es gibt sicher viele Fälle, bei denen das nachvollziehbar ist. Aber hier? Zwei tödliche Schussverletzungen. Was wollt ihr noch?

Es ist vorgeschrieben, dass sich bei gerichtlich festgelegten Obduktionen die Sektion auf die Öffnung der Kopf-, Brust- und Bauchhöhle erstrecken muss. Aber dennoch wurde unsauber gearbeitet und die Leichen wurden in einem desaströsen Zustand zurückgegeben.

Aus Gesprächen mit Hinterbliebenen von Opfern des NSU und des OEZ in München wissen wir, dass ebenfalls gerichtlich obduziert wurde, jedoch hat man die Leichen nicht dermaßen entstellt. Es wurde nur das Nötigste untersucht, das gesetzlich vorgeschrieben war. Niemand konnte berichten, dass die Toten komplett zerschnitten waren. Auch von anderen rechten Anschlägen ist dieses Vorgehen nicht bekannt, obwohl alle muslimischen Hinterbliebenen ihre Opfer bei der

Leichenwäsche noch einmal gesehen haben. Was zeigt, dass es hier kein Standardprozedere gegeben hat. Dieses Ausmaß war bis Hanau nicht bekannt und hat auch die Hinterbliebenen anderer Opfer rechter Gewalt schockiert, als sie davon erfuhren. Wonach suchten die Mediziner bei unseren Toten?

Wir rangen verzweifelt um Antworten auf unsere Fragen. Wir hatten so sehr darauf gehofft. Kurz vor Fertigstellung dieses Buchs haben wir Prof. Dr. Marcel A. Verhoff, Direktor des Instituts für Rechtsmedizin am Universitätsklinikum Frankfurt, noch einmal schriftlich um eine Stellungnahme gebeten. Was lief schief bei der Kommunikation mit den Angehörigen und mit den Angaben auf den Obduktionsberichten? Warum diese unverhältnismäßigen Eingriffe? Warum derart brachial? Warum die Folie? Ich hatte nicht mit einer Antwort gerechnet. Doch es kam tatsächlich eine. Wohlklingende, höfliche Worte in einer Mail, die nicht weniger als gar nichts sagte. Nicht mit einem Wort ging er auf den Schmerz der Familien ein, null Emotion. Er habe alle Fragen bereits vor dem Untersuchungsausschuss *wahrheitsgemäß und nach bestem Wissen und Gewissen* beantwortet, dem sei nichts hinzuzufügen. Außer: *Als Ärztinnen und Ärzte ist für uns die Würde des Menschen und somit der Patientin und des Patienten, egal, ob tot oder lebendig, ein sehr hohes Gut. Die Würde des Menschen geht über den Tod hinaus. Aus diesem Grund wird jeder Leichnam bei uns mit größtmöglicher Würde behandelt.*

Ein Satz, der vernünftig klingt, beruhigend für jeden, der fürchtet, einmal auf dem Obduktionstisch zu landen. Unbegreiflich und verhöhnend für jemanden, der das Resultat dieser Würdigung vor sich gesehen und es berührt hat. Und der seitdem keine einzige Nacht mehr ruhig schlafen kann.

Kapitel 16
Erinnern heißt verändern

Im ganzen Land kannte man nun die Namen der Toten, während der feige Rassist, für den sich schon zu Lebzeiten keiner interessierte, sich nun endgültig in der Bedeutungslosigkeit aufgelöst hatte. Wir hatten so vieles erreicht. Aber würde es auch juristische Konsequenzen geben? Würde jemand zur Rechenschaft gezogen werden? Rechtlichen Beistand hätten wir uns wohl alle nicht leisten können, jedenfalls nicht mehr, nachdem durch die Tat auch unsere wirtschaftlichen Existenzen zerstört worden waren. Aber bald erfuhren wir, dass wir als Opferfamilien zumindest die Anwalts- und Prozesskosten nicht selbst würden tragen müssen. Die Anwältin Seda Başay-Yıldız war bereit, mich zu vertreten. Was für ein Geschenk in all dieser Aussichtslosigkeit! Fünf Jahre lang hatte sie vor dem Oberlandesgericht München für die Familie von Enver Şimşek, dem ersten NSU-Opfer, gekämpft. 438 Prozesstage, und fast an jedem war sie da gewesen. Unfassbar. Sie versuchte aufzudecken, welche Helfershelfer die Mörder hatten, wer die einzelnen Opfer ausgesucht hatte und warum. Sie warf den Ermittlern schwere Ermittlungsfehler vor.

Als wir uns kennenlernten, wusste ich, dass ich sie an meiner Seite haben wollte. Sie besuchte uns zu Hause, setzte sich sofort dafür ein, dass Hüsna eine höhere Pflegestufe bekommt. Wie eine Schwester. Sie ist mit Herz und Blut dabei, kennt keine Angst, eine richtige Löwin. Wenn überhaupt mal irgendetwas aufgeklärt worden ist an rassistisch motivierten Verbrechen, dann haben Menschen wie sie einen ganz großen Anteil daran. Darum wird sie von Rechten auch als Gefahr wahrgenommen, hat selbst schon Morddrohungen bekommen, die mit *NSU 2.0* unterzeichnet waren. An ihre Privatanschrift und mit dem Namen ihrer kleinen Tochter.

Nachdem sie gerade deswegen ihren Wohnort hatte wechseln müssen und noch nicht einmal die Kisten ausgepackt hatte, bekam sie erneut einen Drohbrief. Sie erstattete Strafanzeige – und stach in ein Wespennest. Denn die Daten zu ihrer Person waren offenbar in der Innenstadtwache des ersten Reviers Frankfurt abgerufen worden. Leute in Uniform steckten dahinter. Daraufhin wurden auch die Chats der Polizisten öffentlich, gegen die dann ermittelt wurde.

Seda verteidigt, im Sinne des Rechtsstaats, auch Menschen unter Terrorverdacht und ist daher üble Beschimpfungen gewohnt, sie muss Polizeischutz bekommen. Und trotzdem sagt sie: »Noch nie in meinem Leben habe ich solche ekelhaften Inhalte gesehen. Islamfeindlich, menschenverachtend, es ist wirklich Abschaum. Die Absender sind Polizisten, sie haben einen Eid auf die Verfassung geschworen, sie sind zum Schutz aller Menschen da. Aber man hat gesehen, dass sie null Respekt vor uns haben, uns verachten. Diese Polizisten dürfen nie wieder auf andere Menschen losgelassen werden. Wir brauchen eine Justiz, die Rechtsextremismus und Rechtsterrorismus ernst nimmt, aber wir brauchen auch Verantwortliche in politischen Positionen, die das mit Nachdruck verfolgen. Und das ist hier in Hessen zumindest nicht der Fall.«

Sie könnte auch ein entspannteres Leben führen, aber sie kämpft bis zum Ende. Wir haben vor niemandem Angst. Seda vertritt die gleiche Haltung. Es war die Wut, die sie damals dazu brachte, die Nebenklage im NSU-Prozess zu übernehmen. Wie konnte es sein, dass jemand über zehn Jahre mordend durchs Land zog und keiner es mitbekommen haben wollte? Eine Kollegin brachte sie mit Frau Adile Şimşek, der Witwe des ersten Opfers, zusammen, und sie übernahm das Mandat, um für die Rechte der Angehörigen zu streiten. Eigentlich, so sagte sie mir, wollte sie nach dem NSU keine Nebenklage mehr machen. Über fünf Jahre lang musste sie erleben, dass es keinen politischen Willen gibt, rassistische Taten wirklich aufzuklären. Akten wurden nicht freigegeben oder gar geschreddert, Aussagegenehmigungen nicht erteilt. Aber sie ist keine Frau, die aufgibt. Und hat auch uns nicht allein gelassen. Neben uns vertritt sie auch die Familien von Sedat Gürbüz und Fatih Saraçoğlu sowie die Mutter von Hüseyin Dayıcık, der beim OEZ-Anschlag getötet wurde.

Mit ihr habe ich ein paar Mal darüber gesprochen, ob der NSU-Komplex Vorbildcharakter für den Rassisten von Hanau gehabt haben könnte. Wer genau hinschaut, kann Parallelen erkennen. Bei den Tatorten wählte der NSU oft Läden aus, in denen die Opfer sich zu Hause und geborgen fühlten. So wie es auch in Hanau der Fall war, vor allem der Kiosk 24/7 war für viele wie ein zweites Wohnzimmer. Damit soll Angst gesät werden, das Gefühl wachsen, nirgendwo sicher zu sein – mit dem Ziel, dass die Leute irgendwann das Land verlassen. Auch die Art zu töten, die einer Exekution gleicht, erinnert an den NSU.

Vernetzung durch Vorbilder, das ist typisch für rechten Terror. Dadurch entsteht oft fälschlicherweise der Eindruck, dass wir es mit Einzeltätern zu tun hätten, da sie keiner festen Gruppe angehören, aber eben doch dieselbe Ideologie teilen. Auf der Website des Täters von Hanau war ein weißer Wolf mit blauen Augen zu sehen – in der rechtsextremen Szene steht der *lone wolf* für das in den USA geprägte Prinzip des führerlosen Widerstands, bei dem bewusst auf Anführer und Befehlsstrukturen verzichtet wird. Man plant und mordet allein oder in kleinen, autonomen Zellen, die bewusst den Kontakt zu Organisationen und Parteien meiden. Dabei gilt: Die Tat ist das Bekenntnis. Die Opfer sollen die Nachricht verstehen. Und für die Gleichgesinnten soll sie eine Aufforderung sein, ebenfalls loszuschlagen. *Taten statt Worte*, war auch das Motto des NSU.

Dass aus Opfern Täter gemacht werden, haben außerdem viele rassistische Gewalttaten gemeinsam. In Hanau ging man zunächst von Bandenkriegen aus, bedrohte wartende Angehörige mit einer Waffe und holte erst mal Daten über die Familien bei Interpol ein. Die Würde der Menschen, die in Nürnberg durch den NSU starben, wurde mit Füßen getreten, indem man sagte, es seien alles Drogendealer gewesen und sie müssten selber schuld an ihrem Tod sein. Völlig haltlose Verleumdungen, die sich nie bestätigten. Nur zur Erinnerung: Es handelte sich um einen Blumenverkäufer, den Inhaber einer Dönerbude und den Besitzer einer Änderungsschneiderei.

Wieso ermittelt man überhaupt gegen die Opfer? Es heißt dann immer, wir hatten keine Anhaltspunkte, in Richtung rechts zu ermitteln. Aber welche gab es denn, in Richtung Drogenhandel zu ermitteln? So traurig es auch ist, gibt es zwischen NSU und Hanau auch Parallelen, was den Umgang mit den Angehörigen angeht. Die Polizei weiß genau, wie man Menschen in solchen Situationen begegnet. Die haben speziell ausgebildetes Personal dafür. Aber nicht allen wird diese respektvolle Behandlung zuteil.

Gerechtigkeit kann es bei Mordtaten sowieso niemals geben, aber der Staat schuldet es den Opfern, die Dinge aufzuklären. Doch meist fehlt der Aufklärungswille. Hundertzwanzig Jahre lang sollte der NSU-Bericht des Verfassungsschutzes zunächst unter Verschluss bleiben, später wurde die Frist auf dreißig Jahre herabgesetzt. Und dann wurden die Akten durch Recherchen des ZDF öffentlich.

»In den Dokumenten gab es Hinweise zur Bewaffnung und zur Radikalisierung aus der rechtsradikalen Szene, auf Hinweisgeber und Mitwisser, die sind in den Akten verschwunden«, sagt Seda Başay-Yıldız. »Die Behörden haben nichts gemacht, sie sind dem einfach nicht nachgegangen. Man hätte zumindest die drei bekannten Täter fassen können, bevor sie einen einzigen Mord begangen hätten.«

Nie wieder?

Wenn man die Fälle rechtsradikalen Terrors in diesem Land vergleicht, dann fällt einem auf, dass sich Dinge in einer Endlosschleife wiederholen. Die respektlose Behandlung und Kriminalisierung der Opfer. Die Angehörigen, die selbst um Anerkennung und Aufklärung ringen müssen. Der Versuch, die Verbrechen als Einzeltaten psychisch Kranker dastehen zu lassen. Und ein Staat, der mauert. Hanau war kein Einzelfall. Es ist erschreckend, wie viele Menschen unsere Erfahrungen teilen. Ein paar von ihnen möchte ich hier zu Wort kommen lassen – stellvertretend für alle Opfer rechter Gewalt in Deutschland.

Enver Şimşek gilt als erstes Opfer der Mordserie des NSU. Er wurde am 9. September 2000 an seinem Blumenstand in Nürnberg niedergeschossen und starb infolge seiner Verletzungen im Krankenhaus. Sein Sohn Abdul Kerim Şimşek erinnert sich.

Mein Vater wurde von neun Kugeln durchlöchert, drei Einschüsse in seinem Kopf. Jahrelang wussten wir nicht, warum er sterben musste. Die Polizei suchte in ihm selbst den Schuldigen. Sie stellte Vermutungen in den Raum, dass er eine Geliebte hatte, uns wurden sogar Fotos von der Frau gezeigt. Irgendeinen Grund musste es ja geben, ihn zu töten! Später hieß es, er war in Glücksspiele, organisierte Kriminalität oder Drogengeschäfte verwickelt. Dann sollte eine Auseinandersetzung zwischen Türken und Kurden dahinterstecken. Immer etwas anderes. Ich kannte meinen Vater genau und wusste, dass sie lügen. Diese Spielerei der Behörden hat uns fertiggemacht. Das ging zig Jahre so. Nach jedem Mord tauchten sie wieder bei uns auf und haben erneut nach Beweisen gesucht. Wir wurden drangsaliert und emotional unter Druck gesetzt.

Erst beim dritten Mord wurde mir bewusst, dass es ein Serientäter sein muss, der Menschen anderer Herkunft tötet. Wenn ich gesagt habe, das sind Neonazis, wurde es verneint. Wir waren Opfer des NSU, aber auch des Systems. Schmerz und Trauer blieben lange im Hintergrund, weil wir mit dem Kampf gegen die Behörden zu tun hatten.

Bei der Familie von Michèle Kiesewetter, der durch den NSU ermordeten deutschen Polizistin, kam ein Seelsorger, der Bürgermeister besuchte sie zu Hause. Zu uns kamen Beamte, die meine Mutter stundenlang ins Verhör nahmen, richtig hart, während ihr Mann im

Sterben lag. Anfangs glaubten sie, einer von uns muss es gewesen sein, meine Mutter stand besonders unter Verdacht. Danach hat man mit dem Finger auf mich gezeigt: Das ist der Junge von dem Drogendealer und Mafioso! Alle paar Jahre kamen die Lügen erneut in die Zeitung. Die, die meinen Vater nicht kannten, haben die Gerüchte geglaubt und uns gemieden.

Jahrelang wurde über die »Döner-Morde« geschrieben, die Gesellschaft hat diesen diskriminierenden Begriff so akzeptiert, und auch unseren eigenen Landsleuten war es egal. In Hanau sprach man von »Shisha-Morden«, obwohl nur einer der Tatorte eine Shisha-Bar war. Bisschen Clan, bisschen Shisha, bisschen Schwarzgeld. Wir werden marginalisiert und entmenschlicht, die Tat dadurch verharmlost. Erst als rauskam, dass die Opfer von Neonazis erschossen wurden, wurde den Leuten klar, dass sie selbst rassistisch handelten.

Nicht mal alle der Täter waren auf der Anklagebank, andere sind freigekommen. Das ist der ganze Schmerz, nach so einer Tat nicht einmal Gerechtigkeit zu erfahren, dass es nicht lückenlos aufgeklärt wurde.

Den Tod meines Vaters hätte man verhindern können. 1998 haben die Polizisten Uwe Mundlos und Uwe Böhnhardt entkommen lassen, danach sind sie in den Untergrund gegangen. Der Verfassungsschutz wusste genau, wo diese Leute sich aufhalten, haben die Informationen aber nicht an die Polizei weitergegeben. Als die Akten geschreddert wurden, bin ich durchgedreht, nach elf Jahren soll endlich alles ans Licht kommen, dann vernichtet man alles. Was versuchen die zu verstecken? Wie viele Helfershelfer sind noch unter uns? Vielleicht ist es mein Nachbar, der mich freundlich grüßt?

Ich war erleichtert, als 2011 feststand, dass es Neonazis waren. Denn endlich waren wir keine Täter mehr, sondern Opfer. Endlich war mein Vater kein Drogendealer mehr, er war reingewaschen. Elf Jahre nach seinem Tod. Warum ist das alles ein so zäher Kampf? Ganze zwanzig Jahre brauchte es, bis in Jena, woher Böhnhardt und Mundlos stammten, der Enver-Şimşek-Platz eingeweiht wurde; einundzwanzig Jahre, bis man den Tatort in Nürnberg nach ihm be-

nannte. In uns wird er ohnehin ewig weiterleben. Mein Cousin kommt an besonderen Tagen im Jahr an den Ort, an dem mein Vater gestorben ist, und verkauft Blumen im Gedenken an ihn.

Bei einem rechtsradikal motivierten Anschlag in München starben am 22. Juli 2016 am und im Olympia-Einkaufszentrum (OEZ) neun Menschen. Hasan und Sibel Leyla, die Eltern des Getöteten Can Leyla, erinnern sich.

Nachdem unser Sohn nicht nach Hause gekommen war, hingen wir fünfundvierzig Minuten lang in der Telefon-Hotline der Polizei, bis man uns sagte, Can sei nicht unter den Toten und Verletzten. Dann wurden wir mit Bussen zur Sammelstelle gebracht, eine Halle am Olympiazentrum. Zehn Stunden warteten wir dort. Eine Qual, ein Martyrium. Für die Beamten war es jedoch nur wichtig zu sagen, dass Speisen und Getränke kostenlos sind. Informationen gab es nicht. »Tut mir leid, der ist gestorben«, teilte uns irgendwann ein Beamter teilnahmslos mit, drehte sich um, setzte sich in sein Auto und fuhr weg. Feierabend. Niemand war mehr da, kein Notarzt, kein Seelsorger. Auch die Busse waren weg. Unsere ganze Familie stand verloren auf dem Platz, wir hatten gerade die Nachricht bekommen, dass unser Sohn ermordet wurde, und wir wussten nicht einmal, wie wir mitten in der Nacht nach Hause kommen sollten.

Fünf Tage später konnten wir ihn sehen, in der Trauerhalle eines Münchner Friedhofs. Bis heute glauben viele an einen Amoklauf, weil der Täter selbst einen Migrationshintergrund hatte. Aber ein Amokläufer schießt wahllos, der Täter hatte gezielt geschossen, ist mehrfach aus McDonald's rein und raus, wartete auf Jugendliche, die wie Migranten, vor allem wie Türken, aussahen. Mein Sohn war einer von ihnen, er war erst vierzehn Jahre alt.

Keiner wollte wahrhaben, dass Rassismus das Motiv war. Alle schienen sich daran festzuhalten, dass es ein psychisch kranker

Einzeltäter gewesen ist. Dabei war er mit anderen Rechten auf einer Spieleplattform vernetzt, sie haben miteinander geschrieben, sogar mit einem, der in New Mexico eine Tat begangen hat. Hitler war sein Idol, er hatte am selben Tag Geburtstag und war sehr stolz darauf. Zudem mordete er am Jahrestag von Utøya. Genau fünf Jahre zuvor hatte Anders Behring Breivik in Oslo und auf der norwegischen Insel Utøya siebenundsiebzig Menschen erschossen – und benutzte dabei sogar die gleiche Waffe. Was sollte diese Tat denn sonst sein, wenn nicht eine Hommage an den rechtsterroristischen und islamfeindlichen Massenmörder?

Es hieß, der Täter sei mit den Opfern zur Schule gegangen, aber das stimmt nicht, niemand ist mit ihm zur Schule gegangen. Can war Leistungssportler, der hat zwanzig Kilometer entfernt eine ganz andere Schule besucht. Eine Mittelschule mit einer Leistungssportklasse, die den FC Bayern, TSV 1860 und die SpVgg Unterhaching als Partnervereine hat. Es wurde in den Medien so dargestellt, als hätten sie sich gekannt, als wäre der Täter von unseren Kindern gemobbt worden, doch das ist nicht wahr. Ich habe sogar gelesen, dass sie zusammen Fußball gespielt hätten, aber auch das ist niemals der Fall gewesen.

Irgendwann haben die Gerichtsverhandlungen gegen den Waffenhändler angefangen. Der Vorsitzende der Staatsanwaltschaft schien mehr Sympathie für ihn zu haben als für uns. Wir hatten Angst, dass wir Angehörigen uns bei dem Typen entschuldigen müssen. Am Ende wurde er wegen fahrlässiger Tötung verurteilt. Er hat sieben Jahre bekommen, das war die Höchststrafe. Und alle taten so: Hey, wir haben ihn doch bestraft, gebt jetzt Ruhe! Aber nein, wir geben keine Ruhe.

Cans Bett ist noch gemacht, seine Sachen im Schrank unverändert, er ist immer noch in uns. Gemeinsam mit Can kämpfen wir weiter, bis alle erwischt werden. Wir werden unser Leben lang darum kämpfen, dass unser Sohn nicht vergessen wird.

Am 9. Oktober 2019 versuchte ein Rechtsextremist und Antisemit in einer Synagoge in Halle einen Massenmord zu begehen. Als er bei dem Versuch scheiterte, dort einzudringen, erschoss er eine Passantin und den Gast eines Imbisses. Der Überlebende İsmet Tekin erinnert sich.

Obwohl der Anschlag auf die Synagoge akribisch geplant war, erkannte die Bundesanwaltschaft ihn anfangs nicht als Mordversuch an. Das geschah erst durch den Druck der Betroffenen. Während die Schüsse, die der Täter in Richtung von Polizisten feuerte, im Prozess als Mordversuch bewertet wurden, bin ich bis heute nicht als Überlebender anerkannt, obwohl mich eine Kugel nur knapp verfehlte. Warum habe ich bis heute Albträume? Natürlich wollte der Täter mich töten. Sonst hätte er gestoppt.

Der deutsche Staat hat nicht begriffen, wie man mit den Opfern umzugehen hat. Sie werden nach solchen Taten sogar als Schmarotzer beschimpft: »Hört auf zu jammern, und geht doch arbeiten!« Aber ganze Existenzen gehen kaputt, das sehen sie nicht. Drei Jahre lang haben wir darum gerungen, den Imbiss zu halten, aber die Leute hatten Angst und kamen nicht mehr. Wir müssen selbst handeln und uns selbst helfen, wenn wir wieder auf die Beine kommen wollen.

Vor Gericht konnte ich kaum glauben, wie wenig Interesse da war, der Sache auf den Grund zu gehen. Angeblich gelingt es der Polizei nicht, an die Daten auf dem Computer des Täters zu kommen. Verweise auf vergleichbare Attentate wie das von Christchurch wurden nicht ermittelt. Wäre es um mich gegangen, hätten sie jedes kleinste Detail rausbekommen.

2007 bin ich aus der Türkei nach Deutschland gekommen. Eigentlich wollte ich die deutsche Staatsbürgschaft beantragen. Aber jetzt weiß ich, es spielt gar keine Rolle, ob ich einen deutschen Pass habe oder nicht. Wir sind nicht gegen dieses Land, wir sind für dieses Land und setzen uns ein, damit es eine bessere Zukunft hat. Aber Deutschland sieht das nicht, wir werden oft nur als billige Arbeitskraft benutzt.

Beim Prozess haben einige den Raum verlassen, weil sie den Anblick des Täters nicht ertragen konnten. Ich habe das Wort an ihn gerichtet, ihn einen Feigling genannt, weil ein ebenbürtiger Kampf nicht hinterrücks stattfindet, wenn du Eier in der Hose hast.

»Du hast nichts erreicht«, habe ich zu ihm gesagt. »Du hast auf ganzer Linie versagt. Mein Bruder lebt, ich lebe. Entstanden ist nur noch mehr Zusammenhalt und mehr Liebe. Wir sind hier und wir werden hierbleiben.«

Er hätte mich am liebsten mit seinem Blick getötet. Das hatte er nicht erwartet, er dachte, er hätte nichts als Angst in uns hinterlassen. Doch ich habe keine Angst vor dem Tod. Meine Zeit ist noch nicht gekommen, sonst wäre ich an diesem Tag gestorben. Daran glaube ich. Ich habe ihm auch gesagt, dass ich einen Sohn habe, den ich hier großziehen werde. Mein Sohn gehört ebenfalls zu Deutschland und wird hier kein Fremder mehr sein.

Diese Fälle erstrecken sich über einen Zeitraum von fast zwanzig Jahren. Und trotzdem schildern Angehörige und Überlebende die immer gleichen Szenarien. Wieso lernt man nichts aus den Fehlern? Weshalb schenkt uns die Politik kein Gehör? Warum wird das Thema Rassismus in Deutschland nicht ernst genommen? Ich glaube fest daran, dass bereits ein Brief des nächsten Täters bei irgendeiner Behörde liegt und ignoriert wird. Während wir hier in Hanau Proteste organisieren und um das Gedenken unserer Toten kämpfen, weiß irgendwer schon, welche die nächste Stadt sein wird, deren Namen auf einmal jeder kennt. Im Bundestag sitzen Rassisten. Natürlich sind das nicht alle dort, aber einige. Bei der Polizei sitzen Rassisten, genau wie bei den Behörden und so weiter. Wir wollen nicht alle über einen Kamm scheren, es sind auch gute Leute darunter. Aber weil all diese Einrichtungen ein Spiegelbild unserer Gesellschaft sind, ist jeder einzelne Rassist dort einer zu viel. Wenn sich daran nichts ändert, dann kommt der nächste Anschlag. Und dann werden wieder alle sagen, dass so etwas nie wieder passieren darf.

Nach wie vor gibt es zu wenig positive Impulse – aber es gibt sie.

Der engagierte Rechtsanwalt und Buchautor Dr. Mehmet Daimagüler, der als Vertreter der Nebenklage im NSU-Prozess mitgewirkt hat, ist seit 2022 der erste Beauftragte der Bundesregierung gegen Antiziganismus und für das Leben der Sinti und Roma in Deutschland. Im selben Jahr wurde Staatsministerin Reem Alabali-Radovan zusätzlich Antirassismus-Beauftragte der Bundesregierung, ein neu geschaffenes Amt. »Der Staat ist in der Bringschuld«, so sagt sie. »Er muss für alle 83 Millionen Menschen unseres Landes ein gleichberechtigtes, friedliches Zusammenleben sichern.«[46] Menschen wie sie sind wichtig, um dem Virus in Ministerien und Behörden etwas entgegenzusetzen. Struktureller Rassismus ist wie Zucker, den du in ein Glas Tee rührst. Er sinkt ganz nach unten, dann rührst du um und er löst sich auf, bildet höchstens noch ein paar zarte Schlieren. Du siehst die Neonazis nicht mehr im System. Du schmeckst sie heraus, jedoch nicht süß, sondern bitter. Du fühlst, dass sie da sind, aber du siehst sie verdammt noch mal nicht mehr. Wie will man diese Substanz, die alles durchdringt, alles vergiftet, da wieder herauskriegen?

Kein Vergeben

Die Morde vom 19. Februar waren ein beispielloser, rassistischer Terroranschlag, ausgeübt von einem Biest, dessen schmutzigen Namen ich nie wieder in meinen Mund nehmen werde. Ein hasserfüllter Feigling, der nicht auf sein Leben klarkam und neun unschuldige junge Menschen mitten aus dem Leben riss. Er hat sich verpisst, bevor er zur Rechenschaft gezogen werden konnte. Juristisch betrachtet, haben wir nichts erreicht. Alle Ermittlungen wurden eingestellt. Trotz offensichtlicher Fehler, Versäumnisse und Organisationsversagen wird Hanau ohne rechtliche Konsequenzen bleiben. Da ist nichts mehr zu erwarten.

Ganz im Gegenteil. Auch bei der letzten Zeugenvernehmung vor dem Untersuchungsausschuss, bei der Peter Beuth ausgesagt hat, wurde die Arbeit der Polizei erneut verteidigt. Auch eine Entschuldigung gab es nicht. Der Täter sei nicht auf dem Radar der Sicherheitsbehörden gewesen, weil er davor nicht in Erscheinung getreten sei. Es gäbe auch keine Hinweise dafür, dass die Tat durch das Handeln hessischer Behörden hätte verhindert werden können.[47] Mir fehlten komplett die Worte. Über drei Jahre hatten wir Angehörigen, Journalisten, Anwälte und Forensiker ununterbrochen für Aufklärung gearbeitet, ein Skandal folgte auf den nächsten, unser Leben war eine Tortur, und am Ende hörte man trotzdem nur, dass die Polizei ihre Arbeit gut gemacht hatte. Niemand trägt am Ende die Schuld? Was für eine Verhöhnung!

Wenn es aber etwas gibt, das wir geschafft haben, dann ist es die Überwindung unserer Ohnmacht und Hilflosigkeit. Rechter Terror ist eine Gefahr für alle, nicht nur für Migranten. Er schadet Deutschland und dem Bild, das die Welt von diesem Land hat. Wir hatten so sehr gehofft, dass jemand aus der Politik Verantwortung übernimmt, die Stärke hat, sich hinzustellen und sich zu entschuldigen. Damit nicht wieder die gleichen Fehler passieren.

Aber jeder wollte unbefleckt bleiben, um den nächsten Wahlkampf nicht zu gefährden. Versprochen hatten uns alle irgendetwas, aber nichts davon erfüllte sich. Bundespräsident Steinmeier sagte, er werde sich voll dafür einsetzen, dass alles aufgeklärt wird. Aber geändert hat sich trotzdem nichts an der Situation. Auch Olaf Scholz kam nach Hanau. Wir hatten die Möglichkeit, ihm unsere Sorgen und Wünsche mitzuteilen, als potenzieller zukünftiger Bundeskanzler sollte er unsere Anliegen nach Berlin mitnehmen. Später lud er uns auch ins Kanzleramt ein, wo wir ihn besuchten und uns erneut über unsere Forderungen austauschten. Auch Innenministerin Nancy Faeser setzte sich für den Untersuchungsausschuss ein und war mehrfach bei uns vor Ort. Wir waren dankbar für die Anteilnahme. Aber was bringt es uns, wenn niemand sein Versprechen hält? Lange glaubten wir noch an politische Konsequenzen. Aber auch hier wurden wir enttäuscht, es wird keine geben.

Am Ende war es wieder nur ein Boxenstopp in Hanau, andere Dinge waren wichtiger. Zumindest interessierten sich die Politiker für uns. Den meisten hessischen Kollegen allerdings waren wir scheißegal, die bemühten sich nicht einmal um ein vordergründiges Interesse oder ein Mindestmaß an Höflichkeit.

Meine Nummer Eins auf der Liste derjenigen, die sofort und nicht erst nach Ablauf ihrer Amtszeit ihren Posten räumen müssen: Peter Beuth. Ich kann nicht darüber hinwegkommen, dass er als Innenminister von Hessen nicht einmal auf uns zukam, während Merkel, Scholz und Steinmeier es offenbar locker geregelt kriegten. Wir hätten ihn ganz normal aufgenommen, ihm auch zugehört, er hätte nichts verloren, aber er traute sich nicht. So viel waren wir ihm wert.

Aber auch Ministerpräsident Bouffier ließ uns seine ganz besondere Wertschätzung zuteilwerden. Er lud uns auf sein Schloss in Wiesbaden ein. Wir Angehörigen saßen im Halbkreis vor ihm. Und während die Familien über die Blutnacht erzählten, in der ihre Kinder hingerichtet wurden, machte er sich erst mal seinen Joghurt auf, genoss ihn in aller Ruhe. Wie kann man angesichts solcher Geschichten daran denken, zu essen? Ein Löffelchen für den Pathologen, ein Löffelchen für das SEK … Im Ernst? Wie kann einem so was nicht den Appetit verderben, es sei denn, man ist eiskalt und empfindet rein gar nichts für die Opfer? Er sagte dann sinngemäß, es könne zwar nicht so ganz stimmen, was die Familien erzählten, aber er würde versichern, beim nächsten Mal mehr darauf Acht zu geben. Danke, wir freuen uns auf das nächste Mal. Bringen Sie doch dann wenigstens ein Dessert für alle mit, damit es noch gemütlicher wird!

Nebenbei erwähnte er noch, dass unser Fall zwar schlimm sei, aber er habe durchaus schon Schlimmeres erlebt. Es war bodenlos. Als Armin Kurtović an anderer Stelle den SEK-Skandal erwähnte, warf Bouffier ein, die rechte Gesinnung der Einheit müsse ja nicht zwangsläufig bedeuten, dass die Leute ihre Arbeit nicht gut machen. Nun, das hängt davon ab, wie man seinen Arbeitsauftrag versteht: Alle Bürger zu schützen oder nur die, die es nach der eigenen Ideologie wert sind, geschützt zu werden. Wir Angehörigen waren entsetzt, schauten uns gegenseitig an, um uns zu vergewissern, dass wir das gerade wirklich gehört hatten. Aber was hatten wir anderes erwartet? Als Halit Yozgat im April 2006 in einem Kasseler Internetcafé vom NSU ermordet worden war, hatte Bouffier sich vor den Mitarbeiter des hessischen Verfassungsschutzes gestellt, der als einziger Zeuge keine Schüsse gehört haben wollte. Der Schutz der V-Leute war für ihn offenbar ein höheres Gut als die Aufklärung rassistischer Morde.

Grenzenlose Empathie zeigte allerdings auch Tarek Al-Wazir von den Grünen, der die Opferfamilien über einundzwanzig Monate lang nicht besuchte und dann während der Gedenkveranstaltung zum dritten Jahrestag einschlief. Ganz starke Performance! Fast so unvergesslich wie sein Parteikollege Cem Özdemir. Jahrelang als Vorzeigemigrant und großer Rassismusgegner gepusht, ließ er es sich genau einen Tag nach dem Anschlag in Hanau nicht nehmen, feucht-fröhlich beim *Stockacher Narrengericht* aufzutreten. Abgesehen davon, dass kaum eine Karnevalsveranstaltung aus Solidarität abgesagt wurde, verpasste auch Cem seine Show nicht und hatte mit Narrenkappe und Wein einen Riesenspaß, während die Menschen in Hanau am Blutkotzen waren. Alle machen große Worte, aber wenn es darauf ankommt, pennen sie oder feiern Partys.

Vertagt, versagt, verkackt. Ich kann mich kaum entscheiden, welcher Auftritt mich am meisten schockiert hat. Vorn mit dabei ist auf jeden Fall der hessische CDU-Abgeordnete Heiko Kasseckert, der sich mit den Worten »Die Stadt muss zu einer Normalität zurückkehren können« gegen eine Gedenkstätte auf dem Marktplatz aussprach – ganz im Sinne des Täter-Vaters, der sich auch nichts sehnlicher wünscht, als dass die Fotos der Opfer endlich aus dem Stadtbild verschwinden. In welche Normalität will er denn zurückkehren? Eine, die rassistisch motivierte Gewalt als Einzeltaten verharmlost? In der zu polizeilichem Rassismus gar nicht erst geforscht wird, da dieser angeblich nicht existiert? Wenn man es so weit kommen lässt, dass man das SEK Frankfurt auflösen muss, hat man anscheinend schon zu lange den Fehler gemacht, über rechte Strukturen hinwegzusehen.

Auch beim Untersuchungsausschuss folgte eine Demütigung auf die nächste. Während Menschen von traumatischen Erinnerungen erzählten, fanden es einige Abgeordnete von CDU und FDP angemessen, Zeitung zu lesen, auf dem Handy zu scrollen oder per Kopfhörer den Livestream der Wahl zum CDU-Vorsitzenden zu schauen. Der Höhepunkt der Respektlosigkeit dann bei einer Sitzung im November 2022: Wegen eines Fehlalarms musste unterbrochen werden, und alle verließen das Gebäude. Vor dem Landtag scherzte ein Mitarbeiter des Innenministeriums über einen Notausgang und dass dieser nicht auf Anweisung seiner Behörde geschlossen sei – in Anspielung auf das Notausgang-Desaster in der Arena Bar. Die um ihn herumstehenden Abgeordneten der CDU-Fraktion lachten. Wenig überraschend, dass das Ganze später geleugnet wurde. Jedoch hatten Angehörige es unglücklicherweise gehört. Wie wenig Empathie kann man haben, und wie ernst ist es einigen Abgeordneten mit ihrem Auftrag zur Aufklärung, wenn man Witze über etwas macht, das für zwei junge Menschen zur Todesfalle wurde und wodurch weitere schwer verletzt wurden?[48]

Unser Vertrauen war komplett zerbrochen, wir waren offenbar kein Teil der Gesellschaft, so wie wir immer dachten. Wir sollen die brutalen Jungs von der Straße sein, aber wir sind die, die am Ende des Tages elendig sterben müssen. Und dann werden noch dumme Witze darüber gemacht. Den Schmerz, den wir erleiden, sieht man uns nicht in jedem Moment an, aber er vergeht nicht, wir werden nie heilen. Das Grauen wird jedes Mal in uns hochsteigen, wenn die Dunkelheit kommt. Bis zum 19. Februar hatte die Nacht auch ihre Schönheit, aber wir waren in der Kälte da draußen vor dem Kiosk, und das ist nun das Gefühl, das sich ausbreitet, wenn die Sonne untergeht. Die Apokalypse. Einmal zur falschen Zeit am falschen Ort, und es ist vorbei. Zu Hause ist der sicherste Ort, außer man zündet uns an.

Laut sein

Manchmal werde ich gefragt: »Warum widmest du dein ganzes Leben dieser Aufgabe? Du kannst doch nicht immer nur kämpfen!«

Die Antwort lautet: Ich tue es für meinen toten Bruder. Für meinen Vater. Für meine Mutter. Für meinen Sohn, für die Kinder, die er vielleicht eines Tages haben wird, für die Gesellschaft, für Deutschland. Wir müssen anfangen, Menschen so zu akzeptieren, wie sie auf die Welt gekommen sind. Wir müssen sie ja nicht gleich heiraten oder eine Beziehung aufbauen. Wir brauchen sie auch nicht einmal zu grüßen, wenn sie an uns vorbeilaufen. Aber sie hassen, nur weil sie existieren, nur weil sie anders aussehen? Ich töte doch auch niemanden mit einem gelben Sakko, nur weil die Farbe mich abfuckt und ich Augenschmerzen bekomme. Schau woanders hin, wenn du keine schwarzen Haare magst! Vielleicht wird man sogar Krebs eines Tages komplett besiegen können, aber für Rassismus braucht man einen längeren Atem. Mit Kleinigkeiten fängt es an, mit Witzen, die nicht lustig sind. Doch dabei bleibt es nicht, es steigert sich – bis gemordet wird.

Es sind immer dieselben Denkmuster, die eine Gesellschaft spalten: Wir gehören zusammen und ihr nicht dazu, eure Probleme sind nicht unsere! Wenn heute ein Rassist einen Türken tötet, dann kommen häufig nur die Türken, um zu trauern. Du siehst keinen Italiener, keinen Portugiesen, keinen Marokkaner. Wenn ein Marokkaner getötet wird, ist es genauso, außer den Landsleuten ist niemand da. Alle denken sich: War ja keiner von uns, also betrifft es mich nicht. Und manchmal tauchen nicht mal die eigenen Leute auf. Nicht immer ist es so, aber oft. Zu oft. Aber es betrifft uns alle. Genauso muss man auch nicht aus einer Familie mit Migrationsgeschichte stammen, um mit den Opfern von Hanau mitzufühlen, dies ist ein gesamtgesellschaftliches Problem. Jeder, der in einem Land lebt, in dem solche Dinge passieren, ist betroffen. Wären in Hanau neun Bäume gefällt oder neun Pandas getötet worden, die Politiker hätten alles dafür getan, dass die Sache aufgeklärt wird. Und vielleicht hätten auch manche Menschen mehr Anteilnahme und Interesse gezeigt.

Wenn ich die Wahrheit ausspreche, ist die Empörung jedes Mal groß. Aber damit kann ich leben. Ich werde weiter über Dinge reden, von denen keiner spricht. Meine Rolle war von Anfang an die des Frontmanns. Aber ich habe fast nie bei offiziellen Terminen gesprochen, sondern direkt zu den Menschen. Da die Politik nicht helfen will, setze ich auf die Straße, das bringt viel mehr, als wenn ich mir weiter irgendwelche Show-Programme mit Staatsleuten gebe. Sobald es anfängt, wirklich ernst zu werden, machen viele einen Rückzieher, auch die Betroffenen. Das verstehe ich nicht. Was kann es Schlimmeres geben, als dass mein Bruder tot ist? Wovor sollte ich mich noch fürchten? Ich werde gewiss nicht leise sein. Gogos Tod darf nicht umsonst gewesen sein, irgendetwas muss sich ändern, irgendeinen Sinn muss es haben. Und ich gebe keine Ruhe – auch wenn es dann wieder heißt, ich sei unberechenbar, ich solle mich zurückhalten. Was für ein Kampf soll das sein, wenn man ihn übersehen und überhören kann? Er kann gar nicht laut genug sein!

Bürgermeister Kaminsky hat mal zu meiner Mutter gesagt: »Du kannst stolz auf deinen Sohn sein, was er macht für seinen Bruder und seinen Vater. Manchmal ist er hitzköpfig und entschuldigt sich dann aber auch wieder.« Er ist ein guter Mensch, der sich sehr für uns eingesetzt hat. Ihm war immer bewusst, dass er der Bürgermeister einer multikulturellen Stadt ist. Weil er das auch lebte, förderte und für diese Werte stand, hat es auch ihn hart getroffen, dass es in Hanau passiert ist. Seine Vision war, dass sich hier jeder willkommen und zu Hause fühlt, und lange war das auch so. Und es soll auch wieder so sein, auch wenn die Aufgabe nun eine noch größere ist, als es jemals der Fall war.

Nein, ich lasse mich nicht einschüchtern. Wir wollen nicht mehr die unmündigen Opfer sein, sondern uns laut und energisch wehren, mit voller Kraft! Auch wenn immer wieder hässliche Dinge passieren. »Fühlt euch ja nicht sicher, da ist noch viel Platz, wir können das ganze Schaufenster voller Bilder machen!«, rief uns einer zu, als wir einmal vor der Initiative Kaffee getrunken haben. Wie viele Male wurden allein die Gedenkstätten bespuckt, angepisst, zerstört? Das Mahnmal in Würzburg am Dallenberg, das die Gesichter der Toten zeigt, wurde weiß übermalt, dann mit Hakenkreuzen und SS-Zeichen beschmiert. Nur ein Beispiel von vielen. Der Tod von neun Menschen reichte offensichtlich nicht, sie wollen noch mehr Schmerz verursachen, ertragen nicht einmal die Gesichter der Opfer. Aber das müssen sie. Denn wir werden nicht aufhören, sie überall zu zeigen.

Für Gökhan

Seit dem Anschlag geht es in meinem Leben jeden Tag um Rassismus, um Tod, um Neonazis, um Gewalt. Ständig habe ich mit Negativem zu tun, mit Wut, Zorn und Ungerechtigkeit. Meist bin ich dort, wo der Schmerz wohnt, es ist sicheres Terrain, auf dem ich mich inzwischen auskenne. Ich schaue in Abgründe, von denen sich andere abwenden, ich versuche Worte für das zu finden, bei dem anderen die Stimme versagt.

In diesem Buch über die schönen Tage zu sprechen, hat mich vielleicht sogar mehr Überwindung gekostet. Mich an diese Zeiten zu erinnern, als unsere Welt noch ganz war. Es führte mich zurück in unser gemeinsames Kinderzimmer, ließ mich an aufgeschürfte Knie denken, an die warme Stimme meines Vaters und die kleine, klebrige Hand meines Bruders in meiner. So viel Liebe, so viel Trauer. Diese gewaltigen Emotionen schienen fast meinen Brustkorb zu sprengen. Dorthin zurückzugehen, hat mich an meine Grenzen gebracht. Ich habe nicht nur Menschen verloren, sondern auch das Gefühl von Unschuld, von Lebendigkeit, von Vorfreude auf jeden neuen Tag. Die einfachen, alltäglichen Dinge mit meinem Bruder, diese Normalität vermisse ich unendlich.

Ich möchte der Welt eine Erinnerung an Gökhan hinterlassen. Darum wollte ich seine Lebensgeschichte erzählen, ohne etwas zu verheimlichen oder zu verfälschen. Wahrhaftig und authentisch, genauso wie er war und wie er sein Leben gelebt hat. Nicht nur einmal musste ich mich überwinden, auch über Dinge zu sprechen, von denen ich ursprünglich nicht reden wollte. Die schiefe Bahn, die Jahre im Knast. Oft gehört, die Vorverurteilungen. Wieder so ein krimineller Türke! Ich habe diesen Teil seiner Geschichte ganz bewusst erzählt, in aller Ausführlichkeit. Damit niemand, der sie wirklich gelesen hat, jemals wieder so einen Satz sagen kann, ohne sich selbst zu entlarven. Wieder so ein krimineller Türke? Wieder ein Mensch, dem das Schicksal so eine mitgegeben hat, dass er keinen Ausweg wusste. Einer, der seine Fehler in etwas Gutes verwandelt und sich für ein ehrliches Leben entschieden hat.

Während der Arbeit an diesem Buch gab es Momente, in denen ich lächelte, oft habe ich geweint, manchmal wühlte die Erinnerung alles in mir auf, bis in die Eingeweide, sodass ich mich übergeben musste. Ich wollte dieses Buch schreiben, um meinen Bruder wieder lebendig werden zu lassen. Aber es bedeutete auch, den Verlust in seiner ganzen Gewalt zu spüren. Er drückte mich nieder und schnürte mir die Luft ab. Ich atmete weiter. Wie das geht, das lerne ich seit dem 19. Februar an jedem Tag.

Gökhans Buch. So nenne ich es. Es ist ein bisschen wie seine Wiedergeburt. Auch wenn er nicht mehr lebt, gibt Gogo mir Kraft und Moral, er hat mich gelehrt zu kämpfen, zu glauben, zu hoffen, und sogar über den Tod hinaus ist er meine größte Stütze, so wie er es eben immer war.

Gökhan lachte, als die Kugel ihn traf, aber ich habe nie wieder aus dem Herzen heraus lachen können. Seit er nicht mehr da ist. Für ihn zu kämpfen, fällt mir leicht. Doch die schwierigste Aufgabe meines Lebens ist, eines Tages wieder Glück zu empfinden. Und wenn es mir je gelingt, dann durch ihn.

»Mein Leben ist so krass, daraus kann nur ein Buch oder ein Film werden.«

Gökhan Gültekin

Über dieses Buch

Von Mutlu Koçak

Eine Träne läuft mir die Wange herunter und tropft auf mein Hemd. Frust und Trauer zerdrücken meinen Brustkorb. Es ist wieder passiert. Im Fernsehen sehe ich Muhammed im Krankenhausbett liegen, seine Schulter ist dick verbunden, eine Kanüle steckt noch in seinem Arm. Sein Gesicht schmerzverzerrt, als ein Angehöriger ihm vorsichtig in sein rosafarbenes Hemd hilft, frisch gebügelt, für das Interview mit den Leuten von der Presse. Er erzählt, wie er den Anschlag in der Arena Bar überlebt hat. Seine Stimme bebt, als wieder dieses Bild vor seinen Augen entsteht: wie der Rassist wortlos auf ihn und seine Freunde zielte, wie sie starben, wie einer der Verletzten seinen Kopf fest in seine Hände nahm und ihn auf die Stirn küsste. Und davon, welche Pläne sie hatten, welche Träume. Die, die jetzt nicht mehr da sind.

Erst ein paar Tage sind seit dem 19. Februar 2020 vergangen. Der Regen hat die Blutspuren auf den Straßen vor den Tatorten noch nicht komplett weggewaschen. Die Familien suchen noch verzweifelt nach den Leichen der Verstorbenen. Und die Wunden, die niemals verheilen werden, sind noch nicht einmal oberflächlich verschlossen. Noch weiß ich nicht, dass der junge Mann von seinen Freunden nur »Momo« genannt wird. Wir sind uns bis dahin noch nie begegnet, aber er könnte ein Freund von mir sein, einer meiner Brüder. Das Unbegreifliche steht ihm ins Gesicht geschrieben. Sie hatten doch nur zusammen abhängen wollen, in diesem heruntergerockten Laden mit Daddelautomaten, in den man nur ging, wenn es zu kalt war, um draußen abzuhängen. Chillen, Champions League, Pizza.

Eine Normalität, die auch meine hätte sein können. Und die eines jeden anderen. So unerträglich viele rassistisch motivierte Anschläge hat es in Deutschland gegeben. Aber selten so bedrohlich, direkt und vor allem in diesem Ausmaß, das ging mir extrem nah. Der Täter hatte in Bayreuth studiert, wo ich selbst auf der Berufsschule war. Hanau war alles, aber vielleicht eben genau das, wofür Momo stand und was er in diesem Moment fühlte und vermittelte. Jeden kann es zu jeder Zeit treffen, mich und alle, die zu mir gehören. Jeden, der in den Augen eines Neonazis nicht zu Deutschland gehört.

Viele sagen, Hanau war eine Zäsur, ein markanter Einschnitt, der alles verändert. Der die Zeit teilt in ein Davor und ein Danach. Doch das stimmt nicht. Hanau müsste eine Zäsur sein. Aber noch immer kämpfen wir darum, dass es zu einer wird. Dass es nicht nur Worthülsen sind, wenn es wieder heißt: »So etwas darf nie wieder passieren.« So wie immer. Wir haben es satt.

Rassismus ist wahrscheinlich so alt wie die Menschheit selbst. Nie hat er etwas Gutes hervorgebracht, stattdessen unendliches Leid. Ethnien gibt es nicht, um sie zu hassen, vielmehr sind sie dafür da, dass wir uns kennenlernen und untereinander austauschen, voneinander lernen. Die Idee, dass es aufgrund genetischer und ethnischer Merkmale unterschiedliche Kategorien von Menschen gäbe und sich daraus eine Abstufung ableiten ließe, wurde erfunden, um eine Hierarchie zu schaffen, in der weiße Menschen ganz oben stehen. Erinnern wir uns nur an die Kolonialverbrechen in Deutsch-Südwestafrika von 1904 bis 1908. Gerechtfertigt durch pseudowissenschaftliche Rassentheorien, begingen mächtige Kolonialherrschaften einen bestialischen Völkermord an den indigenen Herero und Nama. Nicht nur vor Ort wurden Menschen ausgebeutet, vergewaltigt und umgebracht, auch in europäischen und nordamerikanischen Städten gab es die sogenannte Völkerschau, menschliche Zoos, in denen man die »exotischen Wilden«, gekleidet in traditionelle Gewänder, in Käfigen oder auf der Bühne zur Schau stellte. Auch in Deutschland war es eine beliebte Attraktion. *Kanaken der Südsee* hieß eine Ausstellung, die 1931 beim Münchner Oktoberfest gezeigt wurde, man machte sich schick und nahm die Kinder mit, um gemeinsam über die Menschen zu lachen, sie zu beleidigen oder sie zu bespucken. Sogar an Universitäten wurden Schädel der indigenen Völker vermessen, um zu beweisen, wie zurückgeblieben sie angeblich waren. Zu Forschungszwecken wurden Menschen hergebracht, verkauft und im Namen der Medizin zu Tode gequält. Die letzte Völkerschau fand noch im Jahr 1958 in Brüssel statt.

Rassentheorien ebneten auch den Weg für den Holocaust. Zwischen 1933 und 1945 töteten die Nazis 17 Millionen Menschen, davon allein über sechs Millionen Juden. Auch Menschen anderer Herkunft oder mit Behinderungen, Sinti und Roma sowie Homosexuelle wurden umgebracht. Eines der dunkelsten Kapitel der Weltgeschichte. Diese kranke Ideologie hat sich in die Köpfe vieler Menschen eingefressen – auch nach 1945 lebt sie weiter, nur zeigt sie heute ein anderes, aber gleichermaßen abstoßendes Gesicht.

Mein Opa kam 1973 als Gastarbeiter aus der Türkei nach Deutschland, um Geld zu verdienen und nach dem Zweiten Weltkrieg das Land und die Wirtschaft mit aufzubauen. Für die Industrie stellte er Pulver, Pasten und Druckfarben her. Durch den Kontakt mit Chemikalien, die er und seine Kollegen ungeschützt einatmeten, wurden viele der damaligen Gastarbeiter im Laufe der Jahre schwer krank, einige bekamen Krebs. Auch er ist an den Spätfolgen gestorben, wurde nur sechsundsechzig Jahre alt. Manchmal, so erzählt es mein Vater, erkannten er und seine Geschwister ihren eigenen Vater nicht, wenn sie ihn von der Arbeit abholten, da er von Kopf bis Fuß von Staub überzogen war und seine Haut durch die Chemikalien glitzerte. Wenn jemand zu ihm sagte: »Geh arbeiten, scheiß Türke!«, dann verstand er es anfangs nicht und lächelte freundlich.

Dann die zweite Generation: Meine Tante ging bereits hier zur Schule. Perfekt der Sprache mächtig, gehörte sie nun zu jenen, die verbale Angriffe verstehen konnten. »Was wollt ihr werden?«, wurden die Kinder ihrer Grundschulklasse gefragt. Sie zählten auf: Ärztin, Polizist, Fußballer. Doch bevor meine Tante selbst für sich sprechen konnte, erledigte das der Lehrer und teilte sein diskriminierendes Weltbild mit den anderen Kindern: »Die Rabia brauche ich gar nicht zu fragen, die wird in die Türkei zurückgehen, verheiratet werden und darf dann ihr Leben lang Ziegen und Kühe melken.« Weinend ging sie nach Hause. Zum ersten Mal war sie explizit mit den Vorurteilen konfrontiert worden, die Menschen von deinem Land, deiner Kultur und deiner Religion haben – und das auch noch von einem Pädagogen, der gleich die ganze Klasse damit infiltrierte. Vielleicht auch, um dem etwas entgegenzusetzen, ist meine Tante später Erzieherin geworden.

Als Seydi Battal Koparan sterben musste, war ich noch nicht auf der Welt. Er gilt als erstes türkisches Opfer rassistischer Gewalt in Deutschland – das erste offizielle. In der Silvesternacht 1980 erschlug eine rechtsextreme Biker-Gang den fünffachen Familienvater in Ludwigsburg. Seydi war unterwegs gewesen, um seinen geistig behinderten Sohn zu suchen, der verloren gegangen war. Als er in einer Gaststätte nach ihm sehen wollte, wurde er von einem Mob rechtsradikaler Neonazis mit einer Eisenstange totgeprügelt. Es war offenbar ihr Stammlokal. Mediales Interesse gab es kaum.

Die rechte Gewalt steigerte sich. 1980 das Oktoberfestattentat, das zu einem prominenten Fall geworden ist: dreizehn Tote, zweihunderteinundzwanzig Verletzte. 1982 die drei Morde in einer Nürnberger Diskothek; es starben keine Türken, aber erstmals zeigte sich im größeren Stil der Türkenhass in unserer Gegend. Den Zivilpolizisten, die an der Häuserfront in Deckung gingen, rief der Neonazi zu: »Sie brauchen nicht in Deckung zu gehen, ich schieße nur auf Türken!« 1984 ein Brandanschlag in Duisburg-Wanheimerort auf ein von Türken bewohntes Haus, bei dem sieben Menschen ums Leben kamen, darunter fünf Minderjährige. Das jüngste Opfer hieß Tarik Turhan und war gerade fünfzig Tage alt, als er erstickt und verbrannt ist – so krank ist diese Ideologie. Beim Brandanschlag von Schwandorf 1988 starben drei Türken und ein Deutscher, erst einundzwanzig Jahre später wurde mit einer Gedenkstunde offiziell daran erinnert. Dieser Anschlag passierte drei Jahre vor meiner Geburt, nur sechzig Kilometer entfernt von dem Ort, an dem ich geboren wurde und aufgewachsen bin: Auerbach in der Oberpfalz. Dann der 17. November 1990, kurz nach der Wiedervereinigung, erneut in Bayern. Ein Haus, in dem eine türkische Familie lebte, wurde niedergebrannt, der fünfjährige Zafer starb. Die »Anti-Kanaken-Front« reklamierte die Tat mit einem Bekennerschreiben für sich, die Polizei ging der Sache aber nie nach. Über dreißig Jahre später wurde der Fall wieder aufgenommen, bleibt aber ungelöst. Nur ein paar Wochen danach traten in Eberswalde Skinheads so lange auf Amadeu Antonio Kiowa aus Angola ein, bis er starb.

So viele verlorene Leben – tragischerweise noch viel mehr, als ich exemplarisch hier aufzähle. Was in der Welt vieler Bewohner dieses Landes gar nicht existiert oder nur nebenbei wahrgenommen wird, ist unser Alltag. Es bestimmt unsere Gefühle und Gedanken. Einige Menschen wissen genau, wovon ich spreche. Die Geschichten jener, die gehetzt, verfolgt, angezündet, erstochen, erschossen, zu Tode geprügelt, auf bestialische Art und Weise umgebracht wurden. Menschen verschiedener Abstammung, ganz besonders aber Türken, standen im Fokus der Aggression. Und speziell nach der Wiedervereinigung ging es richtig ab, die Statistik zeigt einen drastischen Anstieg, was Anschläge rechter rassistischer Gewalt angeht. Während ich 1991 geboren wurde, irgendwann die ersten vorsichtigen Schritte in meiner heilen Welt machte, waren die Neonazis auf dem Vormarsch.

Manche der Anschläge wurden kaum beachtet, andere bekamen größere Aufmerksamkeit. 1992: Rostock-Lichtenhagen, das Sonnenblumenhaus. Ein Mob aus Neonazis und Nachbarschaft machte Jagd auf Vietnamesen und Roma, sie warfen Molotowcocktails in die Asylunterkunft, während Tausende applaudierten, jubelten und »Ausländer raus« riefen. Als ich später in einer Doku die Blicke der Menschen auf den Balkonen des brennenden Hauses sah, hatte ich zum ersten Mal eine Vorstellung davon, was Todesangst bedeutet. Im selben Jahr geschah der Brandanschlag in Mölln, drei getötete Türkinnen, zwei davon minderjährig. Fünf Monate später, im Mai 1993, Solingen: fünf türkischstämmige Frauen und Mädchen, drei davon minderjährig, erstickt und verbrannt. Beide Ereignisse markieren einen speziellen

Abschnitt, weil sie so dicht hintereinander passierten und nur Türken betroffen waren. Uns schien man besonders zu hassen – Muslime im Allgemeinen und Türken im Besonderen.

Diese Terroranschläge riefen medial großes Interesse hervor, die Leute gingen auf die Straße und protestierten, waren wütend, wollten die Zustände nicht akzeptieren. Die Politik sah zu. Der damalige Bundeskanzler Helmut Kohl war anderweitig beschäftigt und auch zuvor bei der Trauerkundgebung von Mölln nicht dabei gewesen. Sein Sprecher erklärte seine Abwesenheit damit, dass »weiß Gott andere wichtige Termine« anstünden und man schließlich nicht in »Beileidstourismus ausbrechen« wolle.[49] Kein Mitgefühl, keine Empathie, keine Zuwendung für die Opfer. Der Gewalt wurde nichts entgegengesetzt, nicht von dieser Seite. Mevlüde Genç hingegen, die in Solingen zwei ihrer Töchter, eine Nichte und zwei Enkelinnen verloren hatte, wurde zur Friedensbotschafterin. Bis zum Ende ihres Lebens im Jahr 2022 hat sie sich für Versöhnung ausgesprochen und bekam dafür das Bundesverdienstkreuz.

Dass Menschen aufgrund ihrer Herkunft sterben müssen, wusste ich zu Anfang meiner Grundschulzeit noch nicht. Aber meine ersten Erinnerungen an rassistische Erfahrungen liegen, wie bei meiner Tante, ebenfalls in dieser Zeit. Dinge, die Kinder am Tisch der Eltern mitbekommen hatten, spuckten sie in der Schule ungefiltert raus. »Kümmeltürke«, »Kameltreiber«, »Kanake«. Es war ein fester Bestandteil meines Aufwachsens und wurde heftiger, je älter ich wurde. Uns war bewusst, dass die Leute anders guckten, wenn mich meine Mutter mit Kopftuch von der Schule abholte. Später gab es Provokationen, wenn ich mit Freunden unterwegs war, die oft in Prügeleien endeten. Meine Familie hatte immer auch deutsche Freunde, aber wir wussten, es gibt Menschen, die uns einfach aus Prinzip ablehnen, auch wenn wir ihnen nie etwas getan haben.

Mit dem Zugang zum Internet nahm meine Sensibilität für das Thema zu, angefangen mit Enver Şimşek, dem ersten Opfer der Mordserie des NSU, wie wir heute wissen. Nürnberg im Jahr 2000. Da der

Anschlag in unserer Gegend passierte, war er ein häufiges Thema sorgenvoller Gespräche bei vielen zu Hause. Und es ereigneten sich weitere Morde in unmittelbarer Nähe. 2001 mit Abdurrahim Özüdoğru der nächste Tote in Nürnberg – es sollte jedoch zweiundzwanzig Jahre dauern, bis er die nötige Anerkennung als Opfer rassistischer Gewalt bekam und ein kleiner Park nach ihm benannt wurde.

Ich war ein neugieriger Junge, las viel, versuchte, Zusammenhänge zu erkennen. Als die Morde passierten, wollte ich verstehen: Warum werden immer wieder Türken umgebracht? Mit den gleichen Waffen? Dass es Neonazis sein könnten, habe ich anfangs fast nie jemanden aussprechen hören. Als das Morden aber weiterging, verstanden wir allmählich das Motiv hinter den Taten.

Als Jugendlicher fing ich an, mich zu engagieren, speziell in den Bereichen soziale Arbeit und Prävention. Ich habe Fußballturniere veranstaltet, Schulklassen und Gruppen durch muslimische Gebetsräume geführt und über unseren Glauben erzählt, war sehr interessiert, was gesellschaftliche Themen und die Funktion des Brückenbauers angeht. Für viele Projekte setzte ich mich ehrenamtlich ein. Ich bin schon immer ein Mensch gewesen, der den Dialog sucht, habe gegen Vorurteile und Klischees angekämpft und tue es bis heute, auch wenn es mich viel Kraft kostet. Auch im Freundeskreis habe ich über die Fälle aufgeklärt, die ich inzwischen intensiv verfolgte. Ich wollte jedes Detail kennen. Während ich noch zu begreifen versuchte, ging die Gewalt weiter: Im Jahr 2005 verbrannte Oury Jalloh auf ominöse Weise in einer Gewahrsamszelle der Polizeistation Dessau.

Ein Ding nach dem anderen passierte. Und auch in meinem Leben wurde der Rassismus präsenter. Auf dem Gymnasium, wo seinerzeit unter tausend Schülern nur vier oder fünf die gleiche Herkunft hatten wie ich, musste ich mich gegen manchen Lehrer und Schüler wehren. Vor allem von Älteren wurde ich oft angegriffen – verbal und körperlich, auch wenn ich mich wehrte und mir nichts gefallen ließ.

Parallel dazu wurde, wieder in Nürnberg, 2005 Ismail Yaşar mit fünf Schüssen getötet. Mein Vater kannte ihn sogar flüchtig aus seinem Döner-Imbiss in der Nähe des türkischen Konsulats. Fast jeder,

der dort ab und zu mal etwas erledigen musste, hatte schon bei ihm gegessen oder sich etwas mitgenommen.

Es ging bundesweit und nahezu pausenlos weiter, die Bereitschaft zu töten wurde größer, die Gewalt grenzenloser. Sinnbildlich für die Grausamkeit, die vor nichts und niemandem Halt macht, steht der Mord an Marwa El-Sherbini im Jahr 2009. Die kopftuchtragende, schwangere Ägypterin wurde mitten im Dresdener Landgericht aus rassistischem und islamfeindlichem Hass von einem Rechtsradikalen mit mindestens sechzehn Stichen auf bestialische Art und Weise ermordet, verblutete vor den Augen ihres dreijährigen Sohnes.

Etwas später, ich war zu diesem Zeitpunkt bereits Klassen- und Schülersprecher, las ich in dem Buch *Türken-Sam* des Hamburger Autors Cem Gülay, dass Neonazis schon in den Neunzigerjahren in vielen Großstädten Deutschlands Hetzjagden auf Türken machten und wie man anfing, sich dagegen zu wehren. Es war lange abzusehen gewesen, dass mit der Zeit alles nur schlimmer werden würde.

Dann die Teilenttarnung des NSU am 4. November 2011, als zwei Terroristen aus dem NSU-Komplex tot in einem ausgebrannten Wohnmobil gefunden wurden, Beate Zschäpe ihre Zwickauer Wohnung abfackelte und Bekennervideos versandte. Bis dahin hatten die Ermittler der Polizei rechtsextreme Hintergründe der Verbrechen weitgehend ausgeschlossen und Täter im Umfeld der Opfer gesucht, was viele Angehörige stigmatisierte. Als die wahren Hintergründe ans Licht kamen, war ich nicht überrascht oder geschockt – ich fühlte mich in dem bestätigt, was ich immer schon befürchtet hatte. Aber dennoch machte es mich fassungslos. Wie ist es möglich, dass so etwas passiert, in einem Land, in dem doch angeblich alles seine Ordnung hat?

Inmitten dieser aufgewühlten Gefühlslage wurde 2012 Burak Bektaş in Berlin-Neukölln erschossen, mutmaßlich von einem Rechtsterroristen. Bis heute ist der Täter nicht gefasst und die Familie ringt um Aufklärung.

2013, Auerbach in der Oberpfalz, eine dubiose Geschichte, die ebenfalls von Rassismus geprägt ist. Die meiner Familie. Mitten in der Nacht fing unser Haus im Erdgeschoss an zu brennen. Mein Vater hatte dieses Haus für uns gekauft, und wir hatten zwei Mieter, unsere Familie wohnte ganz oben. Ich saß mal wieder bis tief in die Nacht am Rechner und recherchierte, was ich früher schon getan hatte und bis heute tue – auch für die Arbeit an diesem Buch. Ich vergesse dann die Zeit, beiße mich fest und gehe viel zu spät schlafen.

Wir wohnten mitten in der Innenstadt, direkt vor unserer Tür befand sich eine Bar. Ich hatte komische Geräusche gehört, vermutete aber, dass sich ein paar Besoffene prügelten und dabei Flaschen zu Bruch gingen. Aber dieses Mal waren es die Fenster im Erdgeschoss. Besucher eines Kneipenfestivals sahen die Flammen und klingelten bei uns. Mein Vater wurde von dem Klingeln wach und versuchte zu verstehen, was los war. Ich bemerkte den Brandgeruch und konnte rechtzeitig alle anderen wecken. Innerhalb von Sekunden war alles voller Qualm. Nur knapp sind wir dem Tod entkommen, beinahe wären wir erstickt und verbrannt. Meine Eltern, meine beiden Brüder und ich.

Doch bis man uns mit Rauchvergiftungen auf die Intensivstation im Krankenhaus bringen konnte, verging eine qualvolle Stunde, denn jemand hatte die Schlüssel der beiden Krankenwagen, die vor Ort waren, geklaut – später wurden sie in einer Mülltonne gefunden. Ein Unbekannter griff während der Löscharbeiten sogar einen Feuerwehrmann an. Viel später erst habe ich mitbekommen, dass einer unserer Mieter zuvor bei der Bundeswehr entlassen worden war, weil er Munition gestohlen hatte, und in seiner Wohnung, also im ersten Stock unseres Hauses, Nazi-Devotionalien gefunden worden waren. Als unser Haus in Flammen stand, setzte er einen Post auf Facebook ab: *Burn, Motherfucker, burn! Jetzt wisst ihr, wie es euren Landsleuten in den Neunzigern ging!* Eine klare Anspielung auf die Anschläge in Mölln und Solingen.

Wenn ich heute diesen Satz niederschreibe, weiß ich kaum, wohin mit meiner Wut. Die Sache konnte nie aufgeklärt werden, man ging unseren Aussagen nicht einmal nach. Es hieß, ein Kühlschrank in der Wohnung der anderen Mieterin, die sich danach nie wieder blicken ließ, sei explodiert. Aber der niederträchtige Kommentar des Neonazis spricht eine andere Sprache. Er wurde nicht zur Rechenschaft gezogen, Konsequenzen gab es keine. Nur für uns, die wir um unsere Existenz kämpften. Und fortan mit dem Gedanken leben mussten, dass uns jemand nach dem Leben trachtet.

Der Terror setzte sich weiter fort. 2016 krachte es in München am und im Olympia-Einkaufszentrum. Sieben der neun Todesopfer waren Muslime, eines war ein Rom und eines ein Sinto. Lange Zeit wurde das Verbrechen als Amoklauf bezeichnet, obwohl es eindeutig ein rechtsextremistischer Anschlag war.

Neben meinem Beruf als Informatikkaufmann studierte ich inzwischen Soziologie und Politikwissenschaften. Ich fing an, mich noch stärker zu engagieren, und beschloss, Erfahrungen und Recherchen niederzuschreiben und im Rahmen eines Buches zu veröffentlichen. Für dieses Projekt hatte ich Kontakt zu Atilla Özer aufgenommen, der 2004 beim Nagelbombenanschlag des NSU-Komplexes in der Keupstraße in Köln-Mühlheim schwer verletzt worden war. Ich wollte ihn zum Thema NSU interviewen. Wir hatten fest geplant, uns zu treffen. Doch ein Jahr später verstarb er. Den Anschlag hatte er überlebt, aber nicht dessen Spätfolgen. Die ewigen Kreuzverhöre, die Beschuldigungen durch die Polizei, das Trauma der Gewalt. Er entwickelte starke Depressionen, nahm Beruhigungsmittel, bekam Bauchspeicheldrüsenkrebs, den er zwischenzeitlich besiegte, aber irgendwann versagten seine Organe. Wenn ich heute unsere alten Chats durchlese und an ihn denke, wird mir bewusst, wie viele Todesopfer es auch lange nach den Anschlägen noch gibt. Das macht mich unfassbar traurig.

2019 wurde Walter Lübcke ermordet, weil er sich für Geflüchtete eingesetzt hatte. Einen Monat später schoss ein Neonazi in Wächtersbach auf einen aus Eritrea stammenden jungen Mann. Dann Halle, Oktober 2019, ein antisemitischer rassistischer Anschlag auf eine Synagoge und eine Dönerbude. Jana Lange und Kevin Schwarze verloren dabei ihr Leben.

Als nur wenig später der 19. Februar 2020 passierte, wurden in der Presse Begriffe wie »Shisha-Morde« und andere eklige, sensationslüsterne Bezeichnungen benutzt. Wie Medien über rassistische Morde berichten, dürfte bei den Rechten zu großer Begeisterung führen, denn der Rassismus wird damit konsequent fortgesetzt. Hetzten Politiker doch mit Vorliebe gegen Shisha-Bars, war dies nun die Bestätigung, dass da offenbar nur schlimme Dinge passierten. Und da dort ohnehin nur Drogendealer und Clan-Mitglieder hausierten, hatte es nun offenbar die Richtigen getroffen – so dachten viele.

Auch bei der NSU-Mordserie sprach man – ganz im Sinne der Ideologie der Täter – von »Döner-Morden«. Doch es waren weder Döner noch Wasserpfeifen, die umgebracht worden waren. Sondern Menschen. Offensichtlich hatte man nichts gelernt aus den schrecklichen Jahrzehnten rechter Anschläge, obwohl wir mit dem Thema doch angeblich schon so weit sind in dieser Gesellschaft. Alles fängt mit Worten an, wir dürfen ihr Gewicht nicht unterschätzen.

»Nie wieder«, so wird es oft heuchlerisch rausgehauen. Dabei müsste es eigentlich heißen: »Bis zum nächsten Mal!« Gebessert hat sich so gut wie nichts, stattdessen haben sich die Dinge sogar signifikant verschlechtert, erschreckend verschlechtert, tödlich verschlechtert, wie es uns der 19. Februar 2020 erneut gezeigt hat. Knapp sechs Minuten, die in die Geschichte eingingen und unsere Welt in Schutt und Asche legten – und das alles mit mehrmaliger Ankündigung des Täters. Während man sich die gute Stimmung nicht verderben lassen wollte und – sogar direkt nebenan in Frankfurt! – munter Karneval feierte, ging in Hanau die Hölle ab. So gespalten ist das Land, so wenig interessiert man sich für das Schicksal anderer.

Aber es gab auch Gesten, die mir Kraft gaben. Als ich nach dem 19. Februar nach Hause kam, hatte meine deutsche Nachbarin, die ich bis dahin kaum kannte, einen Zettel und weiße Rosen vor unserer Tür hinterlegt. Sie schrieb, wie erschüttert sie sei und dass sie in Gedanken bei uns sei. Als Akt der Freundschaft schenkte ich ihr im Gegenzug eine muslimische Gebetskette, die seitdem unter ihrem Rückspiegel im Auto hängt und sie täglich begleitet.

Parallel setzten sich jedoch die negativen Ereignisse fort. Einen Tag nach der offiziellen Trauerveranstaltung für die Toten von Hanau erhielt die Röthenbacher Moschee, die ich schon mehrfach besucht hatte, einen mit einer scharfen Patrone versehenen Drohbrief: *Ihr werdet niemals sicher sein!* Eine Seite schickt uns Rosen, die andere Kugeln. Wie paradox.

Ich fing an, intensiv zu Hanau zu recherchieren, zu archivieren und meine Gedanken aufzuschreiben. Im Fernsehen sah ich in der folgenden Zeit Interviews mit den Hinterbliebenen, auch von Çetin Gültekin. Seine Wutrede auf dem Hanauer Marktplatz beeindruckte mich, vor allem, wie die Menge auf ihn reagierte. Dieser Mann berührte auch mich auf ganz besondere Weise. Und ich wusste: Das ist der Mensch, mit dem ich für mein Buchprojekt sprechen möchte. Auch wenn mir noch nicht klar war, dass es etwas ganz anderes werden würde als ursprünglich geplant.

Viele Opfer rechter rassistischer Gewalt ziehen sich zurück und möchten nie wieder etwas damit zu tun haben, wollen das Land verlassen, sich höchstens still an Aktionen beteiligen. Das ist verständlich, jeder geht mit der Trauer anders um, viele haben Angst, zur Zielscheibe zu werden. Manche Opfer werden auch von der Politik stillgestellt und mundtot gemacht oder haben es einfach satt, darüber zu reden. Aber es gibt auch Menschen wie Çetin. Einer, der sich traut, die Wahrheit auszusprechen, der Angst und Rassismus die Stirn bietet. Der lauter wird, wenn andere verstummen. Der Sachen raushaut, die andere sich nicht zu denken trauen. Der dahin schaut, wo es unerträglich wird. Er hat dieses Feuer, sein Schmerz lässt es brennen und ihn gegen dieses Ungeheuer kämpfen, das unser Zusammenleben kaputtmacht.

Ein Jahr nach dem Anschlag trafen wir uns zum ersten Mal in Hanau. Je besser wir uns kennenlernten, desto mehr wuchsen Sympathie und Empathie. Wir sprachen über seinen verstorbenen Bruder, und mir wurde klar, wie krass Gökhan Gültekins Leben war, wie viel dieser Mann durchgemacht hatte. Und was für einen außergewöhnlichen Menschen die Welt mit ihm verloren hat. Mehr als die Gesichter der Toten und ein paar grobe Infos zur Biografie der Hanauer Opfer kannte man bisher nicht. Literatur gab es keine. Um der Öffentlichkeit begreiflich zu machen, was es bedeutet, ein Leben aus rassistischen Motiven auszulöschen, und welche Verwüstung es hinterlässt, emotional, familiär, finanziell, wollten wir diese Menschen wieder auferstehen lassen. Jeder sollte die Opfer solcher Taten als die eigene Schwester, den eigenen Bruder, den besten Freund, das Kind, die Mutter oder den Vater betrachten, sonst würde sich nichts ändern. Gökhan. Er hätte auch euer Bruder sein können.

Çetin und ich – wir waren es längst. Wir beschlossen, gemeinsam diesen Weg zu gehen. Über zwei Jahre haben wir intensiv an diesem Buch gearbeitet. Irgendwann hörten wir auf, meine Besuche in Hanau zu zählen. Zusammen waren wir an den Tatorten, auf dem Friedhof, wo alle Opfer eine Gedenktafel haben, auch die, die nicht dort beerdigt wurden. Ich habe mit Überlebenden, Angehörigen, Freunden, Wegbegleitern und der Frau gesprochen, die Gökhans Kind nach dem Anschlag verloren hat. Je mehr ich erfuhr, desto deutlicher wurde: Auch vor dem 19. Februar hatte er ein so bewegtes und bewegendes Leben geführt, das es wert war, jedem davon zu erzählen. Er hatte recht gehabt, es war wirklich filmreif.

Çetin hatte bereits von anderen alle möglichen Anfragen zu einem Buch über Hanau bekommen, und er hatte jede davon abgelehnt. Denn er wollte nichts anderes als die Geschichte seines Bruders erzählen. Schweiß und Tränen hat es uns beide gekostet. Wir haben zusammen Unmengen an Çay getrunken, viel zu viel geraucht und zu wenig geschlafen, weit über hundert Stunden lang Interviews geführt. Auch gemeinsam geschwiegen. Çetin musste oft über seinen Schatten springen, um mir und damit der Öffentlichkeit alle Facetten dieser extrem persönlichen Geschichte aufzuzeigen. Die schönen, traurigen, brutalen, schambesetzten. Das ist ihm nicht leichtgefallen und verdient unseren ganzen Respekt, denn er leistet damit einen immens wichtigen Beitrag zur Rassismus-Debatte.

Auch mich brachte die Härte dieser Geschichte an meine Grenzen.

Wenn bei Çetin die Tränen kamen, habe ich versucht, mich zusammenzureißen, nicht immer gelang es mir. Bei seiner Anwältin Seda Başay-Yıldız habe ich mir die Bilder der Obduktionen und Tatorte mit all ihren Details ansehen müssen. Ich schreibe bewusst »müssen«, weil ich die Dimension dessen, was er mir darüber erzählte, sonst nicht hätte begreifen und wiedergeben können. Es sind Bilder, die ich selbst nie verarbeiten werde können. Doch genau das war bei der Arbeit an diesem Buch unser Antrieb: das Ganze in all seiner Brutalität zu offenbaren – mit dem Ziel, den Lesern zu zeigen, was Rassismus anrichtet, was er von einer Familie übrig lässt.

Hätte ich Gökhan Abi kennengelernt, wir hätten sicherlich einen speziellen Draht zueinander gehabt, so ein großartiger Mensch, wie er gewesen sein muss. Möge er seinen Platz im Paradies bekommen, eines Tages werden wir uns sicherlich begegnen. Er hat mich mit seiner Geschichte berührt und wird jeden berühren, der wie ein Mensch fühlt. Trotz all der heftigen Tiefschläge blieb er positiv, machte gar Witze über seine schlimmen Erlebnisse. Seine bewegende Lebensgeschichte ist hiermit in die Geschichte eingegangen und wird dort einen besonderen Platz einnehmen.

Während Gökhans Mörder sich aus der Verantwortung gestohlen hat, müssen die Familien das Leid ihr Leben lang tragen. Und Hanau kommt nicht zur Ruhe. Wo die Wunden noch nicht einmal zu heilen begonnen haben, werden sie erneut aufgerissen. Erst im Juni 2023 ist ein Betroffener des Anschlags unmittelbar zum Opfer geworden: Cenk, der Sohn von Kemal, dem Betreiber des Kiosks, in dem Gökhan starb. Er war zwar damals nicht im Laden gewesen, denn Gogo hatte seine Schicht übernommen, aber er hatte in der Nacht gute Freunde verloren. Nun wurde er selbst getroffen. Als ein Nachbar zwei Frauen vor seinem Wohnhaus belästigte, forderte Cenk ihn auf, sie in Ruhe zu lassen. Daraufhin hielt der Mann ihm eine Waffe an den Kopf und schoss ihm dann in den Oberschenkel. Cenk verlor extrem viel Blut, wurde notoperiert und hat zum Glück überlebt. Viele Wochen verbrachte er in der Klinik und in der Reha. Sogar schon vor dem 19. Februar war der Täter auffällig geworden, weil er junge Männer mit Migrationshintergrund mit Waffen bedroht hatte, für die er keine Erlaubnis besaß, und sich öffentlich türken- und islamfeindlich äußerte. Aber ein rassistisches Motiv wollte wieder mal keiner sehen.

Und so geht der Hass weiter. Angriffe auf Flüchtlingsheime, Moscheen, Menschen mit anderer Hautfarbe, mit Kopftüchern, Menschen, die auffällig sind für jene, die ein Problem mit allen haben, die nicht so aussehen wie sie.

Laut einer Untersuchung stimmt jeder zweite Deutsche muslimfeindlichen Aussagen zu, und mindestens zwei feindliche Vorfälle dieser Art geschehen tagtäglich in Deutschland. Die Dunkelziffer ist weitaus höher, da viele dieser Fälle nicht als solche deklariert werden oder auch unbekannt bleiben.[50] Aber warum gibt es bis heute keine Bundes- und Länderbeauftragten gegen Muslimfeindlichkeit, die wir schon lange fordern? Sie sind überfällig – zumal nahezu jeder Anschlag und die kranke Ideologie der Täter einen islamophoben Bezug hat.

Über Rassismus muss gesprochen werden, egal, ob auf der Arbeitsstätte oder sonst wo, aber ganz besonders an Schulen. Mich hätte es gestärkt, und ich wäre anders durchs Leben gegangen, hätte ich bereits in jungen Jahren mehr darüber erfahren. Auch über die Migrationsgeschichte und darüber, was unsere Großeltern und Eltern geleistet haben. Die Mitschüler, deren Eltern ihnen schon früh mitgegeben haben, dass nicht alle Menschen den gleichen Wert haben, hätten vielleicht am Familientisch zu diskutieren begonnen.

Rechter Terror ist ein Teil der Historie dieses Landes, wenn auch ein trauriger, und darf nicht unter den Teppich gekehrt werden. Er bedarf einer harten und konsequenten Strafverfolgung. Über viele dieser Verbrechen ist oft nicht mal Literatur oder ein Film zu finden, das darf nicht sein. Auch Museen und Vereine sehe ich in der Verantwortung, dem Thema mehr Raum zu geben. Hinterbliebene müssen zu Veranstaltungen eingeladen und einbezogen werden, sollen selbst zu Wort kommen und zitiert werden. Wenn dieses Buch auch nur einen einzigen Menschen mit rechter Gesinnung dazu bringt, umzudenken, oder Menschen motiviert, gegen Rassismus aktiv zu werden, dann hat sich all die Arbeit gelohnt.

Mich hat keiner gefragt, wo ich auf die Welt kommen möchte, ich bin hier geboren und aufgewachsen, ein Teil dieses Landes. Die Welt ist groß genug für alle Ethnien, Kulturen und Religionen. Respekt, Toleranz und Akzeptanz allen Menschen gegenüber sind die Grundpfeiler des Zusammenlebens. Wenn wir das nicht verstehen und vermitteln, haben wir ein Problem, und das ist vielfältig. Wir leben in einer multikulturellen Gesellschaft und müssen viel dafür tun, dass sie weiter zusammenwächst, jeder Einzelne von uns. Sonst wird Hanau nur ein Zwischenstopp und keine Endstation sein. Es wird ein harter Weg werden, aber ich glaube fest daran, dass das Gute im Menschen gewinnen wird und wir das schlimmste Virus der Menschheit besiegen können.

Die letzten Zeilen dieses Buches mögen geschrieben sein, aber der Kampf gegen den Rassismus beginnt damit erst. Ich habe den Spirit eines Killa Hakan. Der türkische Rapper und Mitglied der legendären Jugendbande *36 Boys* war Ende der Achtziger- und Anfang der Neunzigerjahre bei den Revierkämpfen gegen Neonazis in Berlin als Kreuzberger Junge vorn mit dabei. Als Jugendlicher habe ich alle Berichte und Dokumentationen über ihn inhaliert. Auch Menschen wie er geben uns die Motivation, nicht aufzugeben. Zu der Zeit wurde noch mit den Fäusten gekämpft, auf den Straßen, das ist vorbei. Aber sonst ist nichts vorbei. Im Gegenteil: Heute sitzen die Feiglinge irgendwo im Hintergrund, und so müssen wir auch mit subtileren Mitteln gegen sie angehen. Mit Politik, mit Filmen, mit Büchern wie diesem über Gökhan Gültekin, Opfer des rechten Terrors in Deutschland.

Kein Vergeben, kein Vergessen.

Im Gedenken an alle Opfer rassistischer Gewalt und deren Hinterbliebene.

Danksagung

Çetin Gültekin: Danke an alle, die an das Projekt geglaubt haben, die mich nicht allein gelassen haben und den Weg gemeinsam mit mir gegangen sind. Allah hat Gogo von uns genommen, aber mir Mutlu gegeben. Aradığın seni arayandır. Was du suchst, ist derjenige, der dich sucht. (Hz. Mevlana)

Mutlu Koçak: Ich danke Gott, dass ich mein bisheriges Leben mit allem Guten und Schlechten leben durfte. Meiner Familie, die mich zu dem gemacht hat, der ich bin. Allen Unterstützern und Freunden. Ein besonderes Dankeschön an dich, Çetin Abi, für dein Vertrauen und dafür, dass du oft mit mir dorthin gegangen bist, wo der Schmerz wohnt – gemeinsam für diese Sache, auf die ich ewig stolz sein werde. Mit der Absicht, dass jeder Gogo kennenlernt und mit seiner Geschichte etwas verändert wird, haben wir es durchgezogen. Niemand ersetzt Gogo, aber auch ich bin dein Bruder, Çetin Abi, und jetzt für immer an deiner Seite.

Und gemeinsam möchten wir danken: Vor allem Kemal Koçak, durch den der Erstkontakt zustande kam und mit dem alles angefangen hat. Allen Interviewpartnern, die ihren wertvollen Beitrag geleistet und die Geschichte vervollständigt haben. Der Anwältin Seda Başay-Yıldız für ihren großartigen Einsatz und ihren Mut, der allen Opferfamilien Kraft und Motivation gibt. Dem Rap-Künstler SKN für seinen Support und den Soundtrack zum Buch. Team Gökhan mit all seinen Unterstützern aus allen Ecken Deutschlands. Den Hinterbliebenen und Überlebenden der Anschläge des NSU, vom OEZ

München, von Halle und Hanau. Uns ist bewusst, wie viel Überwindung es kostet, die Wunden wieder aufzureißen. Weil sie sich dennoch dazu bereit erklärt haben, konnten wir wichtige Parallelen zwischen den Fällen aufzeigen. Jeder und jede hat auf seine Art und Weise dazu beigetragen, dieses Buch besonders zu machen. Ein herzlicher Dank geht an unseren Verlag Heyne mit all seinen Beteiligten, insbesondere an Friederike Achter, an Dr. Hanna Leitgeb von der Agentur Rauchzeichen, die das Ganze als Herzensprojekt betrachtet hat, und an die freie Autorin Lena Schindler für ihre leidenschaftliche Mitwirkung. Nicht zuletzt an alle, die sich entschieden diesem Kampf stellen und natürlich die engagierten Leserinnen und Lesern, die das Ganze fühlen und genau wie wir nach einer Gesellschaft ohne Rassismus streben.

Anmerkungen

1. www.zeit.de/gesellschaft/zeitgeschehen/2013-11/einwanderung-anwerbestopp
2. www.spiegel.de/politik/die-tuerken-kommen-rette-sich-wer-kann-a-5b1ba6e5-0002-0001-0000-000041955159
3. DOMID-Archiv, Köln, E 1340,1441
4. www.spiegel.de/politik/deutschland/kohl-wollte-jeden-zweiten-tuerken-in-deutschland-loswerden-a-914318.html
5. www.bmi.bund.de/DE/themen/heimat-integration/gesellschaftlicher-zusammenhalt/staat-und-religion/islam-in-deutschland/islam-in-deutschland-node.html
6. www.swr.de/swr2/doku-und-feature/die-luecke-von-hanau-1-6-deutschland-aber-normal-swr2-feature-2022-07-15-100.html
7. Tathergang anhand der erlangten Ermittlungserkenntnisse / Bundeskriminalamt ST16–160001/20 GBA 2 BJs 93/20–8
8. www.spiegel.de/panorama/gesellschaft/die-hanau-protokolle-ueberlebende-des-attentats-berichten-ueber-ihre-entfremdung-von-deutschland-a-00000000-0002-0001-0000-000175304177
9. www.spiegel.de/panorama/gesellschaft/die-hanau-protokolle-ueberlebende-des-attentats-berichten-ueber-ihre-entfremdung-von-deutschland-a-00000000-0002-0001-0000-000175304177
10. www.spiegel.de/panorama/gesellschaft/die-hanau-protokolle-ueberlebende-des-attentats-berichten-ueber-ihre-entfremdung-von-deutschland-a-00000000-0002-0001-0000-000175304177
11. www.ardmediathek.de/video/dokus-und-reportagen/hanau-eine-nacht-und-ihre-folgen/hr-fernsehen/Y3JpZDovL2hyLW9ubGluZS8xMjY5MzE
12. www.ardmediathek.de/video/dokus-und-reportagen/hanau-eine-nacht-und-ihre-folgen/hr-fernsehen/Y3JpZDovL2hyLW9ubGluZS8xMjY5MzE

13. www.spiegel.de/panorama/gesellschaft/die-hanau-protokolle-ueberlebende-des-attentats-berichten-ueber-ihre-entfremdung-von-deutschland-a-00000000-0002-0001-0000-000175304177
14. www.spiegel.de/panorama/gesellschaft/die-hanau-protokolle-ueberlebende-des-attentats-berichten-ueber-ihre-entfremdung-von-deutschland-a-00000000-0002-0001-0000-000175304177
15. www.spiegel.de/panorama/gesellschaft/die-hanau-protokolle-ueberlebende-des-attentats-berichten-ueber-ihre-entfremdung-von-deutschland-a-00000000-0002-0001-0000-000175304177
16. www.fr.de/rhein-main/sein-ich-habe-alles-aufgegeben-um-in-deutschland-in-sicherheit-zu-91766947.html
17. www.spiegel.de/panorama/gesellschaft/die-hanau-protokolle-ueberlebende-des-attentats-berichten-ueber-ihre-entfremdung-von-deutschland-a-00000000-0002-0001-0000-000175304177
18. www.spiegel.de/panorama/gesellschaft/die-hanau-protokolle-ueberlebende-des-attentats-berichten-ueber-ihre-entfremdung-von-deutschland-a-00000000-0002-0001-0000-000175304177
19. www.fr.de/rhein-main/sein-ich-habe-alles-aufgegeben-um-in-deutschland-in-sicherheit-zu-91766947.html
20. www.ardmediathek.de/video/dokus-und-reportagen/hanau-eine-nacht-und-ihre-folgen/hr-fernsehen/Y3JpZDovL2hyLW9ubGluZS8xMjY5MzE
21. www.hessenschau.de/panorama/gutachten-zu-hanau-anschlag-die-polizei-hat-versagt,neue-erkenntnisse-hanau-100.html
22. https://www.swr.de/swr2/doku-und-feature/die-luecke-von-hanau-3-6-radikalisierung-mit-bildungshintergrund-swr2-feature-2022-07-29-100.html
23. www1.wdr.de/daserste/monitor/sendungen/hanau-versaeumnisse-100.html
24. www.zeit.de/gesellschaft/zeitgeschehen/2023-02/hanau-anschlag-eltern-heimat-rumaenien
25. www.fr.de/rhein-main/main-kinzig-kreis/hanau-ort66348/attentaeter-von-hanau-bedrohte-sexarbeiterin-kritik-an-polizeieinsatz-in-bayern-91492818.html
26. www.swr.de/swr2/doku-und-feature/die-luecke-von-hanau-100.html
27. www.zeit.de/politik/deutschland/2016-02/bjoern-hoecke-afd-rechtspopulismus-portraet
28. www.ardmediathek.de/video/dokus-und-reportagen/hanau-eine-

nacht-und-ihre-folgen/hr-fernsehen/
Y3JpZDovL2hyLW9ubGluZS8xMjY5MzE

29. frstory.de/hanau
30. www.spiegel.de/panorama/gesellschaft/attentaeter-von-hanau-drei-waffenscheine-trotz-zwangseinweisung-a-44fe1fd4-1dfd-435b-8bf6-d98eed94bb23
31. www.spiegel.de/panorama/hanau-attentaeter-tobias-rathjen-zum-gefechtstraining-in-die-slowakei-a-00000000-0002-0001-0000-000170323260
32. www.spiegel.de/panorama/justiz/hanau-attentat-vater-fordert-tatwaffen-zurueck-a-f2223a81-26a2-45fb-b8b4-aa30651896d8
33. www.faz.net/aktuell/politik/vater-des-attentaeters-von-hanau-wieder-vor-gericht-18294432.html
34. www.zeit.de/gesellschaft/zeitgeschehen/2021-06/rechtsextreme-chats-polizei-hessen-aufloesung-sek-frankfurt-peter-beuth
35. www.faz.net/aktuell/rhein-main/frankfurt/auch-in-hanau-waren-verdaechtigte-sek-beamte-im-einsatz-17391522.html
36. 19feb-hanau.org/wp-content/uploads/2022/05/4.-Sitzung_21.01.2022_-UNA-Hanau_-1.pdf
37. 19feb-hanau.org/2023/01/11/chancen-verpasst
38. www.ardmediathek.de/video/dokus-und-reportagen/hanau-eine-nacht-und-ihre-folgen/hr-fernsehen/Y3JpZDovL2hyLW9ubGluZS8xMjY5MzE
39. www.zeit.de/zeit-magazin/2021/05/opfer-anschlag-hanau-familie-hinterbliebene-trauer-protokoll
40. taz.de/Rechter-Terror-gegen-Migranten/!5663103/
41. www.bild.de/bild-plus/regional/frankfurt/frankfurt-aktuell/warten-auf-finanzielle-hilfe-die-vergessenen-familien-von-hanau-78273234.bild.html
42. www.spiegel.de/panorama/hanau-19-02-hayrettin-saracoglu-hat-bei-dem-attentat-von-hanau-seinen-bruder-verloren-a-144d2414-8b27-45bc-8c35-35d5b8f165d9
43. www.hessenschau.de/politik/hanau-untersuchungsausschuss-zeugen-bestaetigen-korrektes-vorgehen-bei-obduktionen-der-opfer-v1,hanau-ausschuss-obduktion-100.html
44. www.hessenschau.de/politik/hanau-untersuchungsausschuss-zeugen-bestaetigen-korrektes-vorgehen-bei-obduktionen-der-opfer-v1,hanau-ausschuss-obduktion-100.html

45. www.hessenschau.de/politik/hanau-untersuchungsausschuss-zeugen-bestaetigen-korrektes-vorgehen-bei-obduktionen-der-opfer-v1,hanau-ausschuss-obduktion-100.html
46. www.welt.de/politik/deutschland/article237099187/Reem-Alabali-Radovan-neue-Antirassismus-Beauftragte-der-Bundesregierung.html
47. www.zeit.de/gesellschaft/zeitgeschehen/2023-07/hanau-anschlag-rassismus-rechtsexremismus-u-ausschuss-peter-beuth
48. 19feb-hanau.org/2023/02/15/15-monate-una
49. www.spiegel.de/politik/deutschland/solingen-nancy-faeser-kritisiert-regierung-von-helmut-kohl-fuer-umgang-mit-rechtsextremismus-a-40910607-0a57-4356-b138-ee0c65cd3c0e
50. www.zeit.de/gesellschaft/zeitgeschehen/2023-06/muslimfeindlichkeit-deutschland-expertenbericht